Roger Garaudy

Roger Garaudy wurde am 17.7.1913 in Marseille geboren. Er schloß seine Studien an der Faculté des Lettres in Paris im Fach Philosophie und mit der Promotion zum Dr. des Letters ab.
Nach 30 Monaten in einem deutschen KZ flüchtete er nach Frankreich.
Seit 1933 Mitglied der KP, gehörte er von 1945 - 46 als Abgeordneter der KPF an.Von 1946 - 58 Abgeordneter der Nationalversammlung, war er deren Vizepräsident von 1956 - 1958. Von 1951- 55 war Garaudy Korrespondent der "L'Humanité" in der Sowjetunion. Seit 1965 unterrichtete er an der Universität Poitiers Philosophie.
1961- 70 war er Mitglied des Politbüros der KPF.
1982 trat Roger Garaudy zum Islam über.
Auszeichnungen: Kriegskreuz 1939 - 45, Deportationsmedaille, Literaturpreis "Deux Magots" (1980), Ehrendoktorwürde des philosophischen Instituts der Akademie der Wissenschaften der UdSSR.

Roger Garaudy

Promesses de l'Islam

SKD Bavaria — München

Übersetzt aus dem Französischen von
Elisabeth Radwan
und
Dr. Karl Benswanger

S
K مؤسسة بافاريا للنشر والاعلام والخدمات ش.ك.د
D **Bavaria Verlag & Handel GmbH**
Franz-Joseph-Str. 31, 80801 München
Telefon 089 / 333567 , 392080-88-89
P.O. Box 43 10 29 , 80740 München
telex 5 214259 slm, Fax 089/ 3401411

© 1994 by SKD Bavaria Verlag & Handel GmbH
Franz-Joseph-Str. 31, 80801 München.
Alle Rechte vorbehalten

ISBN 3-926575-08-5

Zur Übersetzung

Die Bibelzitate folgen der „Einheitsübersetzung" der Katholischen Bibelanstalt GmbH Stuttgart (Herder-Verlag, 1980), Koranzitate der Übersetzung von Paret (Kohlhammer-Verlag, 1962), gelegentlich auch der von Sadr ud-Din (Berlin/Lahore 1964) u.a..

Aus stilistischen und ästhetischen Gründen wurden Goethe-Zitate nicht aus dem Französischen ins Deutsche zurückübersetzt, sondern nach dem deutschen Original zitiert. Abweichungen gegenüber der von Garaudy benutzten Nachdichtung ergaben sich dabei zwangsläufig.

Die Schreibweise islamischer Termini technici und Eigennamen folgen der Enzyklopaedie des Islam (deutsche Ausgabe), sofern sie nicht schon durch den häufigen Gebrauch als eingedeutscht gelten können.

Die Umschrift arabischer, persischer und türkischer Begriffe folgt aus drucktechnischen Gründen einem vereinfachten englischen System. Dabei waren einige Inkonsequenzen nicht zu vermeiden, doch spielen diese für den Laien keine Rolle und der Fachmann weiß ohnehin, was gemeint ist.

Über den Autor

Roger Garaudy wurde am 17. Juli 1913 in Marseille als Sohn eines Buchhalters geboren. Er besuchte das Lycée Henri IV. und die Faculté des Lettres in Paris. Seine Studien schloß er mit der Lehrbefähigung für das Fach Philosophie und der Promotion zum Dr. des Lettres ab.
Nach 30 Monaten in einem deutschen Konzentrationslager gelang Garaudy die Flucht nach Frankreich. Seit 1933 Mitglied der Kommunistischen Partei, gehörte er den beiden verfassungsgebenden Versammlungen von 1945 bis 1946 als Abgeordneter der KPF an. 1946 bis 1951 und dann wieder von 1956 bis 1958 war er Abgeordneter des Wahlbezirks Seine in der Nationalversammlung, deren Vizepräsident er von 1956 bis 1958 war. Von 1951 bis 1955 war Garaudy Korrespondent des Parteiorgans „L'Humanité" in der Sowjetunion. Seit 1965 widmete er sich seiner philosophischen Lehrtätigkeit an der Universität Poitiers.
Von 1961 bis 1970 war er Mitglied des Politbüros der KPF.
Nach dem XX. Parteitag der KPdSU (Februar 1956) machte sich Garaudy zum Wortführer des „Reformkommunismus", kritisierte 1953 auf künstlerischem Gebiet den „sozialistischen Realismus" und setzte sich für die Anerkennungen der Kunst eines Picasso, Kafka und Saint-John Perse ein. 1966 forderte er in „Marxismus im 20. Jahrhundert" die Erneuerung humanistischer Werte, nachdem er bereits ein Jahr zuvor die Vorstellung der „endlichen Liebe Christi" als „schön" bezeichnet hatte.
Während ihn die französische Presse weiterhin als „Chefideologen" der KPF bezeichnete, nannte ihn die Prawda nach seinen Kritiken an der KPdSU und dem Einmarsch in die CSSR einen „Renegaten, Apostaten und Verräter am Marxismus".
Garaudys 1976 erschienene Autobiographie „Menschenwort" endet mit dem Bekenntnis: „Das Kreuz hat mich die Entsagung gelehrt. Und die Auferstehung die Überschreitungen. Ich bin Christ."
Bald darauf trat Roger Garaudy zum Islam über.

Auszeichnungen: Kriegskreuz 1939-45, Deportationsmedaille, Literaturpreis „Deux Magots" (1980), Ehrendoktorwürde des philosophischen Instituts der Akademie der Wissenschaften der UdSSR.

Inhaltsverzeichnis

Zur Übersetzung 5
Über den Autor 6
Vorwort zur französischen Ausgabe 9
Einleitung: Das dritte Erbe 17
I. Ein Epos des Glaubens: Der Sufismus 49
II. Glaube und Politik 63
III. Wissenschaft und Weisheit 75
IV. Die prophetische Philosophie 98
V. Alle Künste führen zur Moschee,
   und die Moschee führt zum Gebet 121
VI. Die Verkündigungspoesie 130
Schlußbetrachtung 155
Anmerkungen 181

Vorwort

zur französischen Ausgabe

von

Muhammed Bedjaoui

Jeder Versuch, Roger Gauraudy dem Leser vorstellen zu wollen, ist überflüssig — und ich bin dazu auch nicht besonders berufen. Der Mann und sein Werk empfehlen sich der Sympathie des Lesers ganz allein[1], ganz besonders durch die Treue und Beständigkeit in ihren Zielen und ihrem Engagement.

Den strahlendsten Teil seines Wesens hat Roger Garaudy dem Dialog der Zivilisationen und der Rehabilitation jener gewidmet, die die abendländische Geschichte, die zu lange undankbar war, einfach ignorierte. Die Nähe des Maghreb und die ungerechte Entstellung der Botschaft des Islam im kolonialen Kontext haben Roger Garaudy besonders dazu getrieben, sich zuerst der Rehabilitation des Islam zu verschreiben.

Als ich sein neues Werk **Verheißung Islam** las, fiel mir unsere Jugendzeit als algerische Gymnasiasten in einem Winkel hinter Oran ein. Man schrieb das Jahr 1948. Ein Mann kam zu uns. Er kam, um die Mauer einzureißen. Die Mauer, die uns grausam von unserer nationalen Kultur trennte, die uns der Kolonialismus entzogen hatte und ohne die uns jede andere, fremde Kultur — und sei sie noch so reich und prächtig — nur zu Geiseln machen konnte, verloren für die unseren und für die anderen. Unserer Kultur, unserer nationalen Sprache und unseres Eigenbesitzes beraubt, empfingen wir mit dankbarem Eifer diesen Mann — und er war ein Mann! —, diesen „Fremden" — war er wirklich ein Fremder? —, der uns den Schleier heben ließ, der unsere Kultur bedeckte, die bei sich zuhause fremd geworden war. Zu einer Zeit, wo es nicht ungefährlich war, den Kolonialismus herauszufordern, der in Algerien so siegreich und arrogant war, ließ uns dieser mutige Mann uns selbst finden, um uns zu helfen, unsere Akkulturation zu überwinden, und er eröffnete da-

---

[1] Dies ist die Meinung des Herrn Botschafters wie auch anderer. Das Buch könnte allerdings Zweifel oder Ablehnung erwecken, (Siehe II.) deshalb sollte der aufmerksame, erfahrene Muslim das Buch richtig lesen, damit er den Verfasser näher kennenlernt.

mals schon einen Dialog der Zivilisationen. Er kam nicht, um von uns das, was wir sind, und das, was der Kolonialismus uns vergessen zu lassen sich bemühte zu erfahren, sondern im Gegenteil: er kam, um uns zu helfen es zu bewahren und wieder zu entdecken. Er kam, um uns in unserem zähen Kampf gegen die Akkulturation zu unterstützen. Er kam, um Zeugnis davon abzulegen, daß wir wir selbst bleiben wollten und mußten. Dieser Mann hieß Roger Garaudy.

Heute nun wendet sich Roger Garaudy mit seinem neuen Werk **Verheißung Islam** an eine nichtmoslemische Öffentlichkeit, die er von ihren Scheuklappen und Vorurteilen befreien will. Er folgt also derselben Form von Kampf, um alle Schranken zu brechen und zur Förderung einer authentischen Weltzivilisation beizutragen. Aber wird die Botschaft angenommen werden? Der Dialog der Zivilisationen, den wir für das Teuerste halten, weil er Frieden und Fortschritt unserer Welt garantiert, ist schwer vorbelastet. Einen solchen Dialog zu eröffnen setzt in der Tat voraus, daß bestimmte Bedingungen erfüllt sind. Ich persönlich sehe drei solche Bedingungen, die natürlich für die Hypotheken stehen, die einen solchen Dialog blockieren. Sie zeigen, warum die Zivilisationen abseits der westlichen — wie die arabisch-islamische Zivilisation, zu deren Kenntnis Roger Garaudy so viel beigetragen hat — durch die „materialistische industrielle Zivilisation" willentlich zu einer Randerscheinung erklärt werden.

Verheißung Islam prallt zuerst auf eine historische und moralische Hypothek. Die Welt hat seit fünftausend Jahren nichts gelernt. Sie hat eine Kultur der Mandarine und Eliten abgesondert, die den Völkern nicht zugänglich ist, die weiterhin ganz erhaben nichts von sich wissen. Diese Tatsache läßt sich besonders im Orient feststellen. Im Inneren jeder Nation breiten sich riesige kulturelle Wüsten aus, die eine oder zwei Oasen kultureller Blüte bergen. Für jede Nation stellt sich so das Problem der Entwicklung des Menschen, des ganzen Menschen und aller Menschen. Richten wir unseren Blick aber auf die Beziehungen zwischen Nationen, so erscheint das Problem noch ernsthafter und stellt sich als Frage des historischen Kulturimperialismus. Als sich die Segel Europas im Winde der Eroberungen und geographischen Entdeckungen blähten und die Kolonialreiche gegründet wurden, da wurde dieses expansionistische Unternehmen mit moralischen „Rechtfertigungen" genährt, denn jede historische Periode sondert ihre eigenen Alibis ab. So wurde die „zivilisatorische Mission" erfunden. Man sagte, der Kolonialismus über den Ozean hinweg sei dazu bestimmt, das Licht des Glaubens zu verbreiten — wobei er in Wahrheit die Völkerschaften ins Dunkel der Sklaverei tauchte. Die Kolonisation der Händler, Militärs und Missionare kümmerte sich weder um die autochtonen

Kulturen noch gar um die Völker selbst, die man in ihrer **Existenz** als Volk verneinte, in ihrer Eigenschaft als **souveränes** Volk und in ihrem Zustand als **zivilisiertes** Volk.

Von diesem verstümmelten Universum bleibt noch etwas in der heutigen Zeit.Ohne diese Erinnerung ließe sich nichts über unsere Gegenwart sagen, mit ihren Widersprüchen, der offensiven Rückkehr des Imperialismus und den mehr oder weniger dauerhaften Siegen der Völker. Denn noch heute greift der Kulturimperialismus rücksichtslos durch, der vom wirtschaftlichen und politischen Imperialismus getragen wird, die sich selbst tragen. Was weiß man denn in Europa oder Nordamerika vom Islam und der arabischen Zivilisation? Schreckliche Abgründe tun sich da in der Mentalität auf. Zumindest im psychologischen Verhalten sind wir uns gegenseitig immer noch Kreuzfahrer.

Als Folge der imperialistischen Woge, die auf politischer, wirtschaftlicher und kultureller Ebene seit den Jahrhunderten des kolonialen Expansionismus die Welt überschwemmt hat, erscheint einem der Mensch des Westens kulturell wie ein „Insulaner". Man muß verstehen, daß gerade die Tatsache, daß er sich anderen Kulturen der Welt verschließt, eine Bedingung für seine wirtschaftliche und politische Herrschaft über die Welt ist. Seine Undurchdringlichkeit für andere Zivilisationen läßt in ihm eine einfache Sicherheit reifen, die zweckentsprechend jenes Gefühl der Überlegenheit nährt, das für das Vorhaben der wirtschaftlichen und politischen Herrschaft so notwendig ist. Bei diesem rigorosen und kohärenten Vorgehen mußte der Abendländer die anderen ignorieren: in der Tat, „wie kann man denn Perser sein"?[1] Die gleiche Sorge um Kohärenz, die das kulturelle Insulanertum des Abendländers erzeugt, fordert von ihm, daß er dieses Modell den anderen Menschen des Planeten aufzwingt. Das Insulanertum wird für sich zwangsläufig durch einen Kulturimperialismus gegenüber den anderen verdoppelt. Was für den Abendländer gut ist, erscheint ihm gut für den ganzen Planeten.

So rechtfertigt der westliche Ethnozentrismus seinen imperialistischen Anspruch durch ein einseitiges Konzept von Zivilisation. Durch einen hartnäckigen „kulturellen Narzißmus" geschult, tritt das Abendland immer noch in Gestalt des Aggressors den anderen Kulturen und Zivilisationen der Welt gegenüber.

Es ist ganz klar, daß diese moralische und historische Hypothek nur die Verdoppelung einer wirtschaftlichen Hypothek ist. Die Geschichte beweist im Über-

---

1 Dieses Zitat stammt aus den „Lettres persanes" - den persischen Briefen" von Montesquieu (1721) und bezieht sich auf einen persischen Reisenden in Frankreich und dessen Andersartigkeit, die die Aufmerksamkeit seiner französischen Zeitgenossen erregte.

fluß, daß es kein Beispiel wirtschaftlicher Hegemonie gibt, die nicht von einer kulturellen Hegemonie begleitet, konsolidiert und getragen würde. Die Zeit der Pharaonen, die griechische Antike, das Mittelmeer Roms, das Europa der Medici oder das der Conquistadoren haben historisch einen Kulturtyp ausgebildet, der direkt an die ökonomisch- politische Herrschaft gebunden ist. Unbestreitbar gibt es wirtschaftliche Gründe für den weltweiten Kulturimperialismus, für die Verweigerung des Dialogs der Zivilisationen und für die Vorurteile, die die Botschaft des Islam, des Buddhismus oder jeder anderen nicht-westlichen Zivilisation einem Scherbengericht unterwerfen.

Man kann — und man muß sogar — weiter gehen. Die Neustrukturierung des Weltkapitalismus geht heute Hand in Hand mit einer mächtigen und gefährlichen Tendenz, die Mentalitäten weltweit zu vereinheitlichen. In der Tat sind kulturelle und und sprachliche Barrieren ein großes Hindernis für eine rentable Ausweitung des Marktes. Deshalb versuchen die multinationalen Gesellschaften über alle Grenzen hinweg, alle Menschen zu konditionieren, um eine Nivellierung und Standardisierung ihres Konsumverhaltens zu erreichen. Die Akkulturation wird also zu einer Vorbedingung für einen guten Verlauf der weltweiten Handelsgeschäfte der multinationalen Gesellschaften. So entsteht — manchmal mit der mehr oder minder unbewußten Komplizenschaft gewisser lokaler Eliten — der Status ökonomisch-kultureller „Protektorate". So wird völlig klar, daß zwischen dem Imperialismus und der Verweigerung des Kulturdialogs eine dialektische Beziehung besteht. Der Dialog der Zivilisationen existiert nicht, weil der Imperialismus existiert, und der Imperialismus existiert, weil der Dialog der Zivilisationen nicht existiert. Der Dialog der Zivilisationen ist eine Illusion, weil der Imperialismus eine Realität ist, und der Imperialismus ist eine Realität, weil der Dialog der Zivilisationen eine Illusion bleibt.

Unter diesem Blickwinkel ist das Unterfangen, dem sich Roger Garaudy seit mehreren Jahrzehnten verschrieb, gleichzeitig bescheiden und immens. Bescheiden, weil der allgegenwärtige Imperialismus diesen Dialog der Zivilisationen lähmt, den Roger Garaudy mit Verheißung Islam wieder einmal anregt und nährt. Immens aber auch, weil genau dieser mutige und zähe Dialog diesen Imperialismus schrittweise zurückdrängen wird.

Aber eine dritte Hypothek belastet diesen Dialog schwer. Sie ist politischer Art. Wie, so mag man fragen, soll man einen Dialog der Zivilisationen beginnen, während sich zwischen den Völkern Kriege, Spannungen, latente oder erklärte Konflikte entwickeln? Diese politische Realität ist das genaue Gegenteil des Dialogs, und sie trägt dazu bei, ihn zu blockieren. Die gegenwärtige Erneuerung des Islam ging da und dort zwangsläufig mit einigen politischen Auswüchsen einher, die man vielleicht anfechten mag. Der Imperialismus — immer schnell bei der Hand, niemandem das Leben zu schenken und alles zu verurteilen — hat sie voreilig denunziert, um seine so bedrohte Vormachtstellung zu bewahren. Das genügt, um eine politische Blockade zu schaffen und zu unterhalten, um den notwendigen Dialog der Zivilisationen abzuriegeln. Aber Verheißung Islam lädt uns ein, die Suche nach einem solchen Dialog fortzusetzen, just wegen dieser politischen Konfliktsituationen, um mit ihnen ein Ende zu machen, sie auszulöschen und zu überwinden, oder gar ihnen zuvorzukommen. Das sind die Hypotheken, die für einen authentischen Dialog der Zivilisationen eine Herauforderung darstellen. Bei der Lektüre von *Verheißung Islam* kann man sich aber noch andere Fragen stellen: wozu dieser *Dialog* und warum *jetzt*? Die Neubelebung der religiösen Ideologien in der Dritten Welt und besonders im islamischen Bereich, das oft gewattätige Festhalten an nationalen Identitäten, da und dort die Herauforderungen in abendländische Modelle, sowie ein gewisses Erwachen des Orient, das nun die historische Initiative des Okzident ablöst, die dieser seit Jahrhunderten innehatte, all das kann sicher die Botschaften der „anderen" Zivilisation, darunter die des Islam, modisch machen. In Wahrheit muß aber mit diesen Faktoren ein anderer, noch stärkerer korreliert werden, der an der dem Okzident eigenen Situation hängt. Einen Dialog einzurichten, erscheint heute für den Westen umso dringlicher geboten, als dieser die Notwendigkeit verspürt, aus seiner eigenen kulturellen Sackgasse herauzukommen. Der kulturelle Plan, nach dem die westliche Welt gelebt hat und der sich durch ein imperialistisches Verhalten, eine imperialistische Ethik und Denkart ausdrückt, scheint sich der Vollendung seiner historischen Funktion zu nähern. Auf die Unmöglichkeit gegründet, in einer Welt mit begrenzten Ressourcen Wachstum voranzutreiben, endet das abendländische Kulturmodell, das die Konsumgesellschaft gegründet hat, den Wachstumkult, und zuletzt eine *Zivilisation des Verdauungskanals*, in der Sackgasse. Es hat eine Welt geschaffen, in der sich bald nicht mehr leben läßt, die jetzt schon explosiv und voller Fallen ist, und deren Krise zu meistern wir alle aufgerufen sind. In seinem *Appell an die Lebenden* beschrieb Roger Garaudy diese kulturelle Sackgasse so: „Die Worte spiegeln den Verfall dieser Kultur wider: der Frieden heißt künftig ‚Gleichgewicht des Schreckens', der Verrat der Völker heißt ‚nationale Sicherheit', die institutionelle Gewalt heißt ‚Ordnung', der Wettbewerb des Dschungels heißt ‚Liberalismus', die Gesamtheit dieses Rückschritts heißt ‚Fortschritt'."

Aber auch wir in der Dritten Welt brauchen diesen Dialog noch nötiger. Unser Kulturmangel ist für uns noch tödlicher als der dramatische Nahrungsmittelmangel. Unsere Kultur mag vom Kolonialismus erniedrigt worden sein. Wir müssen uns von dem kulturellen Mimikry befreien, von der „Metamorphose durch den Kontakt", dem Furnier importierter Institutionen, die leblos auf unserem lebendigen sozialen Körper liegen, davon, ein Abziehbild fremder Modelle zu sein, die wir faul verwirklichen. Dieser Dialog der Zivilisationen, den wir von ganzem Herzen wünschen, ist in seiner Echtheit eine Erweiterung des mächtigen Einspruchs der Dritten Welt, die zu Revolten und Gewalt greifen mußte, um die alte ungerechte Ordnung zu brechen.

Eine der Bedingungen für den Erfolg dieses Dialogs ist, man selbst zu sein und zu bleiben. Das bedeutet das Ende der Nachahmung des Herrschers durch den Kolonisierten und Möglichkeit für diesen, „seinen Himmel und seine Erde zusammenzuballen", wie Jacques Berque es so schön formuliert hat. Jeder Teilnehmer an diesem Dialog hat einen Namen zu tragen und zu verteidigen, eine Identität wiederzugewinnen, wiederzufinden, zu bewahren oder zu bereichern. Jeder muß Stolz darüber empfinden, daß er ist, und gleichzeitig eine Demut, um das zu akzeptieren, was die anderen sind. Das ist eine wesentliche Bedingung für ein fruchtbares „geben und nehmen". Aus dieser Sicht ist *Verheißung Islam* eine Visitenkarte, mit der Roger Garaudy einen seiner Gesprächspartner, den Islam, bei diesem Dialog der Zivilisationen vorstellt.

Es scheint aber, als würde die Forderung nach einer eigenen nationalen Identität, oder der Zugehörigkeit zu einem gegebenen Zivilisationsbereich den Farbton des Anachronismus annehmen in diesen Zeiten der Internationalisierung der Ideologien, der Wirtschaft und der Kulturen, in einer Zeit, wo man nach einer universellen Zivilisation strebt. Ansonsten muß man der vielzitierte „Reisende ohne Gepäck" sein, der Arthur Köstler so teuer ist, von den schweren kulturellen und nationalen Banden befreit, um die Kommunikationsfähigkeit in einen wahren weltumspannenden Dialog umsetzen zu können. Darüber müssen wir uns im klaren sein. Bis heute hat es keine andere Internationalisierung der Kultur gegeben als die unter der Knute der multinationalen Gesellschaften und der herrschenden Ökonomien, die versuchen, den anderen ihren kulturellen Standard zu merkantilen Zwecken aufzuzwingen. Zudem aber hat der kulturelle Internationalismus nichts zu tun mit dem Ersatz der supranationalen Kultur, die von zwei oder drei Giganten dominiert wird.

Seiner eigenen Kultur anzuhängen bleibt eine unverzichtbare Bedingung für den kulturellen Internationalismus. Um „international" zu sein, muß man *zuerst* „national" sein: in Kulturdingen gilt dies nicht mehr. Man muß *zuerst* ein „Zuhause" haben, um die anderen empfangen zu können.

Sicher träumen wir ständig von der Hoffnung, daß der Mensch eines Tages eine noch nicht vorhandene Zivilisation erfinden kann. Aber diese Hoffnung kommt aus uns selbst. Die Trennlinie zwischen der nationalen Kultur und den universellen Beiträgen verläuft durch jeden von uns. Zu diesem Preis und in diesem Augenblick können wir die erlittenen Interdependenzen in aktive und organisierte Solidarität umwandeln, Ergänzungen und Symbiosen von Kulturen schaffen, die permanente Solidarität wiederentdecken oder wiedererfinden, ohne in die falsche Solidarität von Reiter und Reittier zu verfallen. Dann werden wir die sektiererischen Ideologien zurückweisen können, jeden engstirnigen, aktivistischen oder aggressiv missionierenden Glauben, die kolonialen und neokolonialen Pakte, die Kulturimperialismen und die dominierenden und erdrückenden Modelle. Dann endlich können wir zur Gischt und dem lächerlichen Geplätscher der Ereignisse den Abstand gewinnen.

Mohammed Bedjaoui

Botschafter und Ständiger
Vertreter Algeriens bei den
Vereinten Nationen

Einleitung

DAS DRITTE ERBE

Der Okzident ist ein Zufall. Seine Kultur eine Anomalie: sie wurde in wesentlichen Dimensionen verstümmelt.

Seit Jahrhunderten gibt sie vor, sich durch ein zweifaches, griechisch-römisches und jüdisch-christliches Erbe zu definieren.

Der Mytos des „griechischen Wunders" ist entstanden, weil die orientalischen Wurzeln dieser Zivilisation willkürlich gekappt wurden: das Erbe Kleinasiens, dieser persischen Provinz Ionien, wo die größten Geister lebten, von Thales von Milet bis Xenophanes von Kolophon, von Pythagoras aus Samos bis Heraklit aus Ephesus, und durch die der Windhauch des Irans des Zarathustra weht, und von weiter her des vedischen Indien und der Upanischaden, die Plato so geheimnisvoll nahestehen. [1]

Das Erbe Ägyptens und seiner Jahrtausende, seiner Wissenschaften und seiner Anschauungen, die Pythagoras und Platon durchdrangen, aber auch die gegenseitige Befruchtung der Zivilisationen: die Kultur wird im gleichen Augenblick in Alexandria wiedergeboren, in dem sie in Rom stirbt. In Alexandria, wo alle Denk- und Lebensströmungen des Orients zusammenfließen, werden die Mathematik des Euklid und die Astronomie der Ptolemäus geboren, wie auch die großen mystischen Erleuchtungen des Philon und des Plotin, des Origenes und des Clemens von Alexandria.

Der Mythos der griechischen Außergewöhnlichkeit konnte sich nur bilden dank dieser willentlichen Ignoranz oder dieser gleichzeitigen Ablehnung der Ursprünge und der Nachwelt des perikleischen Athen.

Der Mythos der jüdischen Außergewöhnlichkeit wird durch die gleichen Ignoranzen und die gleichen Ablehnungen genährt: wie kann man sich im Herzen des „fruchtbaren Halbmonds", der von Mesopotamien, wo Abraham lebte, bis nach Ägypten reicht, wohin Moses sein Volk führte, vorstellen, daß die jüdische Kultur aus der zweimaligen Gefangenschaft in Babylon und unter den Pharaonen nicht, wie die griechische, in ihrer höchsten Blüte den Saft trägt, der aus den tiefgründigen Kulturen von Chaldäa geschöpft ist und aus dem das Gilgamesch-Epos wie auch die Wissenschaft der Magier oder die Prophezeiungen des Zarathustra hervorgingen? Oder denjenigen Ägyptens und des Monotheismus Echnatons, dessen Hymnus an die Sonne sich voll und ganz im 104. Psalm Davids wiederfindet?

Das Christentum wiederum, das nicht aus Europa kommt — dem einzigen Erdteil, auf dem niemals eine große Religion geboren wurde —, sondern aus Asien; und das zuerst in Antiochien, das heißt in Asien, und in Alexandria, das heißt in Afrika, gedieh, verdankt es denn gar nichts dieser doppelten Verwurzelung des Judentums und den orientalischen Ursprüngen der griechischen Kultur, die Paulus ihm so rasch aufpfropfte? Verdankt es gar nichts jenen buddhistischen Missionaren, die drei Jahrhunderte vor der Geburt Jesu von Nazareth durch den indischen Kaiser Acoka nach Palästina gesandt wurden, und deren Nachfahren sich in den Gemeinschaften der Essenier wiederfinden, deren Lebensweise und Anschauungen wiederum denen des Klosters von Qumran oder des in Ägypten entdeckten koptischen Thomasevangeliums so nahe stehen? Ist es denn unentbehrlich für die eigene Größe, Sohn eines unbekannten Vaters zu sein? Warum sollen wir desjenigen Spuren tilgen, der unsere Zivilisation gezeugt und ernährt hat? Wollen wir uns den Methoden jener Schmierfinken angleichen, die gesamte ältere Malerei zu ignorieren, um sich ihrer „Originalität" zu versichern? Oder werden wir das reife Genie eines Juan Gris haben — der zu denen gehört, die mit den größten Umbruch in unserer Kunst bewirkten, den Kubismus — als er schrieb: „Die Größe eines Malers beruht auf der Tiefe der Vergangenheit, die er in sich trägt"?

Ist das Christentum sich selbst, gerade weil es Anspruch auf Universalität, auf „Katholizität", erhebt, nicht schuldig, ein Beispiel für diese Vewurzelung in den Kulturen aller Völker zu geben, wie die Theologen des Kolloquiums von Abidjan im September 1977 an es appelliert haben, indem sie aufzeigten, daß das Christentum in den afrikanischen Kulturen einen genauso fruchtbaren Boden antreffen könne wie in der griechisch-lateinischen Kultur?

Nun, auch wenn der anfängliche orientalische Impuls des Christentums nicht aufhörte, Wellen zu schlagen (bei dem kalabrischen Mönch Joachim von Floris, der vom 12. Jahrhundert an vielleicht die islamische „prophetische Philosophie" des Iraners Suhrawardi in Syrien hat kennenlernen können; bei Meister Eckhart, der sich offen auf die islamische Inspiration Ibn Sinas (Avicennas) beruft; bei dem Heiligen Franz von Assisi, der in Damiette eine gemeinsame Sprache mit dem Kalifen Abd al-Malik zu finden wußte; bei St. Johannes vom Kreuz, dessen mystische Erfahrung manchmal derjenigen der islamischen Sufis so nahe kommt), so bleibt doch die Tatsache bestehen, daß eine enge Auslegung des christlichen Universalismus die offizielle Politik der Kirche leitete, um sie schließlich zu einer Schwertklinge der blutigsten militärischen Auseinandersetzungen zu beiden Seiten des Mittelmeers umzuformen, mit zwei Jahrhunderten häßlicher „Kreuzzüge" in Palästina und sieben Jahrhunderten einer „Reconquista" Spaniens, wo die Araber im achten Jahrhundert als Befreier begrüßt worden waren, und wo sie Cordoba zum strahlensten Kulturzentrum Europas gemacht hatten.

Der Okzident hat seit dreizehn Jahrhunderten dieses dritte Erbe abgelehnt: das arabisch-islamische Erbe, das ihn nicht nur mit den übrigen Weisheiten der Welt hätte versöhnen können, sondern das ihm hätte helfen können, sich menschlicher und göttlicher Dimensionen bewußt zu werden, um die er sich durch die einseitige Entwicklung seines Strebens nach Macht über Natur und Menschen gebracht hat.

Denn der Islam hat — dies darzustellen, ist das Hauptanliegen dieses Werkes — nicht nur die ältesten und entwickelsten Kulturen, die Chinas und Indiens, Persiens und Griechenlands, Alexandrias und Byzanz, integriert, befruchtet und vom Chinesischen Meer bis zum Atlantik, von Samarkand bis Timbuktu verbreitet. Er hat auch den zerfallenden Weltreichen und sterbenden Zivilisationen die Seele eines neuen gemeinschaftlichen Lebens gebracht, den Menschen und ihren Gesellschaften ihre spezifisch menschlichen und göttlichen Dimensionen der Transzendenz und Gemeinschaft wiedergegeben, und, auf der Grundlage dieses einfachen und starken Glaubens, den Nährboden einer neuen Blüte der Wissenschaften und Künste, der prophetischen Weisheit und der Gesetze.

Die erste Renaissance des Okzidents hat sich im muslimischen Spanien abgezeichnet, vier Jahrhunderte vor der Italiens. Sie hätte eine universelle Renaissance sein können.

Durch eine Zurückweisung des dritten Erbes, desjenigen, das Orient und Okzident hätte vereinigen können; durch eine Abspaltung, die ihn jahrhundertelang der fruchtbaren Anschwemmungen andrer Kulturen beraubt, sollte das tödliche Abenteuer der Hegemonie den Okzident und mit ihm die Welt, die er dominierte, zu einem selbstmörderischen Modell von Wachstum und Zivilisation führen.

Das, was aus dem Mythos und dem Dogma vom Fortschritt geworden ist, hat zu dem unmenschlichsten Rückschritt der Geschichte geführt. Die großen Eroberungen und die großen Reiche waren immer große Rückschritte.

Als die Eroberungswellen der Steppennomaden die großen Zivilisationen der Deltas überschwemmten (die des Hoang-Ho, des Indus, Mesopotamiens,

Einleizung

Ägyptens), entsprang der Sieg nicht einer kulturellen, sondern einer militärischen Überlegenheit: die des Reiters über den Fußsoldaten, die des eisernen über das Bronzeschwert. Rom beherrschte Griechenland und gründete sein Weltreich nicht aufgrund seiner verfeindeten Kultur, sondern durch die Gewalt seiner Waffen. Die Hunnen, die Mongolen, die Tartaren, — jene, die unter Attila ganz Europa bis nach Gallien verwüsteten, jene, die unter Dschingis Khan das gewaltigste der Weltreiche errichteten, indem sie die Zivilisation Chinas, Khorezms und ganz Persiens, Indiens zerstörten, jene, die unter Tamerlan unbarmherzig von China bis zur Wolga, von Delhi bis Bagdad herrschten — keiner dieser „Reichsgründer" brachte eine zukunftsreiche zivilisatorische Botschaft mit sich.

Unsere Historiker haben diese Wirbelstürme berechtigterweise „barbarische Invasionen" genannt. Aber merkwürdigerweise wechseln sie ihr Vokabular, sobald diese Invasionen von Europäern begangen werden. Es sind nicht mehr große „Invasionen", sondern große „Entdeckungen". Und was sind vor allem die Pyramiden von 70000 Schädeln, die Tamerlan nach der Einnahme von Isfahan errichtete, gemessen an dem Genozid von Millionen amerikanischer Indianer durch die europäischen „Eroberer", die Feuerwaffen besaßen, gemessen an der Verwüstung Afrikas durch die Deportation von 10 bis 20 Millionen Schwarzer (was bei 10 Getöteten für einen Gefangenen 100 bis 200 Millionen Opfer bedeutet), gemessen an der Zerstörung Asiens vom Opiumkrieg bis zum Hungertod von Millionen Indern, verursacht durch Neuaufteilung des Grundbesitzes und aufgezwungene Steuern, von der Hiroshima-Bombe bis zum Vietnamkrieg?

Welchen Namen soll man heute dieser Form der Welthegemonie des Westens geben, die 1980 für Waffen 450 Mrd Dollar ausgibt, und die im gleichen Jahr 50 Millionen menschlicher Wesen in der Dritten Welt durch das Spiel des ungleichen Tauschs sterben läßt?

Unter dem Blickwinkel der Jahrtausende ist das Abendland der größte Verbrecher der Geschichte.

Heute zwingt es aufgrund seiner ungeteilten ökonomischen, politischen und militärischen Herrschaft der ganzen Welt sein Wachstumsmodell auf, das zum planetarischen Selbstmord führt, weil es wachsende Ungleichheiten erzeugt, den Ärmsten der Armen jede Perspektive raubt und die Revolten der Verzweiflung nährt, gleichzeitig aber über jedem Erdenbewohner das Äquivalent von 5 Tonnen Sprengstoff schweben läßt.

Es ist an der Zeit, sich bewußt zu werden, daß diese Art des Wachstums im

Westen, die uns zum ziellosen Leben und zum Tode führt, sich durch ein kulturelles und ideologisches Modell zu rechtfertigen sucht, das in sich diese Todeskeime trägt:

— Eine pervertierte Betrachtungsweise der Natur als unser „Eigentum", das wir zu „gebrauchen und mißbrauchen" berechtigt seien (wie das römische Recht dieses Eigentum definiert), um in ihr schließlich nicht mehr zu sehen als ein Reservoir natürlicher Rohstoffe und eine Deponie unserer Abfälle. Auf diese Weise zerstören wir durch die unüberlegte Ausbeutung der Ressourcen und durch die Umweltverschmutzung unseren eigenen Lebensraum und wir werden unbewußt zu Mithelfern des Gesetzes von der „Entropie", d.h. von Energieverlust und wachsender Unordnung;

— eine unbarmherzige Betrachtungsweise der menschlichen Beziehungen, die sich auf einen ungebremsten Individualismus gründet, und die allein Gesellschaften mit Marktkonkurrenz, Provokationen und Gewalt erzeugt, wo einige ökonomische oder politische Einheiten, blind und allmächtig, die Schwächsten versklaven oder verschlingen;

— eine verzweifelte Betrachtungsweise der Zukunft, die nichts sein soll als die Verlängerung und das quantitative Wachstum der Gegenwart, ohne menschliches Ziel noch göttliche Unterbrechung, ohne etwas, das diesen Horizont transzendiert, um unserem Leben einen Sinn zu verleihen und uns von den Wegen des Todes abzubringen.

Es wird keine neue Weltwirtschaftsordnung geben ohne eine neue Weltkulturordnung.

Eine neue Weltkulturordnung, das bedeutet den Übergang von der Hegemonie des Westens zur weltweiten Zusammenarbeit, um ein neues menschliches Ziel zu definieren.

Der Dialog der Zivilisationen ist eine dringende und unbestreitbare Notwendigkeit geworden. Eine Frage des Überlebens. Die Alarmstufe ist erreicht, wenn nicht gar überschritten.

Die zentrale, lebenswichtige Auseinandersetzung unseres Zeitalters ist nicht mehr die zwischen einem Kapitalismus, der den Kolonialismus, die Kriege und die letztendliche Krise unserer westlichen Zivilisation erzeugt, und einem „Sozialismus" nach sowjetischem Modell, der, indem er sich die gleichen Wachstumsziele zu eigen machte wie der kapitalistische Westen, wie dieser zum Unterdrücker seines eigenen Volkes, zum Ausbeuter der Dritten Welt und Partner im gleichen Wettrennen um Vorherrschaft und Schreckenswaffen geworden ist. Die zentrale und lebenswichtige Auseinandersetzung unseres Zeitalters besteht in der Erfassung dessen, was der selbstmörderischen „Fortschritts"- Ideologie und dem „Wachstum" nach westlichem Muster zugrundeliegt; einer Ideologie, die charakterisiert ist durch die Trennung der Wissenschaften und Techniken (das heißt der Organisation der *Mittel* und Fähigkeiten) von der Weisheit (das heißt dem Nachdenken über die *Zwecke* und den Sinn unseres Lebens); einer Ideologie, die charakterisiert ist durch die Übersteigerung eines Individualismus, der den Menschen seiner ureigenen menschlichen Dimensionen beraubt: *Transzendenz* (d.h. zum mindesten die stetige Möglichkeit zum Bruch mit den Derivaten von Vergangenheit und Zukunft und zur Schaffung einer unverbrauchten Zukunft) und *Gemeinschaft* (d.h. das Bewußtsein, daß jeder von uns persönlich verantwortlich ist für die Zukunft aller anderen, für den Einsatz aller Mittel der Wissenschaft und der Technik, der Wirtschaft, Politik und Kultur, damit jeder Mann, jede Frau und jedes Kind all den menschlichen Reichtum und die Schaffenskraft, die in ihnen liegt, voll entfalten kann).

Über die verpaßten Gelegenheiten der Geschichte und die verlorenen Dimensionen des abendländischen Menschen hinaus ist es unsere Aufgabe, den Dialog zwischen den Zivilisatonen des Orients und des Okzidents wieder aufzunehmen, um dem selbstmörderischen Monolog des Westens ein Ende zu setzen.

So wie seit sechstausend Jahren unsere Gesellschaften *durch* Männer und *für* Männer gestaltet wurden, also nur mit der Hälfte der Menschheit, ihre feminine Komponente ignorierend oder vernachlässigend, so spielte sich seit Jahrhunderten und vor allem seit dem, was man als „Renaissance" bezeichnet — also die gleichzeitige Entstehung von Kapitalismus und Kolonialismus — die Geschichte der Menschheit nur mit einem Teil ihrer selbst abspielt, dem Okzident, unter Vernachlässigung, Verachtung oder Zerstörung ihrer orientalischen Komponente. In diesem Sinne ist das einzige erkennbare „Wachstum" das Anwachsen des Elends in der Welt: des materiellen Elends in der Dritten Welt, des geistigen Elends im Westen.

„Renaissance" nennen die Abendländer merkwürdigerweise den Rückzug auf das griechische Gedankengut und die vom Leben abgetrennte Existenz, die es im Nationalismus der griechischen „Polis" zeichnet, die alles als „barbarisch" und zur Sklaverei geboren ausschließt, was „fremd" ist, sowie den Rückzug auf die römische Idee des Eigentums und der imperialen Macht.

Uns dieser Verstümmelung bewußt zu werden, uns bewußt zu werden, was wir den nicht-abendländischen Kulturen und Zivilisationen verdanken, ist heute

vielleicht der einzige Weg, der uns aus dieser Sackgasse des Todes führt.
Uns heute bewußt zu werden, was wir dem Islam verdanken, ist keineswegs eine Spezialität für Historiker, ein Paradoxon für Liebhaber oder ein Genuß für Träumer, sondern eine Aufgabe für Akkordarbeiter, Kämpfer und Erfinder der Zukunft.

Der Islam, das ist nicht mehr der „Ungläubige" aus der Zeit der Kreuzzüge oder der „Terrorist" aus dem algerischen Befreiungskrieg, nicht mehr das Museumsstück, das der Orientalist seit der Entstehung des Vorurteils der westlichen Überlegenheit mit dem Auge eines Insektenforschers für Zivilisationen examiert, nicht mehr der exotische Eskapismus der Romantik und nicht einmal mehr diese erstaunliche wissenschaftliche Explosion im ausgehenden Mittelalter, die als Wegbereiter unserer modernen Wissenschaften gilt (mit dem stillschweigenden Vorbehalt, daß sie nichts als deren Vorbereiter war) — der Islam, das ist jene Sicht Gottes, der Welt und des Menschen, die den Wissenschaften und der Kunst, jedem Menschen und jeder Gesellschaft die Aufgabe zuweist, eine unteilbar göttliche und menschliche Welt aufzubauen, die die beiden wesentlichen Dimensionen der Transzendenz und der Gemeinschaft umfaßt.

Er hat bereits im 7. Jahrhundert unserer Zeitrechnung Rettung aus der Auflösung großer dekadenter Reiche geboten. Kann er heute eine Antwort auf die Ängste und Fragen einer westlichen Zivilisation bieten, die sich in vier Jahrhunderten als fähig erwies, ein Grab so groß wie die Welt zu schaufeln, und ein menschliches Epos umzustürzen, das seit zwei Millionen Jahren aus schöpferischen Taten und aus Opfern errichtet worden ist?

Solcherart ist das Problem, das dieses Buch wenn nicht schon lösen, so doch zu stellen sich bemüht.

Der Islam ist untrennbar eine Religion und eine Gemeinschaft. Ein Glaube und eine Lebensordnung.

Seine Entstehung und Ausbreitung stellen ein spezifisches Problem: es wäre anmaßend, sich mit der Aussage zufriedenzugeben, daß Arabien, daß Mekka und Medina sich am Knotenpunkt der großen Handels- und Karawanenstraßen befinden, die von Ost nach West, von Europa und dem Nahen Osten nach Indien und China, vom Mittelmeer an den Indischen Ozean führen, denn dies hieße unterschwellig, daß an diesem Ort des Aufeinandertreffens von Zivilisationen lediglich eine Verschmelzung der Religionen und Kulturen stattfand, bei der der Islam nur Resultat und Transportmittel darstelle.

Nun war es aber ganz im Gegenteil von Mekka und Medina, von der arabischen

Halbinsel mit ihren Wüsten und Oasen aus, daß ein einziger Glaube und eine einzige Gemeinschaft jahrhundertelang über drei Kontinente ausstrahlen sollte, von Indien bis Spanien, von Zentralasien bis ins Herz Afrikas, und daß eine einheitliche Kultur enstehen sollte, die alle anderen befruchtete und erneuerte.

Diese Expansion gleicht keiner anderen, weder denen, die ihr vorausgingen (Einwanderung unüberschaubarer Nomadenmassen aus dem fernen Asien), noch denen die ihr folgten (Völkerwanderung der Europäer, die um sich in Amerika und Afrika breitzumachen, eine absolute militärische Überlegenheit ausnutzten: diejenige der Kanone, des Gewehrs, dann des Maschinengewehrs).

Arabien war kaum besiedelt und die Araber verfügten nicht einmal über die Waffen und die Militärtechnik der Perser oder Byzantier. Das arabische Reich gründete sich also nicht auf ein Kräfteverhältnis, das ihm ein erdrückendes Übergewicht sicherte.

Um nichts vorteilhafter wäre die eine oder andere These eines verkürzenden und reduzierenden Marxismus zu verwenden, der dazu neigt, die treibende Kraft der Geschichte, ihre Revolutionen und Wandlungen, in den Produktionsverhältnissen, ökonomischen Beziehungen und Klassenkämpfen zu suchen, die sie jeweils hervorbringen.

Der „Aufstieg" des Propheten, sein Sieg in Arabien, das blitzschnelle Fortschreiten seiner Nachfolger, die weniger als ein Jahrhundert nach seinem Tode über gewissermaßen die gesamte damals bekannte Welt regierten, mit Ausnahme eines blühenden Europas und eines China, das sich auf seinen Zenit hinbewegte, lassen sich nicht verstehen, ohne der spezifischen Botschaft des Islam einen besonderen Platz einzuräumen.

Man kann verzweifelt das Arsenal ökonomischer, geopolitischer, militärischer, diplomatischer und anderer Erklärungen durchforsten; der Sieg des Islam bleibt unverständlich ohne den Islam, als Glauben und als Gemeinschaft, die sich auf diesen Glauben gründet. Selbst wenn man nicht Moslem ist und wenn man den Koran nicht als Muhammad von Gott eingegebenes Buch anerkennt, ist es für den Historiker unmöglich, diese Entstehung einer Lebensquelle, die die Welt verändern sollte, nicht als unwiderlegbare Realität (die indessen nicht in die Schemata und Vorurteile des Positivismus paßt) zur Kenntnis nehmen zu wollen.

Die Anerkennung dieses grundlegenden Faktums erfordert keineswegs, auf eine Erklärung zu verzichten, sondern einfach, daß man nicht diese oder jene Dimension des Lebens *a priori* aus der ständig im Entstehen und Wachsen begriffenen menschlichen Totalität ausschließt.

In einer ganz und gar menschlichen Geschichte spielen die *Ziele* eine ebenso treibende Rolle wie die *Ursachen*.

Jenseits der falschen Dualitäten von Geist und Körper, von Utopien und Verzichten, von Entfremdungen und Hoffnungen sind die Pläne, die die Menschen machen, um ihre Zukunft zu gestalten, ein ebenso aktiver Antrieb wie die Ableitungen und Determinanten der Vergangenheit, die sie vorwärtstreiben. Vor allem wenn die Pläne und prophetischen Offenbarungen auf eine Frage und eine Erwartung antworten, die von den Massen zutiefst verspürt werden.

Jede „heilige Geschichte" ist so eine „Antigeschichte", wie das Kunstwerk Malraux zufolge ein „Anti-Schicksal" ist (2), in dem Sinne, daß es die Entstehung des radikal Neuen, gegen die Vorherbestimmungen der Vergangenheit gerichteten, darstellt. Die fortgesetzte Erschaffung der Welt und des Menschen besteht in solchem unerwarteten Auftauchen, in solchem Widerstand gegen die „Entropie", diesem Energieverlust und zunehmenden Chaos, die jedesmal, wenn sich die Menschen diesen Ableitungen ergeben, das Gesetz der physikalischen Welt und auch das Gesetz der Geschichte sind.

Daß es seit drei Millionen Jahren menschlicher Geschichte ein Sprudeln solcher Quellen gibt, das ist die alltäglichste Erfahrung der Transzendenz: Wenn nie etwas aufgetreten wäre, das sich nicht einfach auf eine neue Ordnung bereits existierender Kräfte reduzieren ließe, so würde es auf der Welt weder Poesie noch wissenschaftliche oder technische Erfindungen geben, weder opferbereite Liebe noch Revolution, weder künstlerisches Schaffen noch Propheten.

Diese Lebensquelle, diese beständige Schöpfung, das ist es, was die Menschen seit Jahrtausenden Gott genannt haben.[1]

Der Prophet Muhammad hat nie vorgegeben, eine neue Religion zu lehren, sondern diesen ursprünglichen Glauben, dessen exemplarischen Ausdruck er im Glauben Abrahams fand, zu erhalten, zu restaurieren und zu vollenden.

Wir werden in immer größer werdenden konzentrischen Kreisen, gleich denen der Moslems auf der ganzen Welt, die sich zum Gebet in Richtung Kaaba wen-

---

1 Dies ist die Meinung der Vertreter des „Idealismus", die die Beziehungen zwischen der Schöpfung und dem Schöpfer durch die Vernunft bzw. ohne die Offenbarungen Gottes erklären wollten. Die Kirche sprach von der menschlichen und der göttlichen Natur Gottes. Dies aber verkündete kein einziger Prophet von Adam bis Muhammad - a.s.s.-. Die Anwesenheit Gottes überall bedeutet, daß Er über alles Bescheid weiß, nicht daß Er Sich in einem Wesen verkörpert. Auf Arabisch heißt es: Wugūduhu Wugūdu 'ILM, wa IḤĀTA, la Wugūdu DĀT". (Abu Murad)

den, den sukzessiven Kreisbahnen der Verbreitung des Islam und seiner allumfassenden Botschaft folgen. Die Worte des Gottesboten, welche an diejenigen einer langen Reihe von Propheten — besonders Abrahams, Moses und Jesu — anknüpfen, brachen in einem Augenblick des Umbruchs in der Geschichte hervor.

Und vor allem im Mikrokosmos Medinas, wo sich zu Beginn des 7.Jahrhunderts zwei Formen des sozialen Lebens und der Weltsicht gegenüberstanden: die der Wüste und die der Oase, die der Sippe und das Bürgertum. Die vorislamische Sippe gründet sich auf das Band und die Einheit des Blutes, und nicht wie die städtischen Gesellschaften auf Grundbesitz oder auf gegenseitige Ergänzung der Funktionen. Die Solidarität, die zum Überleben in der Wüste vonnöten ist, entsteht in keiner Gemeinschaft, die Ziele und Pläne über den Fortbestand der Sippe hinaus anstrebt. Deren Existenzsicherung ist Selbstzweck. Sie ist die Bedingung der persönlichen Identität jedes ihrer Mitglieder, ohne diese der „Arbeitsteilung" zu unterwerfen, die sich seit der Bildung von Städten in den Oasen abzeichnete. Das bedeutet keineswegs, daß sich die Sippe der Unbeweglichkeit hingab: das Nomadenleben des Beduinen ist fortwährender Abschied; die sehr schöne vorislamische Stammespoesie (die „Kaside") beginnt immer mit der Anrufung des verlassenen Lagers, die Vergangenheitssehnsucht nach der Geliebten, deren Spuren man fand. Dann erinnert sie an die Odysee in der Wüste, die Sandstürme. Und schließlich ist sie ein Lobpreis der Stammesgemeinschaft und ihrer Tugenden: Ehre, Großzügigkeit, Mut, Solidarität, eine Solidarität, die die Bejahung der Persönlichkeit nicht ausschließt, sondern im Gegenteil beinhaltet, sowohl in den Zerstreuungen als auch in der Liebe oder der Selbstaufopferung.

In den stadtgewordenen Oasen mit ihrem Ackerbau, ihrem Handel, ihrem Privateigentum und ihrer sozialen und politischen Hierarchie, bildeten sich andere Formen der Gemeinschaft heraus und verfielen dann: die wachsende Arbeitsteilung und die Komplementarität der Funktionen kehrte neue Beziehungen an die Oberfläche, aber auch Konkurrenz und Ungleichheit, Besitz- und Machtstreben, Geschmack am Luxus und Appetit, zu beherrschen.

Diese beiden Formen von Gemeinschaft, jene der Wüste und jene der Oase existierten nebeneinander und durchdrangen sich: im Innern der Stadt bestanden die Stammesgemeinschaften und ihre Rivalität fort. Die Beduinen, die Kamelzüchter bedurften der seßhaften Bauern. Der nomadische Viehhirte besaß dank seines schnellen Reittiers eine Überlegenheit im Kriege über den Bauern, den Handwerker und Händler, die an den Boden gefesselt waren; er gewährte den Handelskarawanen einen gewissen Schutz, wobei er ein Gegengeld forderte und, sollte dies ausbleiben, sich den Tribut in Form einer Razzia selbst holte.

Nur im Süden der arabischen Halbinsel, wo die Berge die vom Indischen Ozean kommende Feuchtigkeit aufhielten, erlaubten regelmäßige Niederschläge reicheren Anbau von Getreide, Obst, Gemüse, Weintrauben und Blumen; die Entwicklung von Bewässerungstechnik, Architektur, Städtebau und Seefahrt hatten aus dem südlichen Teil Arabiens eine wohlhabende Region gemacht, wo sich eine verfeinerte Zivilisation ausbreitete, die in Verbindung stand mit Indien, mit Afrika, und weiter über Ägypten mit dem Mittelmeer, von Griechenland bis Syrien, vielleicht sogar mit Zentralasien. Die Beziehung dieses „glücklichen Arabien", wie es die Alten nannten, zu den Arabern der Wüste und der Oasen waren kompliziert: sie gebrauchten die Beduinen gerne als besoldete Krieger zum Schutz ihres Karawanenverkehrs.

In diesem Arabien des beginnenden 7. Jahrhunderts, dessen soziale Vielfalt wir hervorgehoben haben, war die geistige Verwirrung groß; es herrschte die Atmosphäre gespannter und besorgter Erwartung eines notwendigen Umbruchs. Die Vielzahl religiöser Überzeugungen der Stämme machte jedes Gleichgewicht zwischen ihnen prekär, trotz regelmäßiger religiöser Waffenstillstandsabkommen, die zu oft durch das verletzt wurden, was die arabischen Chronisten „Entweihungskriege" nannten.

Die Tatsache, daß Arabien, und besonders das Dreieck Mekka-Medina-Taif, einen Knotenpunkt der Handelswege zwischen Mesopotamien und Abessinien darstellte, trug zur Vermehrung und Verschmelzung der Religionen und Kulturen bei.

Unter den einheimischen Religionen wucherten die verschiedenen Arten von Polytheismus, mit unsichtbaren Geistern oder Göttern, wie den „Dschinnen" der Wüste, mit Gottheiten in Tier- oder Menschengestalt; mit steinernen Götzenbildern oder heiligen Stätten, die Wallfahrtsorte darstellten, wo magische Riten zelebriert wurden.

Diesen Polytheismus überlagerte indessen spürbar eine ziemlich verbreitete Sehnsucht nach einem, wenn nicht einzigen, so doch zumindest über den anderen stehenden Gott: im Hedschas hielt man die drei Hauptgöttinnen für Töchter des selben Gottes — Allah.

Die Bewußtseinskrise, die das Aufeinandertreffen verschiedener Glauben gebar, hatte Menschen auf die Suche nach einem höheren Lebenszusammenhang, dem Leben nach einem Gesetz und einem einzigen Gott getrieben, obwohl der „Ehrenkodex" der Beduinen einen moralischen Bezugspunkt über diese konkurrierenden Götzendienste hinaus darstellte. Dies waren die „Hanifen", die sich vom Polytheismus lossagten. Ihr Hintergrund war vielfältig: zweifellos gab es unter ihnen frühere Polytheisten, strenger in Glauben und Lebensweise, die von einem über den anderen stehenden Gott zu einem einzigen Gott übergingen: *der Gott (al-ilah)*. Fühlten sich andere, vor allem im Nordwesten der Halbinsel, die mit den Religionen des Iran in Kontakt gekommen waren, wie die Anhänger Zarathustras als Streiter im Kampf des Guten, des Ahura Mazda gegen die Kräfte des Bösen in der Welt? Vor allem gab es jene, die eine Rückkehr zum ursprünglichen Glauben Abrahams anstrebten, der völligen Hingabe an den Willen eines einzigen Gottes, dessen Gebote höher sind als all unsere menschliche Weisheit und Moral. Unter ihnen waren nicht bloß Juden, sondern auch Menschen, die über die jüdischen Rituale und Besonderheiten hinaus zu den Ursprüngen zurückkehrten. Aber auch Christen, die es müde waren, in einer Atmosphäre theologischer Streitereien zu leben, die meistens durch die Gewalt herrscherlicher Repressionen oder gegenseitiger Abrechnung unter Sekten beigelegt wurden.

Das Konzil von Nicäa im Jahre 325 war von Kaiser Konstantin nicht aus Glaubens-, sondern aus politischen Gründen einberufen worden: um seinem bedrohten Reich das Bindemittel einer ideologischen Einheit zu geben. Die gelebte Erfahrung der Liebe — diejenige eines Gottes, der nicht wie im Alten Testament durch einsame und beherrschende Macht definiert ist, sondern dessen menschlichstes Antlitz eine menschliche Liebe darstellt, die sich nicht auf einen Egoismus zu zweit beschränkt, sondern dem anderen gegenüber offen bleibt, letztlich allen anderen —, wurde also bei diesem Konzil in die Sprache und Kultur der griechischen Philosophie übersetzt, die dieser grundlegenden christlichen Offenbarung vollkommen fremd ist.

Die neue, durch Jesus von Nazareth geoffenbarte Weise zu leben, die den Volksmassen direkt zugänglich gewesen war, und die angesichts der römischen Verfolgungen so viele heroische Zeugen und Märtyrer hervorgebracht hatte, wurde in der Terminologie des Aristoteles zu einer abstrakten Spekulation, dem zuschauenden Volke unverständlich und Opfer „byzantinischer" Querelen zwischen theologischen Sekten, die sich gegenseitig niedermetzelten.

Die „frohe Botschaft", die Offenbarung des Evangeliums, wie ein Menschenleben aussehen könnte, göttlich vorgelebt in der Liebe bis zum höchsten Opfer am Kreuz,[1] Schöpfung eines neuen Lebens, der Auferstehung — sie ver-

---

[1] Die Kreuzigung (bzw. den Opfertod Jesus-a.s.) lehnt der Islam ab. In der echten, n i c h t entstellten Bibel, war diese (angebliche) Opferung nicht erwähnt. (Abu Murad);
Das „christliche" Glaubensgebet: „Vater, ich habe gesündigt gegen den Himmel vor Dir. Ich glaube von ganzen Herzen, daß der Herr Jesus Christus für mich am Kreuz gestorben ist und, daß sein Blut

sank nun in dem Geschwafel einer „toten" Sprache, das heißt in einer Sprache, die niemand mehr zum Ausdruck seines Erlebens von Liebe und Glauben brauchte. Von nun an sollte man sich jahrhundertelang gegenseitig exkommunizieren und bekriegen wegen Formulierungen, die dem Evangelium fremd warem: Ist der Sohn dem Vater „wesensgleich"? Eine Vielzahl von „Häresien" entsprangen den Antworten auf dieses falsche Problem aus der griechischen Philosophie ohne Bezug zur christlichen Botschaft.

Zur Zeit des Propheten, als jeder Christ dem anderen ein „Häretiker" war (wenigstens auf der Ebene der Sektenführer der Kirchen Alexandrias, Konstantinopels, Antiochias, Roms und anderer) und die Debatten am Ende von irgendeinem politischen Herrscher entschieden wurden, war die vorherrschende Tendenz im Orient die der „Nestorianer". Unter Berufung auf Nestorius, 428 Patriarch von Konstantinopel und selbst Schüler Theodors von Mopsuhestia, behaupteten sie, daß Gott (Vater) weder gezeugt noch geschaffen sein könne, daß man Jesus von Nazareth also nicht auf die gleiche Ebene stellen könne und demnach Maria nicht „Mutter Gottes", sondern Mutter Jesu genannt werden müsse. In Persien hatte dieser Nestorianismus Wurzeln gefaßt und ihn hat wahrscheinlich der Prophet kennengelernt, als er die Karawanen seiner zukünftigen Ehefrau Khadija bis nach Syrien führte.

In Äthiopien, wohin Muhammad einigen seiner Anhänger vor den Verfolgungen der Mekkaner auszuwandern riet, war die vorherrschende Richtung der „Monophysitismus", der Christus eine einzige: göttliche, nicht menschliche Natur zuerkannte.

In Spanien breitete sich eine eigentümliche „Häresie" aus, der „Priscillianismus", deren Begründer Priscillian, Bischof von Avila, 385 in Trier hingerichtet wurde. Seine Lehre war von der „Gnosis" beeinflußt, nach der Gott durch die Erkenntnis und durch direkte Präsenz erfaßt werden kann, und Jesus also nur ein großer Prophet ist.

Schließlich überlebten in Ägypten noch die „Arianer", Anhänger des Arius, eines Priesters libyscher Herkunft, der zur Zeit des Konzils von Nicäa, das ihn verurteilte, in Alexandria lehrte. Nach Arius ist der Vater, weil er allein

---

mich rein macht von allen meinen Sünden" sowie ähnliche Zitate der (entstellten) Bibel wie z.B. 1.Joh.1,7 sind für den Muslim eine Verneinung des wahren Christentums. Jeder vernünftige Mensch der im Vollbesitz seiner geistigen Kräfte ist, also auch Jesus sowie Muhammad a.s.s. ist für seine Taten und Äußerungen verantwortlich, sonst bestraft man die Söhne und die Töchter eines Volkes wegen des Verbrechens der Väter und der Mütter. Der Islam lehnt dies ab. Siehe Sura: 6/164; 17/15; 35/18; 39/7; 2/281; 3/25,161; 42/30; 74/38 u.a. (Abu Usama)

nicht gezeugt ward, der einzige Gott. Der Sohn ist nur ein Vermittler zwischen Gott und der geschaffenen Welt.

Der religiöse Kontext, in dem der Prophet auftritt, ist also ein buntes Durcheinander von polytheistischer, der Bedeutung für die Menschen entleerter Götzendienerschaft, ausgedörrtem jüdischem Ritualismus und christlichem „Sektierertum". Alle diese grundverschiedenen, widersprüchlichen, vom Leben losgelösten Ideologien verschärfen die soziale Auflösung. Und genau da offenbarte der Prophet einen einfachen und starken Glauben, die Seele einer neuen Gemeinschaft.

Er beanspruchte nicht, eine Religion zu gründen, sondern vielmehr die Menschen nach Anweisung Gottes dahin zu führen, daß sie sich des ursprünglichen Glaubens Abrahams erinnerten.(3) Das bedeutet, nur noch einen einzigen Gott zu verehren, also allen lästigen Aberglauben und die inhaltsleeren Riten zu verwerfen. Es hieß nicht nur, alle Formen von Polytheismus und Götzendienst auszumerzen, sondern alles Können, Haben und Wissen zu relativieren.

Gott ist größer als der größte König, und ihm allein gebührt eine absolute Ehrerbietung. Dies ist das Prinzip eines unveräußerlichen Rechts des Widerstands gegen jede Tyrannei und der Herausforderung jeder Autorität, die göttliche Grundlage einer Gleichheit aller Menschen jenseits aller sozialen Hierarchien. Als Muhammad zum letzten Mal zu seinen Gefährten sprach — in Mekka, anläßlich der „Abschieds-Walfahrt" im März 632 —, bestand er auf der Gleichheit aller Menschen vor Gott, ohne Unterschied der Rasse, des Vermögens oder der Herkunft, wie es im Koran gesagt war: „Als der Vornehmste gilt bei Gott derjenige von euch, der am frömmsten ist" (XLIX, 13).

Eine so radikale und kompromißlose Bejahung der *Transzendenz* stellte die *Gemeinschaft* auf eine radikal neue Grundlage. Transzendenz und Gemeinschaft sind die beiden untrennbaren Pole der Offenbarung des Propheten.

Gott ist der Einzige, und einzigartige Realität. Das ist auch die *Schahada*, das Grundprinzip dieses Glaubensbekenntnisses, dessen zweites Postulat, daß Muhammad Gottes Gesandter ist, die Umkehrung bezeichnet;[1] denn Muhammad ist das Beispiel an sich jeder als Offenbarung und Zeichen Gottes verstandenen Realität. Der Koran, das ist Gott, der sich den Menschen mitteilt,[2] auf sie zugeht mittels der Worte, die er Muhammad eingab, um ihre Bindung an ihr Prin-

---

[1] Das Wort „Umkehrung" ist hier irreführend.
[2] Die Formulierung ist nicht richtig. Richtig wäre z.B.: „Der Quran, das ist das Wort Gottes..." (Abu Usama)

zip wieder herzustellen. Es gibt nicht nur keine andere Gottheit als Gott, sondern auch keine andere Realität: „Wir werden sie in der weiten Welt und in ihnen selber unsere Zeichen sehen lassen, damit ihnen klar wird, daß alles Gott ist"[1] (XLI, 53). Der Prophet verkörpert die gesamte Schöpfung, in der alles „Zeichen", Manifestation Gottes, ist: Das gleiche Wort ayat (Zeichen) bezeichnet einen Vers des Koran, einen Menschen, der das Göttliche widerspiegelt, oder einen natürlichen Gegenstand. Kein reales Sein, das nicht auch göttlich wäre. Irreal alles, was außerhalb seines Bezugs zu Gott wahrgenommen oder empfangen wird. Es gibt also keine Trennung zwischen dem Heiligen und dem Profanen: Jedes Ding ist geheiligt durch seine Verbindung zu Gott. Der Unglauben besteht darin, die Dinge zu sehen, als seien sie unabhängig von dem, was ihren Ursprung, ihren Zweck und ihren Sinn darstellt.

Diese Offenbarung der göttlichen Einheit *(tauhid)*, die jedem Leben und jedem Ding durch seinen Bezug zum Ganzen einen Sinn verleiht, ist nicht die leblose Einheit eines abstrakten Monotheismus, der Gott zu einer Idee macht, noch weniger auch die eines Pantheismus, der die Transzendenz ausschließt, was für den Moslem eine Welt der Abwesenheit Gottes bedeuten würde. Die göttliche Einheit ist ein Akt. Ein Akt Gottes als beständig Erschaffender. Ein Akt des Propheten, der durch seine Worte auf Anweisung Gottes nicht Einheit oder Ganzheit ist, sondern Akt des Einigens, des Zusammenfügens. Ein Akt jedes Menschen, der sich bewußt wird, daß es nichts Göttliches und Reales gibt außer Gott, und in jedem Augenblick alle Dinge, alle Ereignisse und alle Handlungen zu seinem Prinzip in Beziehung setzt.

Man wird weder die Expansion und Blütezeit des Islams, noch seine heutige Aktualität verstehen können, ohne zwei grundlegende Aspekte zu unterstreichen, die sich seit dem Auftreten des Propheten äußern. Zum einen zeigt die Tatsache, daß die Einheit eine Handlung ist, wie absurd es ist, den Islam als fatalistisch hinzustellen: er liefert ganz im Gegenteil die Grundlage für die Verantworlichkeit und Freiheit des Menschen. Das Wort „Islam" selbst bedeutet „Unterwerfung" unter den Willen Gottes. Nun ist in seiner Konzeption der Einheit, der Ganzheit, alles „unterworfen" (muslim): ein Baum in seiner Blüte, ein Tier in seinem Wachstum, ein Stein in seiner Unbeweglichkeit, aber diese Unterwerfung hängt nicht von ihnen ab. Sie können dem Gesetz, dem sie unterliegen, nicht entrinnen. Der Mensch allein kann seine wahre Natur „vergessen", wird ihm im Koran gesagt (XX,126). Er wird also Moslem durch

---

1 Die Übersetzung ist falsch und irreführend, genau wie die Übersetzung der Ahmadiyya bezüglich dieses Verses. Es muß heißen: „damit ihnen klar wird, daß er (d.h. der Qurān) oder damit ihnen klar wird, daß es (d.h. das Angekündigte) die Wahrheit ist" (Abu Usama).

Wahl, indem er sich des ersten Gesetzes der Einheit und Ganzheit entsinnt, die seinem Leben Sinn verleiht. Er ist voll verantwortlich, weil er die Möglichkeit hat, sich zu verweigern.

Es wäre übrigens seltsam, einen Glauben als fatalistisch und resigniert hinzustellen, der die Moslems seit einem Vierteljahrhundert dazu geführt hat, drei große Zivilisationen zu erneuern und sich über die halbe Welt auszubreiten. Diese Dynamik des Geistes und der Aktion ist das Gegenteil des Fatalismus: sie hat Millionen von Menschen in ihrer Gewißheit bestärkt, daß man anders leben könne.

Die zweite Anmerkung bezieht sich gerade auf diese neue Art zu leben: Wenn der Islam sich mit solcher Macht und Geschwindigkeit zunächst in ganz Arabien und dann vom Atlantik bis zum Chinesischen Meer ausbreiten konnte, so doch nur, weil er wieder einen Sinn in das Leben von Völkern brachte, die durch den Zerfall ihrer Gesellschaften, ihrer Kultur und ihres Glaubens desorientiert waren.

Am Beginn aller dieser Erneuerungen stand diese Entschlossenheit, einen ursprünglichen Glauben wiederzuerlangen: denjenigen Abrahams, denjenigen, der sich in Handlungen übersetzte, die Hierachien, Reichtümer und Weisheiten relativierten, und die den göttlichen Plan zu verwirklichen bestrebt waren. Der Koran erkannte die Echtheit der biblischen Propheten als Boten des selben Gottes an: die Offenbarungen des mosaischen Gesetzes und des Evangeliums Jesu waren bereits Gottes Wort.

In Bezug auf die ,,Leute der Schrift", Juden und Christen, wird empfohlen, mit ihnen ,,nie anders als auf eine möglichst gute Art" zu streiten; ,,Und sagt: Wir glauben an das, was zu uns und was zu euch herabgesandt worden ist. Unser und euer Gott ist einer. Ihm sind wir ergeben" (XXIX,46). Jede dieser Offenbarungen, jedes prophetische ,,Herabgesandte", ist ein Glied in der Kette ein und derselben göttlichen Wahrheit, selbst wenn die Botschaft entstellt wurde. Ein Moslem ehrt Abraham, Moses und Jesus.

> ,,Sagt: Wir glauben an Gott
> und an das, was zu uns,
> und was zu Abraham, Ismael, Isaak, Jakob
> und Stämmen herabgesandt worden ist,
> und was Moses und Jesus und die Propheten
> von ihrem Herrn erhalten haben,
> ohne daß wir bei einem von ihnen einen Unterschied machen"
> (Koran II, 136)

Es gäbe keinen echten Dialog, wenn man im Koran (welche Ansicht auch immer ein Nichtmoslem über seinen Ursprung haben kann) nicht einen Funken des Göttlichen erblicken würde.

Sogar die Polytheisten, ihre Wallfahrten zur Ka'aba von Mekka gewohnt, entdeckten jenseits ihrer Stammesgottheit einen Glauben, der sie ins Universum einband, der ihrem Leben und jedem Gegenstand einen Sinn gab, ihren Handlungen ein Gesetz.

Als sie die Prophetenbotschaft empfingen, hatte keiner das Gefühl zu leugnen, sondern ganz im Gegenteil unter dem Wust abergläubischer Vorstellungen, Riten und Dogmen, jenseits einer Priesterkaste, die den Glauben zu unterweisen vorgaben und sich selbst an der Stelle Gottes zu Hütern der Wahrheit machten, wieder einen Glauben und einen Weg zu entdecken, die ihnen die militante Hoffnung gaben, die Welt zu ändern. Keine Vermittler mehr, also Priester, die sich zu Instrumenten einer falschen Theokratie machten, keine Könige oder Fürsten mehr, die sich als Stellvertreter Gottes auf Erden betrachteten, weil Gott selber nun seine Gesetze selber diktierte. Niemand konnte fortan das Heilige an sich reißen.

Ein Glaube, der den Menschen wieder mit seinem Ursprung und seinem Ziel verband, gab seinem Leben einen Sinn, ausgehend von den „Fünf Pfeilern" des Islam:

1. Das bereits angesprochene Glaubensbekenntnis: Es gibt keinen Gott außer Allah und Muhammad ist sein Prophet. Das ganze Universum bekam so einen Sinn, das Absolute offenbarte sich in Form von „Zeichen", von Symbolen, im Relativen. Die Natur und die Menschen waren, ganz wie die Worte des Koran, eine Erscheinung, eine Manifestation Gottes. „Es gibt nichts, was ihn nicht lobpreisen würde. Aber ihr versteht ihr Lobpreisung nicht"(XVII,44).

2. Das Gebet ist die bewußte Teilnahme des Menschen an diesem Loblied, das alle Geschöpfe mit ihrem Schöpfer verbindet. „Finde zu dir selbst zurück, um alle Existenz in dir selbst gesammelt zu finden."

Das Gebet nimmt den Gläubigen in diese universale Anbetung auf: Indem sie das Gebet verrichten, das Gesicht gen Mekka gewandt, sind alle Moslems der Welt und alle Moscheen, deren *mihrab*-Nische die Richtung der Kaaba weist, in konzentrischen Kreisen in diese mächtige Gravitation der Herzen in Richtung auf ihr Zentrum eingebunden. Die rituelle Waschung vor dem Gebet symbolisiert die Rückkehr des Menschen zur ursprünglichen Reinheit, durch die er, indem er alles von sich abwirft, was das Bild Gottes trüben könnte,[1] dieses in vollkommener Weise widerspiegelt.

3. Das Fasten, freiwillige Unterbrechung des Lebensrhythmus, Bestätigung der menschlichen Freiheit gegenüber seinem „Ich" und seinen Leidenschaften, und gleichzeitiges Gemahnen unserer selbst an denjenigen, der Hunger hat, wie an ein anderes Ich, welches von Elend und Tod zu erretten ich beitragen muß.

4. Die zakat ist kein Almosen, sondern eine Art institutionalisierte, obligatorische Gerechtigkeit innerhalb der Gemeinschaft, die die Solidarität der Gläubigen, das heißt jener, die Selbstsucht und Habgier in sich zu besiegen wissen, verwirklicht. Die zakat ist die ständiges Erinnern, daß jeder Reichtum Gott gehört wie alle Dinge und daß der Einzelne nicht nach Belieben darüber verfügen kann, daß jeder Mensch Glied einer Gemeinschaft ist.

5. Die Wallfahrt nach Mekka schließlich konkretisiert nicht nur die Existenz einer weltweiten muslimischen Gemeinschaft, sie schickt auch jeden Gläubigen auf die innere Reise zum Zentrum seiner selbst.

Das zentrale Thema des Islam in allen seinen Erscheinungsformen ist diese doppelte Bewegung des Hinströmens des Menschen zu Gott und das Zurückströmen Gottes zum Menschen, Systole und Diastole des muslimischen Herzens:[2] „Wir gehören Gott und zu ihm kehren wir (einst) zurück"(II,156). Diese Weise, die Transzendenz und den Glauben zu erfahren und zu leben beruht auf einer neuen Form sozialen Zusammenlebens, dessen wesentliche Züge sich in Medina abzeichneten. Als der Prophet 622 in Medina zum Gründer eines Staates wurde, gab er in der Tat das erste Beispiel einer Gemeinschaft bis dahin unbekannten Typs: das war nicht mehr die Stammesgemeinschaft, die bei den Nomaden von Blutsbanden zusammengehalten und bei den Seßhaften an Grund und Boden gebunden war. Es war auch keine „Nation" im westlichen Sinne des Begriffs, die auf der Gemeinsamkeit eines Territoriums, eines Marktes, einer Sprache oder einer Geschichte beruhte, das heißt auf *Vorgegebenem* wie Rasse, Geographie oder Geschichte — und demnach auf *Vergangenem* —, sondern eine prophetische Gemeinschaft, gegründet auf der gemeinsamen Erfahrung göttlicher Transzendenz.

---

[1] Diese Formulierung ist ungenau. Vielleicht meint man: „... von sich abwirft, um Gottes Anwesenheit zu spüren"

[2] „Nicht die medizinische Bedeutung sondern die seelische Zusammenziehung und Ausgedehntheit des Herzens" (Abu Usama)

Das Nachdenken über die Gemeinschaft von Medina erlaubt es, den gemeinsamen Nenner aller islamischen Gesellschaften herauszuarbeiten, die sich als unverfälscht, getreu der Lehre des Propheten verstehen. Zunächst in dem, was *politische Macht* angeht. Durch die beiden Grundprizipien — dem, daß die Herrschaft allein Gott gebührt, was jede gesellschaftliche Souveränität relativiert, und dem der „Beratung" (shura), was jede Vermittlung zwischen Gott und dem Volk ausschließt — befinden sich zugleich die absolutistische Tyrranei, die die Macht heiligt und aus einem Regenten einen Gott auf Erden macht, und jede „Demokratie" westlichten Typs, das heißt individualistisch, quantitativ statistisch, delegiert und entfremdet, im Abseits. Denn Freiheit ist weder Negation noch Einsamkeit, sondern Ausführung des göttlichen Willens.

Was das *Eigentum* angeht: wenn jedes Eigentum dasjenige Gottes ist, und der Mensch daran durch seine Arbeit nur den Nießnutz hat, ist die koranische, prophetische Betrachtungsweise des Eigentums das genaue Gegenteil der westlichen, bourgeoisen Betrachtungsweise.

Im islamischen Recht ist das Eigentum kein Attribut des Einzelnen oder einer Gruppe, sondern besitzt eine soziale, der göttlichen Forderung, „das Gute zu gebieten", untergeordnete Funktion.

Transzendenz und Gemeinschaft, wäre das nicht der Beitrag, den der Islam heute zur Gestaltung einer Zukunft mit menschlichem Gesicht leisten könnte, in einer Welt, wo die Ausschaltung des Transzendenten, die Zerstörung der Gemeinschaft durch den Individualismus und ein irrwitziges Wachstumsmodell den *status quo* unerträglich, Revolutionen westlichten Typs aber unmöglich gemacht haben.

J.-J. Rousseau stützte sich in seinem *Contrat social* auf eine abstrakte Idee des Individuums und konnte sich letztlich das soziale Zusammenleben nicht anders vorstellen als durch den Mythos eines „Gemeinwillens", dessen konkrete historische Verkörperungen durch Parlamente und Parteien alles demonstriert haben, was er an Delegierung und Entfremdung der Herrschaft beinhaltet, um eine Karikatur der „Demokratie" abzugeben, während Teilhabe des Volkes an der Herrschaft zur Fiktion, zum Trugbild wurde.

Genauso war es beim Eigentum: dessen individualistische, römische und bürgerliche Definition hat zur Theorie des vorgeblichen „Gemeinwohls" geführt, wonach, wenn bloß jeder sein persönliches Interesse verfolgt, das Interesse der Allgemeinheit verwirklicht wird. Zwei Jahrhunderte sozialer Erschütterungen, hervorgerufen durch diesen „Wirtschaftsliberalismus", der noch immer nicht tot ist, haben diese ökonomische Lüge vom „Gemeinwohl" genauso demaskiert wie die politische Lüge vom „Gemeinwillen". Die als „sozialistisch" bezeichneten Experimente, die solche Mythen durch den einer allwissenden und unfehlbaren „Partei" ersetzen, welche ihrerseits im Namen einer Klasse, der angeblich die Zukunft gehört, die aber nie gefragt wird, diesen „Gemeinwillen" oder dieses „Gemeinwohl" verkörpert, haben in andere Sackgassen geführt.

Wir versuchen keineswegs, alle historischen Ausgestaltunggen islamischer Gesellschaften zu idealisieren, und glauben sogar, daß der Anspruch, aus einem inspirierten Text eine für alle Zeiten und alle Völker gültige Gesetzgebung herauszulesen, von einem wenig nützlichen Dogmatismus zeugt. Sagt nicht der Koran: „Und jede Gemeinschaft hat einen Gesandten" (X,48) und, präziser noch: „Wir haben niemals einen Boten gesandt, außer in der Sprache seines Volkes, damit er die Botschaft klar wiedergebe" (XIV,64).

Wenn der Islam sich heute nicht in seiner Vergangenheit begräbt, sondern sich dessen erinnert, daß einem Ausspruch Jaurès' zufolge treu bleiben bedeutet, nicht die Asche, sondern das Feuer aus dem Herd unserer Vorfahren weiterzugeben, und daß der Fluß seiner Quelle treu bleibt, indem er dem Meere zufließt, dann kann sich nicht nur für Moslems, sondern im weltweiten Maßstab, die Persperktive eines Sozialismus eröffnen, der nicht mehr durch positivistische Wissenschaftsgläubigkeit und abenländischen Individualismus gelähmt wird, sondern sich von den Grundwerten nährt, die bereits die Gemeinschaft von Medina in einer brennden Hoffnung wiedererstehen ließ: Tranzendenz und Gemeinschaft.

Die Verbreitung des Islams kann also nicht nur durch äußere Ursachen erklärt werden, wie der unleugbaren Schwäche bzw. der Auflösung der besiegten Reiche (Oströmisches Reich, persisches Sassanidenreich, spanisches Westgotenreich), und weniger noch durch rein militärische Ursachen.

Das Oströmische Reich und das persische Sassanidenreich, die beiden damaligen „Großen", hatten sich praktisch durch ununterbrochene Kriege zwischen ihnen um die Vorherrschaft im Orient, vor allem von 604 bis 628, erschöpft.

Es stimmt auch, daß die beiden rivalisierenden Reiche die arabischen Völkerschaften selbst in ihre Angelegenheiten hineingezogen hatten, indem sie diese kämpferischen Reiter der Wüste als Söldner benutzten, um die vorgeschobenen „Grenzmarken" ihrer Staaten zu verteidigen.

Die sassanidischen Perser hatten in Hira, ganz in der Nähe ihrer Hauptstadt Ktesiphon, den Stamm der Banu Lakhm, aus denen sie die arabische Dynastie der Lakhmiden machten, und die als Vasallen die Aufgabe hatten, die Römer in Permanenz zu bekriegen. Umgekehrt hatten die Kaiser von Byzanz eine andere arabische Familie ausgesucht, die Ghassan, Nomaden im heutigen Transjordanien, um sie im Jahre 529 zu Fürsten zu ernennen, die sich bald zum „monophysitischen" Christentum (das die „doppelte" Natur Jesu ablehnte und von Syrien bis nach Ägypten besonders verbreitet war) bekehrten. Dies waren die Faktoren, welche die künftigen Siege der muslimischen Araber begünstigten.

Aber die tieferen Ursachen dieser blitzartigen Expansion, die in den ersten zwölf Jahren nach dem Tode des Propheten, von 633 bis 645, die arabische Vormachtstellung in Palästina, in Syrien, in Mesopotamien wie in Ägypten zu gewährleisten erlaubte (diese erste Welle machte nur vor natürlichen Hindernissen halt; vor den Bergketten des Taurus in Kleinasien und den Gebirgen des Ostiran, und im Westen vor den Wüsten der Cyrenaika und Nubiens), waren innere Ursachen, die im Wesen des Islam selbst begründet lagen.

Zunächst postulierte, wie wir schon sahen, die radikale Bejahung der göttlichen Transzendenz, indem sie jede Macht relativierte, eine prinzipielle Gleichheit aller und wurde so zum Grundstock einer Befreiung von aller politischen, ökonomischen und religiösen Unterdrückung. Sie verlieh der Hoffnung aller Unterdrückten Gestalt.

Genau das erklärt, warum ein einziger militärischer Sieg über jeden der regierenden Despoten (636 Herakleus um das oströmische Reich, Yazdigerd nach der Einnahme einer Hauptstadt Ktessiphon 637 um das persische Sassanidenreich, oder später, im Jahre 711, der Sieg der Handvoll Krieger Tariks über den westgotischen König Roderich am Rio Barbate in Spanien) Reiche wie das Westgotenreich in Spanien oder das Perserreich zusammenbrechen, oder den Arabern die reichsten Provinzen des Oströmischen Reiches (Syrien, Ägypten, und wenig später ganz Nordafrika) überließ.

In jedem Fall werden die Araber nach der Niederlage der herrschenden Schicht als Befreier von denen empfangen, die Opfer einer sozialen oder politischen Unterdrückung oder einer religiösen Verfolgung waren. Für die vom Oströmischen Reich als Häretiker verfolgten Monophysiten wie für die nestorianischen Christen Persiens; für die Berberstämme — die einst die Donatisten unterstützt hatten, als Augustinus sich gegen die Häretiker an die militärische und polizeiliche Repression des Kaisers von Rom wandte — wie für die Juden, die arianischen oder priscillianischen Christen Spaniens, die von einem fanatischen Klerus gequält wurden, wie auch für die koptischen Bauern Ägyptens, die den übertriebenen Forderungen der byzantinischen Großgrundbesitzer ausgeliefert waren, stellte der Sieg der Araber über hohe Herren und Unterdrücker eine Erlösung dar. Um so mehr, als ihre zum größten Teil aus den hellenisierenden Interpretationen der Dreifaltigkeit geborenen „Häresien" ihnen die islamische Auffassung Gottes und seiner Einheit (tauhid) leicht überzeugend erscheinen ließ. Der Koran, Sure 112, sagt

> „Er ist Gott, ein Einziger Gott[1]
> der in sich selbst ruht.[2]
> Er hat weder Kinder gezeugt
> noch ist er gezeugt worden.
> Und keiner ist ihm gleich".

Jeder Christ, Monophysit, Nestorianer oder Arianer konnte seinen eigenen fundamentalen Glauben durch die allzu feinen Differenzierungen der Theologen hindurch erkennen, wie es das IV. Laterankonzil, das abgehalten wurde, um die Dreifaltigkeitsidee Joachims von Fiore zu verdammen, in bemerkenswerter Weise bestätigt.

Indem er, noch immer in den gleichen, von den Griechen entlehnten Begriffen, die absolute Einheit der „göttlichen Substanz, Essenz oder Natur" bekräftigt, definiert er sie als eine „unbegreifliche und unaussprechliche höhere Realität (...), die allein das Prinzip aller Dinge ist (...), und diese Realität zeugt nicht noch ward sie gezeugt." In seinen Studien über die Situation der Kirche in Syrien im 6. Jahrhundert zitiert Duchesne Michael den Syrer: „Der Gott der Rache (...), als er die Bosheit der Römer sah, die überall da, wo sie herrschten, unsere Kirchen und Klöster grausam plünderten und uns ohne Gnade verurteilten, brachte aus dem Süden die Söhne Ismails mit, um uns durch sie zu erlösen (...). Es war für uns kein unbedeutender Vorteil, von der Grausamkeit der Römer, von ihrer Bosheit und ihrem Zorn, von ihrer grausamen Eifersucht erlöst zu sein, und unsere Ruhe zu finden."

Am anderen Ende des Mittelmeeres, in Spanien, handelt es sich ebenfalls um eine gleichzeitig soziale und religiöse Befreiung. Ignacio Olague hat gezeigt, wie unwahrscheinlich es war, daß Spanien militärisch durch eine massive Invasion der Bewohner des Hedjaz erobert würde: „Wie hätte eine Handvoll No-

---

1 Die Übersetzung der 112. Sura ist falsch und unverschämt! Richtig wäre z.B. „Sprich: Er ist Allah. der Einzige. Allah, der Ewigwährende. Er zeugt(e) nicht und ist nicht gezeugt (worden). Und es gibt niemanden, der Ihm gleicht" (Abu Usama)

2 Eine falsche Übersetzung des Quran-Verses Allahus-Samad! Es ist auch nicht richtig zu übersetzen „Er hat weder Kinder gezeugt..", denn dieses — nicht zwischen Klammern stehende — Wort ist im Originaltext nicht enthalten! Das Wort As-Samad könnte der Ewige; Der Unabhängige und von allen Angeflehte; Der Unwandelbare sein, jedoch nicht,, Der in sich selbst ruht"

maden aus dem Innersten Arabiens ihre Sprache und das Gesetz des Islam den 15 Millionen Einwohnern der 6oo Quadratkilometer großen iberischen Halbinsel aufzwingen können?" (4). Umgekehrt ist es weitaus wahrscheinlicher, daß die religiösen und politischen Auseinandersetzungen in Spanien eine bedeutende Rolle spielten. Im Jahre 476 brach ein westgotischer König, Eurich, mit dem byzantinischen Kaiser und machte den Arianismus zur offiziellen Religion der ganzen Halbinsel, und obwohl 589 beim Konzil von Toledo ein anderer König, Ricardo, dem Arianertum abschwört, war das Problem in den Köpfen des Volkes keineswegs gelöst. So daß in Spanien die Arianer, Priscillianer und Gnostiker leichten Herzens den Islam annahmen, dem sie nahestanden.

Der Sieg des Islam in Spanien erscheint so im wesentlichen als Resultat eines „Bürgerkriegs". Der Islam, der die „Unitarier"-Sekten (die die Definition der Dreifaltigkeit, so wie sie in Nicäa formuliert worden war, ablehnten, die in Jesus einen Propheten sahen und also Maria „Mutter Gottes" zu nennen sich weigerten) zusammenführte, erschien selbst der offiziellen Kirche nicht wie eine neue Religion, sondern wie eine „christliche Häresie". So sieht ihn auch der Hl. Johannes von Damaskus (st. 749), und Dante selbst wies Muhammad nicht unter den Heiden, sondern unter den Häretikern einen Platz zu, im „achten Kreis" der Hölle (Gesang 28), wo auch die Päpste Nikolaus III., Bonifaz VIII. und Clemens V. auftauchten.

Diese „Unitarier", unterstützt von einigen Berberstämmen des Rif, hatten nur eine einzige Schlacht, zwischen Gibraltar und Cadiz, zu schlagen, um den Sieg über die „Orthodoxen" davonzutragen. Der Einfluß der arabischen Händler war auf andere Weise entscheidend, und vor allem die Einwirkung einer mächtigen Idee wie der des Islam, dann auch für Entsendung einiger arabischer Häuptlinge und schließlich die große Islamisierungs-Politik Abd al-Rahmans, des omayyadischen Prinzen, der aus Bagdad geflohen war[1] und 756 in Spanien eintraf, 45 Jahre nach „der" Schlacht.

Der Orientalist Dozy schrieb in seiner *Geschichte der Muslime Spaniens* (Bd.II, S. 43): „Die arabische Eroberung tat Spanien gut: Sie brachte eine wichtige soziale Revolution hervor, sie ließ einen Großteil sozialer Übel verschwinden, unter denen das Land seit Jahrhunderten stöhnte (...). Die Araber regierten nach folgender Methode: Die Steuern waren im Vergleich zu denen vorangegangener Regierungen ganz und gar reduziert. Die Araber nahmen den Rei-

---

1 Der omayyadische Prinz 'Abd-Ar-Rahman konnte nicht aus Baghdad geflohen sein, da die genannte Stadt zu jener Zeit noch nicht existierte, sondern erst zwölf Jahre später (762) unter dem Namen Madinat As-Salam gegründet wurde.

chen das Land, das in große Rittergüter geteilt war und von leibeigenen Bauern oder unglücklichen Sklaven bearbeitet wurde, und verteilten es zu gleichen Teilen an die, die darauf arbeiteten. Die neuen Eigentümer bebauten es voller Eifer und erzielten bessere Ernten. Der Handel wurde von Beschränkungen und drückenden Steuern befreit und entwickelte sich bemerkenswert. Der Koran erlaubte den Sklaven, sich mittels einer angemessenen Entschädigung freizukaufen, und das brachte neue Kräfte ins Spiel. Alle diese Maßnahmen riefen einen Zustand allgemeinen Wohlstandes hervor, der die Ursache dafür darstellte, daß die arabische Herrschaft zu Anfang sehr willkommen war." (5)

Die Expansion des Islam geschah meistens nicht in Form einer Invasion, noch weniger einer Kolonisierung. Blasco Ibanez verkündet das in *Im Schatten der Kathedrale*: „Spanien, Sklave theologischer Könige und kriegführender Bischöfe, empfing seine Eroberer mit offenen Armen (...). Innerhalb zweier Jahre bemächtigten sich die Araber dessen, was ihnen zu entreißen man sieben Jahrhunderte brauchte. Dies war keine Ivasion, die sich mit Waffengewalt durchsetzte, dies war eine neue Gesellschaft, die hier überall kräftige Wurzeln schlug. Das Prinzip der Gewissensfreiheit, der Eckstein, auf dem die wahre Größe der Nationen ruht, war ihnen teuer. In Städten, die sie befehligten, akzeptierten sie die Kirche des Christen und die Synagoge des Juden."

Wenn man den Charakter dieser Expansion mit dem politischen Vokabular der Gegenwart ausdrücken wollte, könnte man von einer „revolutionären Krise" sprechen, das heißt von einem sozialen Umbruch, geboren aus der Umkehrung eines verfallenen Sozialsystems, der dem Bestreben des Volkes vorausgeht und neue Möglichkeiten eröffnet (vor allem dank einer Agrarreform). In einem solchen Krieg ist die Hauptarmee keine militärische, sondern eine ökonomische, politische und soziale, und Trägerin einer neuen Form von Kultur. Im Falle des Islam war das, ich wiederhole, ein neuer Glaube und eine neue Gemeinschaft.

Der zweite Charakterzug des Islam, der sein rasches Vordringen erklärt, ist seine Offenheit und seine Toleranz. Der Koran befahl bereits, die „Leute der Schrift" (d.h. der Bibel), Juden und Christen, zu respektieren und zu schützen, auch sie Erben des Glaubens Abrahams (Ibrahims), auf den man sich gemeinsam berief. Diese Toleranz erstreckte sich übrigens auf die Zoroastrier Persiens und auf die Hindus, so daß bei der Begründung der arabischen Herrschaft in Persien nur eine sehr kleine Zahl von Zoroastriern nach Indien emigrierte, wo ihre Nachfahren noch heute die „parsischen" Gemeinschaften bilden. Nur die Polytheisten wurden systematisch bekämpft.

Die Akzeptierung solcher Juden, und mehr noch solcher Christen, die es ablehnten, sich zum Islam zu bekehren, und das Vertrauen in sie waren so groß, daß sie bis in die höchsten Funktionen des Staates aufsteigen konnten; der Großvater des Hl. Damaskus, Ibn Sarjun, war erster Wesir des Omayyaden-Kalifen von Damaskus, und Sankt Johannes selbst wurde vom Kalifen die Finanzverwaltung des Reiches Damaskus anvertraut.

Dieser Geist der Offenheit überlebte bei den Abbasiden in Bagdad bis nach 750; als der Kalif al-Maimun im Jahre 832 das „Haus der Weisheit" mit seiner Universität und seinem Observatorium ins Leben rief, vertraute er die Leitung dieses kulturellen Zentrums seines Reiches einem nestorianisch-christlichen Arzt, Hunayn ibn Ishag, an.

Diese Haltung erlaubt uns, den Jihad in seiner wahren Bedeutung und seiner wahren Perspektive wiederherzustellen.

Es ist im Westen Tradition, Jihad mit „Heiliger Krieg" zu übersetzen, d.h. ein für die Verbreitung des Islams geführter Krieg. Der Autor des Artikels „*Dschihad*" in der *Enzyklopädie des Islam*, C.B. Macdonald, beginnt mit der Behauptung: „Die Verbreitung des Islams mit Waffengewalt ist eine Pflicht für alle Moslems".

Nun bedeutet „*dschihad*" nicht „Krieg" (hierfür gibt es ein anderes Wort: harb), sondern „Anstrengung" auf dem Wege Allahs. Der Koran sagt ganz ausdrücklich: „In der Religion gibt es keinen Zwang" (II, 256).

Alle Texte, die man zitiert hat, um den Islam zu einem Schreckgespenst, zu einer „Religion des Schwertes" zu machen, wurden unweigerlich aus dem Kontext gerissen. Man hat zum Beispiel den 5. Vers der Sure IX „Vers des Schwertes" genannt, indem man die Worte „„…tötet die Heiden, wo (immer) ihr sie findet" vom vorhergehenden Vers (IX, 4) lostrennte, der präzisiert, daß es sich um die Bekämpfung jener handelt, die einen Pakt geschlossen und diesen anschließend verletzt haben, oder jener, die die Muslime an dem Bekenntnis und der Praktizierung ihres Glaubens zu hindern bestrebt sind. [6]

In einem Wort, wenn Krieg auch nicht ganz ausgeschlossen wird, so wird er doch lediglich zur *Verteidigung des Glaubens*, wenn dieser in Gefahr ist, akzeptiert, und nicht zur *Verbreitung* des Glaubens mit Waffengewalt.

Der Krieg ist nach dem Koran nur dann gerechtfertigt, wenn man Opfer eines Angriffs oder Übergriffs wird, Handlungen, welche die Muslime sich selber versagen, wenn sie dem Koran gehorchen:

Einleitung

„Und kämpft auf dem Wege Gottes
gegen diejenigen, die gegen euch kämpfen.
Aber begeht keine Übertretung.
Gott liebt die nicht, die Übertretungen begehen. (II, 190)

Der bewaffnete Kampf ist für den, der den *dschihad* praktiziert (den *mudschahid*), nur der zweite Aspekt des *dschihad*. Ein beühmter hadith unterscheidet den „kleinen *dschihad*", das heißt die Verteidigung des Glaubens mit Gewalt gegen einen *äußeren* Feind, der ihn bedroht oder verfolgt, und den „großen *dschihad*", der ein *innerer* Kampf gegen unseren Egoismus, zur Beherrschung unserer Triebe und Leidenschaften ist, um allen Platz für den Willen Gottes zu lassen. Der große Dschihad ist ein Kampf gegen sich selbst, gegen die Tendenzen, die den Menschen von seinem Zentrum fernhalten, was ihn zu nebensächlichen Wünschen verleitet und ihn dazu führt, sich „Götzen" zu schaffen, und infolgedessen hindert, die Einheit Gottes anzuerkennen. Diese „Götzenanbetung" ist noch schwerer zu besiegen als die Götzendiener im *äußeren*.

Hierin liegt noch heute eine große Lektion für viele „Revolutionäre", die alles ändern wollen, außer sich selbst, wie einst so viele Kreuzritter, die in Jerusalem, im Spanien der „Reconquista" oder gegen die amerikanischen Indianer anderen ein Christentum aufzwingen wollten, das sie selbst mit jeder ihrer Taten verhöhnten.

Das äußere und das innere Leben trennen heißt, sich selbst dazu verurteilen, im Namen des Christentums oder des Sozialismus nur blutige Götzendienerei zu propagieren.

Eines der herausragendsten Beispiele der Verwirklichung dieses doppelten *dschihad* durch einen Menschen ist der Emir Abd al-Kader, der nicht nur ein großer Feldherr war, der fünfzehn Jahre lang den bewaffneten Widerstand zur Verteidigung seines Volkes und seines Glaubens gegen einen Eindringling organisierte, dessen militärische Mittel die seinen bei weitem überstiegen, der aber auch einer der größten Mystiker des Jahrhunderts war, ein Schüler Ibn Arabis, dem er durch die Kette der Initiation verbunden war.[1] In seinem *Buch der Stufen* meditiert er über die Grundlehre der Sufis des Islam: die tiefere Realität der Geschöpfe ist Gott, und Gott ist nicht allein das Sein, sondern alle nicht manifest gewordenen Möglichkeiten und der Akt der Freiheit, der sie erzeugt. Von der französischen Regierung nach Damaskus verbannt, nimmt

---

1 Die Äußerungen des Abd Al-Qadirs und seines Meisters Ibn Arabis „daß Er genau das ist, und daß Er gleichzeitig anders ist als das," Seite 43, Zeile 1-8 widersprechen dem Islam. Es scheint, daß

er während der xenophoben Aufstände¹ von 1860 die 14000 Christen von Damaskus unter seinen Schutz und bewahrt sie vor einem Massaker. Der Papst selber verleiht ihm den Orden Puis' IX. Diese hehre, ritterliche Figur schrieb im Buch der Stufen die folgenden Zeilen, die für die Offenheit des Islams so charakteristisch sind: ,,Wenn es dir in den Sinn kommt, daß Gott das ist, was die verschiedenen islamischen, christlichen, jüdischen, zoroastrischen Konfessionen bekennen, oder das, was die Polytheisten und alle anderen bekennen, wisse, daß Er genau das ist, und daß Er gleichzeitig anders ist als das." (7) ²

Diese erhabene Anschauung des *dschihad*, der Anstrengung auf dem Wege Gottes, drückt sich noch auf andere Weise in der Rolle aus, die dem ,,Märtyrer" in der Perspektive des *mudschahid* des Islam zukommt. Ein muslimischer iranischer Theologe, der seit 1960 in der religiösen Bewegung gegen den Despotismus kämpfte, M. Motahari, definiert in seinem Buch *Schahid* (Zeuge, Märtyrer) von 1977 [8] den Märtyrer mittels zweier grundlegender Eigenschaften: der ,,Märtyrer", der ,,Zeuge", begegnet dem Tod im Namen einer geheiligten Sache; er tut das in voller Kenntnis des Risikos:

,,Und du darfst ja nicht meinen,
daß diejenigen, die auf dem Wege Gottes
getötet worden sind
wirklich tot sind. Nein,
sie sind lebendig!" (Koran III, 169)

Dieses Märtyrer-Opfer kann in einer Schlacht auftreten, wo man zu siegen hof-

---

der Verfasser — wie viele Muslime! — Ibn Arabi nicht auf Arabisch gelesen hatte.

Gewiß ist Gott der Einzige. Er schuf alle Geschöpfe und keiner ist Ihm gleich. Das heißt, Er ist nicht, was andere Religionen bekennen. Dies betont der Quran oft: ,,Wollt ihr (wirklich noch) bezeugen, daß es neben Allah andere Götter gibt?! Sprich: ,,Ich bezeuge es nicht." Sprich: ,,Er ist der Alleinige Gott, und ich bin frei von dem, was ihr anbetet" Sura 6/19; Er allein ist ,,der Schöpfer von Himmel und Erde. Er hat euch (Menschen) und (auch) die (Herden-) Tiere zu Paaren gemacht und dadurch bewirkt, daß ihr euch (auf der Erde) ausbreitet. Es gibt nichts, was Ihm gleichkommen würde, und Er ist der Allhörende, der Allsehende" Sura 42/11.(Abu Usama)

Die islamischen Gelehrten betonen, daß der Glaube an Gott den Vorrang hat, dann folgt der Glaube an Seine Gesandten, jedoch sind jene Gesandten notwendig, denn ohne Offenbarung Gottes durch sie irren die Menschen in ihrer Vorstellung und in ihrer Beziehung zu Gott. Diese Offenbarungen Gottes beschützen die Menschen vor dem Irrtum in ihrer Vorstellung und in ihrem Verhalten. Dadurch werden die Menschen rechtgeleitet. (Abu Murad).

1 ,,xenophob" auf deutsch: ,,fremdenfeindlich"
2 Diese, vom 'Amir 'Abd Al-Qadir stammende Worten, verraten die Lehre des Ibn 'Arabi, welche — meiner Meinung nach — dem Islam widersprechen. Es scheint, daß der Verfasser - wie viele der heutigen Muslime!- Ibn 'Arabi nicht in arabischer Sprache gelesen bzw. nicht richtig verstanden hat. (Siehe II.). Es ist allerdings wichtig zu beachten, daß Ibn Taimiya den Hallag u.ä. für KAFIR= Ungläubiger; Abtrünniger hielt.
Vergl. auch Sure 6:19, Sure 42:11

fen konnte, wie es der Fall war in der vom Propheten geschlagenen Schlacht von Uhud, auf die sich der Koranvers bezieht: oder es kann ein mit voller Absicht auf sich genommener Tod sein, mit der Niederlage vor Augen. Das Vorbild eines solchen Märtyrers ist im schiitischen Islam[1] Husayn, der Enkel des Propheten, der bei der Schlacht von Kerbela getötet wurde.[2] Das Martyrium hat hier eine andere Bedeutung: weil es ein Zeugnis im Namen der Wahrheit und des Glaubens ist, stellt es jenseits der Niederlage und des Todes in sich selbst einen Beitrag zum Siege dieser Wahrheit und dieses Glaubens dar. Der Ausruf „Allahu akbar" (Gott ist größer),[3] der im Iran Millionen von Männern und Frauen sich erheben ließ, mit leeren Händen gegenüber einer amerikanisierten Armee, und der diese Armee für den Preis des Martyriums so vieler Gläubiger besiegen half, zieht sich durch die gesamte Geschichte des Islam. Er hat die Hoffnung und den Mut verliehen, Unterdrückung und Verfolgung zu begegnen, von den ersten Kämpfen des Propheten bis zum Aufstand des *Mahdi* im Sudan gegen die englischen Gewehre Ende des 19. Jahrhunderts; er stützte das Heldentum der algerischen *mudschahids*, ein weiteres Mal gegen vielfach überlegene Waffen anzutreten, bis zum Sieg des Glaubens über die Waffen. Der muslimische Theologe Ali Shari'ati, einer der geistigen Väter des Widerstandes gegen die Unterdrückung im Iran, schrieb 1972, daß das Martyrium keine Erscheinung des Islams sei, sondern sein Wesen selbst,[4] das untrennbar den Widerstand gegen den *äußeren* Glaubensfeind und den *inneren*

---

1 Es gibt nur einen Islam. Richtig wäre: bei den Schiiten...

2 Der Enkel des Propheten -a.s.s.- Hussein genießt wie auch sein Bruder Al-Hassan die Liebe aller Muslime. Der Märtyrertod des Al-Hussein wird von allen Muslimen gleichermaßen geachtet. In dieser Hinsicht übertreiben die Schiiten, wie man sich jedes Jahr in Kerbela im Iraq überzeugen kann. (Abu Murad)

3 Diese Übersetzung des Rufes: „Allahu Akbar!" ist falsch! auch wenn Akbar wie ein Elativ (af'al) aussieht bzw. den Elativ ausdrückt! Die richtige Übersetzung ist: Allah ist groß; denn Er ist ja nicht mit uns zu vergleichen. In dem ausgezeichneten Buch „Arabische Grammatik" des Gelehrten C. Brockelmann, S.69- VEB Verlag Enzyklopädie Leipzig, 1985, 22. Auflage-lesen wir: „Von den Wörtern: chair = gut und scharr = schlecht wird im Arabischen kein besonderer Elativ gebildet, sondern sie werden in dieser Form auch als Elativ gebraucht. Übrigens ist auch der Positiv anderer Adjektiva bisweilen mit unserem Superlativ zu übersetzen, z.B. Kabir An-Nas bedeutet, z.B. „der (absolut) größte der Menschen". Seltener steht der Elativ absolut, z.B. Allahu Akbar „Allah ist am größten (allem anderen gegenüber groß)"; Allahu A'lam: Allah weiß es am besten".
Weder ist die erste Übersetzung „Gott ist größer" noch diese vom Brockelmann (am größten) richtig! Richtig ist nur: Allah ist groß, denn Seine Größe ist nicht mit irgendeiner anderen zu vergleichen. (Abu Usama)

4 Dies ist falsch, denn Ğihād bedeutet nicht Martyrium. Martyrium bedeutet: Istischhād. Ğihād bedeutet: Anstrengungen auf dem Wege Gottes, die Bekämpfung der eigenen Schwächen. Es ist nicht ausgeschlossen, daß der Muğahid dabei stirbt oder getötet wird, jedoch ist sein Martyrium nicht das Wesen des Islams! (Abu Usama)

Kampf gegen die animalischsten Triebe in uns, Egoismus und Angst, vereint. Indem wir so versuchen, die tieferen Gründe der islamischen Expansion darzulegen und gleichzeitig den Begriff *dschihad* von dem zu befreien, was Jahrhunderte des anti-islamischen Fanatismus, des Kolonialismus und rassistischer Vorurteile zusammengetragen haben, wollen wir den historischen Islam nicht idealisieren, sondern nur daran erinnern, daß sein ureigenstes Prinzip Kreuzzug und Inquisition ausschließt, ganz wie das Christentum sie im Grunde ausschließt, auch wenn es die Christen waren, ihre allerchristlichsten Könige, ihr Klerus und ihre Päpste, die solche Schandtaten wie die Plünderung Konstantinopels, die Massaker in Jerusalem, die Scheiterhaufen von Torquemada in Spanien und den Genozid der amerikanischen Indianer begingen. (9)

Es ist sogar angebracht, daran zu erinnern, daß diese Toleranz des Islam nicht ohne Gefahr für die Reinheit des Glaubens war. So beugt sich die omayyadische Dynastie, die sich vom Jahre 661 an des Kalifats bemächtigt und in Damaskus niederläßt, nicht nur dem römischen Reich von Byzanz und übernimmt dessen Strukturen und Hierarchien, sondern es ereignet sich eine gefährliche Wende in der Geschichte des Islam: Nach den vier ersten „rechtgeleiten" Kalifen, alles alte Gefährten des Propheten, Abu Bakr, Omar, Uthman und Ali, interessierten sich die Omayyaden weit mehr für die eigene politische Macht als für deren religiöse Bedeutung; und diese Trennung bricht bereits mit dem grundlegenden Geist des Islam.

Zudem verbreiten sich nach der Verlegung des Kalifats vom strengen Nordarabien in den byzantinischen Luxus von Damaskus andere Sitten. Vermehrt wurde Grund und Boden in den besetzten Gebieten an arabische Führer verteilt: es bildeten sich große Besitzungen zugunsten der arabischen Stadtbewohner, die von dem lebten, was ihnen die einheimischen Bauern erarbeiteten. Die Steuern der Nichtmuslime wurden drückender. Die Gold- und Silbermünzen der alten Reiche von Byzanz und Persien wurden von den neuen Herren geprägt, die in Verachtung der islamischen Prinzipien eine Dynastie von Erbprinzen errichteten. Mit dem Omayyaden hatte sich das islamische Kalifat zu einem arabischen Reich gewandelt. Ausgehend von dem prunkvollen Hof in Damaskus, wohin alle Reichtümer der eroberten Länder strömten, die Stoffe und die Weine wie die Sklaven und die Kunstwerke, folgte die Expansion drei Hauptachsen: Kleinasien, wo drei Belagerungen Konstantinopels scheiterten; Zentralasien, wo im Jahre 700 Afghanistan erobert wurde, dann Buchara (706 - 709),

Einleitung

Khorezm und Samarkand (710 - 712) und Ferghana (713 - 714). Im Süden erreichten die arabischen Generäle 711 den Indus, Nordafrika und Spanien: ein Heerlager wurde 670 in Kairuan aufgeschlagen, Karthago wurde 698 eingenommen, Marokko 708. Im Mai 711 setzte Tarig, ein arabischer General, nach Spanien über und besetzte an der Spitze rebellischer Christen Cordoba, dann Toledo. 732 traf ein Kommando Abd al-Rahmans, wahrscheinlich auf dem Rückweg von einem Überfall auf Saint-Martin-de-Tours, bei Poitiers auf das Heer Karl Martells; dies markierte die äußerst Grenze des muslimischen Vorrückens in Gallien in nördlicher Richtung, obwohl die Araber in den folgenden Jahren Narbonne, das Rhonetal und die mediterrane Provence erreicht hatten.

Anatole France beschreibt in „la Vie en fleur" humorvoll die Bedeutung dieser Schlacht bei Poitiers, die die abendländische Geschichte zu einem Symbol der Konfrontation zwischen Orient und Okzident hatte machen wollen, wie einst das Scharmützel von Marathon zwischen Persern und Griechen: „Monsieur Dubois fragte Madame Nozière einmal, welches der unrühmlichste Tag der Geschichte gewesen sei. Madame Nozière wußte es nicht. Das war, sagte ihr Monsieur Dubois, der Tag der Schlacht von Poitiers, als 732 die arabische Wissenschaft, Kunst und Zivilisation vor der fränkischen Barbarei den Rückzug antraten."

Der witzige Einfall Anatole Frances war nur in der Chronologie falsch, da die Entfaltung einer spezifisch muslimischen Kultur und Zivilisation in Wirklichkeit erst nach der Revolution von 750 begann, weil es sich hier sehr wohl um eine Revolution handelt und nicht einfach um einen Staatsstreich oder einen Dynastienwechsel.

Schon vor der Blüte seiner eigenen Kultur hatte der Islam die nötigen Bedingungen für eine Erneuerung der Zivilisation geschaffen, zum erneuten Aufblühen der Welt zu jugendlicher Frische.

Zuerst, indem er durch die Tatsache selbst der Weiträumigkeit dieses Reiches einen weltweiten Raum für Handels- und kulturellen Austausch geschaffen hatte, wo die Reichtümer und die Kulturen dreier Kontinente miteinander verschmelzen sollten: die des hellenistischen und römischen Europa, die des tiefen Asiens, vom Iran bis nach Indien und China, die Afrikas.

Diesem riesigen Gebilde hatten die Muslime eine gemeinsame Sprache, das Arabische, gebracht, die imstande war, auf ihrem ganzen Gebiet die Lebenskräfte der ältesten und reichsten Kulturen der Welt zu mobilisieren; mehr noch, sie hatte ihnen einen gemeinsamen Glauben gebracht, dessen Quelle ein jeder, ohne seine Weisheit oder seinen Gott zu leugnen, entdecken konnte.

Eine solche Verwandlung, die alle Bereiche der Zivilisation berührte, ließ alte Strukturen zusammenbrechen. Der weltweite Anspruch des Islam konnte sich nicht mehr allein durch die arabische Herrschaft der Omayyaden ausdrücken.

Von 750 an, mit der Dynastie der Abbasiden, manifestiert sich eine neue, arabisch-moslemische Gemeinschaft, wo die nichtarabischen Moslems die ihnen zustehende vollwertige Rolle einnehmen. Die umma, die moslemische (und nicht nur arabische) Gemeinschaft findet gemäß der ursprünglichen Vision des Propheten ihr religiöses Fundament wieder, das zu oft unter der einseitig politischen Herrschaft des Omayyaden verborgen war.

Das Kalifat wechselt seinen Sitz: 762 gründet es als Zentrum des Reichs Bagdad am Tigris, ganz in der Nähe Ktesiphons, der alten Hauptstadt des sassanidischen Perserreichs. Dies hat mehr als Symbolwert: Die politischen und administrativen Strukturen, und die damit befaßten Beamten selbst, sind dem alten iranischen Reich näher als dem byzantinischen Regierungsstil der Omayyaden.

Diese profunde Wandlung drückt sich in einer Änderung der Innen- und Außenpolitik aus: Im Äußeren wird es seitdem keine große Eroberung mehr geben, sondern nur noch eine Verteidigung der Grenzen. Umgekehrt findet im Inneren dieses riesigen geographischen Raumes eine ungeahnte Ausweitung des Handels statt: Von Bagdad aus erreichten die moslemischen Händler über Basra Indien, wo sie Handelsniederlassungen einrichteten und ihre Verbindungen mit den chinesischen Kaufleuten pflegten.

Auf dem Landwege betrieben sie intensiven Warentausch mit Syrien und Ägypten, aber auch, über den Iran, mit Zentralasien und China.

Schließlich wird das Mittelmeer, wo die Karawanenstraßen der Sahara endeten, nach der Eroberung Siziliens und Kretas zu einem muslimischen Binnenmeer. Der Besitz von Kompaß und Achterstevensteuer verleiht den Moslems mehrere Jahrhunderte lang eine absolute Überlegenheit auf der See. „Während dieser ganzen Epoche, schreibt Ibn Khaldun, behielten die Moslems im größten Teil des Mittelmeeres die Oberhand. Ihre Flotte kreuzte dort in allen Richtungen (...). Die Christen konnten dort nicht einmal mehr Planken schwimmen lassen." (10)

Von 750 bis in die Mitte des 11. Jahrhunderts hinein, daß heißt bis zu dem Augenblick, wo sich an beiden Enden des Reiches die Bedrohungen vervielfachten (durch die Türken im Iran und in Bagdad, durch die Christen in Palästina und in Spanien, wo das Kalifat von Cordoba verfällt), kannte die muslimische Herrschaft drei Jahrhunderte der Blüte, während sie in allen Bereichen der Kultur einen ersten großen Beitrag zur Weltkultur leistet.

Bevor wir die moderne Epoche erreichen, in der der Islam die Renaissance des Westens verursachen wird, bevor er seine eigene Renaissance verwirklicht und heute eine neue Zukunft eröffnet, wollen wir eine Bilanz seiner ersten Blüte ziehen.

I
Ein Epos des Glaubens: Der Sufismus[1]

Der Sufismus ist eine Dimension des islamischen Glaubens: seine Dimension der Innerlichkeit. Jeder Versuch, ihn zu einer selbständigen „Strömung" oder zu einer abgetrennten Funktion zu erklären, würdigt ihn notwendigerweise herab: Es wäre ein Widerspruch zum Islam, der Religion der „Einheit", die Kontemplation vom Handeln zu trennen, das Innere vom Äußeren. Der Sufismus, die spezifisch islamische Form von Spiritualität, stellt im wesentlichen ein Gleichgewicht her zwischen dem großen dschihad, d.h. dem inneren Kampf gegen alle Leidenschaft, die den Menschen von seinem Zentrum ablenkt, und dem kleinen dschihad, d.h. dem Tätigwerden für die Einheit und Harmonie der moslemischen Gemeinschaft gegen jede Form von Vergötterung der Macht, des Reichtums und falschen Wissens, die ihn vom Wege Gottes abbringen.

Es wäre also falsch, den Sufismus mit der christlichen Mystik oder mit der hinduistischen Meditation gleichzusetzen.[(1)] Zweifellos haben sich im direkten Zusammenhang mit der islamischen Expansion Kontakte und Austausch mit den Vätern der Wüste und ihrer christlichen Mystik, mit den Gnostikern Alexandrias und den Schriften Plotins, mit den Weisheiten Indiens und der buddhistischen Askese ergeben. Diese gegenseitige Befruchtung hat den Blickwinkel eines jeden erweitern können, aber die tieferen Wurzeln des Sufismus liegen im Koran.

Um diese Aspekte besser zu unterstreichen, sagen wir ganz offen, daß selbst das großartige Werk Massignons über den *Leidensweg des Hallaj* der Versuchung nicht wiederstehen kann, das Schwergewicht im Werke des Husayn Mansur Hallaj auf sein Leben und seinen Tod in Bagdad 922 zu legen, auf das, was ihn in der Heiligkeit dieses Lebens und seines schließlichen Martyriums, seines „Leidenswegs", in seiner Ferne vom politischen Handeln, in seinem Messianismus, in seiner Verherrlichung der göttlichen Liebe, dem christlichen

---

1 Diese Überschrift ist irreführend. Der Sufismus, den Ǧunayid, Al-Hallāǧ, Ibn Arabi u.a. verteten ist dem Islam f r e m d.
Der Sufismus ist kein wesentliches Element des Islams und wird nicht ein einziges Mal im Koran (Quran) erwähnt. Richtig ist, der Sufismus übernahm neben den islamischen Elementen viele Elemente, die nichts mit dem ISLAM zu tun haben, wie z.B. hellenistische Elemente u.a. Durch „Übernahme vieler Elemente aus dem Volksglauben entartete in ihnen die Spiritualität des Sufismus zu mechanischen Techniken zur Erzeugung von Trancezuständen" — Siehe: Meyers Enzyklopädisches Lexikon, 1978"
Es ist aber wichtig zu betonen, daß wir Muslime diese nichtislamische Elemente ablehnen und für gefährlich halten, weil sie das Wesen des Islams deformieren. (Abu Usama).

49

Mystizismus annähert.(2) Nun besteht aber zwischen dem christlichen Mystizismus und dem moslemischen Sufismus, worin auch immer die Größe des einen oder des anderen bestehen mag, ein grundlegender Unterschied im Ziel und in den Mitteln.

Die christliche Mystik ist Dialog mit der Person Jesu, durch die Gott in das Leben des Christen eintritt. Nun, für einen Moslem ist nicht nur Jesus lediglich ein großer Prophet, sondern Gott offenbart sich auch durch sich selbst: er offenbart Sein Wort und Sein Gesetz. Für einen Moslem hieße es der Transzendenz Gottes Abbruch tun, zu glauben, daß das „Wort Fleisch geworden ist", oder Gott „Vater" zu nennen. Es gibt keinerlei Analogie zwischen dem Schöpfer und der Schöpfung, und das ist der Grund dafür, daß man der Meinung einiger Strenggläubiger zufolge nicht von der „Liebe Gottes" sprechen darf. Es wird den Sufis seitens streng orthodoxer Moslems oft vorgeworfen, diesen Sprachgebrauch und diese Erfahrungen zu pflegen.(3) Die Liebe Gottes zu den Menschen und die Liebe des Menschen zu Gott ist dem Islam nicht fremd. Im Koran steht zu lesen: „Sag: Wenn ihr Gott liebt, dann folgt mir, damit Gott euch liebt und euch eure Schuld vergibt!" (III, 31) und auch: „Gott wird Leute (auf eure Seite) bringen, die er liebt, und die ihn lieben" (V, 54). Es wird allerdings nicht diese „Intimität" mit Gott entstehen, die die größten christlichen Mystiker kennzeichnet. Im Gegensatz dazu stellt es für den Sufi eine hohe Stufe auf seinem Weg dar, wenn er eine solche „Auslöschung" seiner Begierde erreicht hat, daß der Wille Gottes ganz in ihm wohnen kann:[1] Er ist das Zentrum seiner selbst geworden. So sieht die höchste Freiheit des Sufi aus, der von da an nur noch als Funktion des Ganzen, der Einheit des Ganzen, agiert.

Seine Methoden unterscheiden sich ebenfalls von denen des christlichen Mystikers: er vermag die Beschränkung auf diese Kontemplation der Einheit nicht zu akzeptieren. Er schöpft aus dieser gelebten Erfahrung der höchsten Einheit nur die Kraft, seine Handlungen am „Gebot des Guten" zu orientieren, auf die Verwirklichung der Gemeinschaft der Menschen und die Beherrschung der Dinge, denn der Mensch, sagt der Koran (II, 30), ist der „Kalif Gottes auf Erden", verantwortlich für das Gleichgewicht und der Harmonie in der Natur wie zwischen den Menschen. Der Augenblick der Kontemplation ist also der,

---

[1] Diese Ansicht lehnt der Islam ab, denn die Sufis meinen damit die Inkarnation Gottes. Gewiß ist die Auslöschung der Begierde erstrebenswert. Dies bedeutet aber nicht, daß der Mensch durch Trancezustände und Ekstase — Ghaiba — bzw. durch das Schwinden des Ichbewußtseins die vom Gott vorgeschriebenen Gebete nicht verrichten darf. Ibn Qaiyyim Al-Gawzziyya (gestorben 751 n.H.) betonte in seinem Buch: Madariğ As-Salikien" —, daß der Muslim wach bleiben soll, damit er seinen Pflichten, vor allem Gott gegenüber, nachgehen kann. (Abu Murad)

wo er Kräfte sammelt und bündelt, die die Welt zu verändern imstande sind.

Ganz unbestreitbar gibt es Berührungspunkte und Gemeinsamkeiten zwischen dem christlichen Mystizismus und dem islamischen Sufismus. Zunächst bei beiden die Forderung des Weltverzichts. Dies ist die ständige Lehre des Sufismus. Abu'l-Hasan al-Nuri definiert die Sufis so: „Sie besitzen nichts und sie werden von nichts besessen." Und Junayd: „Der Sufismus, das ist Gott, der dich in dir sterben läßt, um in Ihm wiedergeboren zu werden".[1] Abu Yazid al-Bistami sagte: „Wenn das Ich sich auslöscht, dann ist Gott sein eigener Spiegel in mir."

Dies ist direkte koranische Lehre:

> „Ist denn einer, der tot war
> und den wir dann zum Leben erweckt
> und dem wir ein Licht gegeben haben,
> in dem er unter den Menschen umhergeht
> wie einer, der in der Finsternis ist und
> nicht aus ihr herauskommen kann?"
> (VI, 122)

Von diesem Weltverzicht an wird eine echte Liebe möglich, die nicht mehr eine egoistische, begehrliche Liebe für unseren eigenen Genuß darstellt, sondern eine Liebe des Schenkens und der Hingabe.

Es hieße also den Islam karikieren, wenn man glauben machte, daß diese Liebe in ihrer höchsten Form ihm fremd sei. Ganz im Gegenteil sind, wie wir es am Beispiel der islamischen Poesie zeigen werden, Ibn Dawud aus Bagdad, Ibn Hazm aus Cordoba und Ruzbehan aus Shiraz den „getreuen Liebenden" Dantes und der „höfischen Liebe" der Troubadoure Okzitaniens vorausgegan-

---

[1] Es ist schwer, den Ǧunayd (auch: Al-Dschunaid, gest. 910) zu verteidigen, trotz seiner schlichten Frömmigkeit, denn diese Wiedergeburt (Inkarnation Gottes!) widerspricht dem Islam. Al-Bistami sagte: „Wenn das Ich sich auslöscht, dann ist Gott Sein eigener Spiegel in mir" Dies ist kein Vers aus dem Quran! Und Garaudy fährt fort: „Dies ist direkte koranische Lehre: Ist denn einer, der tot war..." Sura 6,122! Dies ist eine falsche Interpretation, wie jeder Kenner der arabischen Sprache und ihrer Rhetorik weiß. Selbst diese - vom Prof. Dr. R. Paret übernommene - Übersetzung (6,122) endet mit „herauskommen kann", wobei im Original steht: „laisa bi ḫariǧin minhā." Es ist hier zu bemerken, daß ḫariǧ ein Ism Fāʿil= Aktivpartizip ist; d.h. daß die Übersetzung lauten sollte: „nicht aus ihr herauskommen vermag (bzw. will)" und auf keinen Fall: „herauskommen kann! Hier drückt das Aktivpartizip das deutsche „im Begriff sein" aus: wie z.B.: Anā qādim(un) ilaika: „Ich bin im Begriffe, zu dir zu kommen" Siehe: C. Brockelmann, Arab. Grammatik, Leipzig 1985, 22. Auflage, S.126. Es ist sogar zu unterscheiden zwischen „laisa ḫariganṣ und „laisa biḫarigin", (Abu Usama)

gen, haben sie womöglich inspiriert. Dies ist ein spezifisch islamischer Beitrag zur menschlichen Entwicklung. (4)

Mit den Sufis des Islam sind wir weit von der platonischen Auffassung der Liebe entfert, der des *Phaidron* und des *Gastmahls*, nach der man durch kontinuierliches Fortschreiten von der Schönheit der Körper zur Schönheit der Seelen gelangt, dann zur Schönheit an sich, der des Guten. Zum einen kann der Islam sich nicht mit dieser Dualität der Seele und des Körpers anfreunden. Zum zweiten und vor allem kann die muslimische Transzendenz diese Kontinuität nicht akzeptieren: Ruzbehan von Shiraz (1128-1209) schreibt in seinem „Jasmin der getreuen Liebenden" (VII, 97): „Seit noch bevor es die Welten und das Werden der Welten gab, ist das göttliche Wesen selbst die Liebe, der Liebende und der Geliebte." (5) [1]

Nachdem er den Weg gewiesen hat: „Es handelt sich nur um eine und die selbe Liebe, und in diesem Buch menschlicher Liebe muß man die Regeln der göttlichen Liebe lesen lernen" (ibid., 160), hat Ruzbehan von Shiraz, der in der menschlichen Schönheit eine „Ikone" der ungeschaffenen Schönheit sieht, bereits die menschliche Liebe jenseits der Begierde verwandelt: „Der Sufismus", schreibt er, „ist unvereinbar mit Zügellosigkeit" (I, 18).

Was Henry Vorbin so interpretiert: „Die Liebe überträgt sich nicht von einem Objekt auf ein anderes Objekt, von einem menschlichen Objekt auf ein göttliches Objekt; was sich vollzieht, ist eine Metamorphose des Subjekts." Indem er das Gedicht von Majnun und Layla des Nizami und des Jami zitiert, in dem Majnun, besessen vom „Wahnsinn der Liebe", zum „Spiegel Gottes" wird, fügt er hinzu: „Gott selbst ist es, der im Blick des Liebenden auf den Geliebten, sein eigenes ewiges Gesicht betrachtet." (6)

Diese Erfahrung der göttlichen Liebe sieht bei einer Frau, die im 8. Jahrhundert die Entstehung des Sufismus erlebt hat, so aus: Rabi'a aus Basra schrieb acht Jahrhunderte vor der großen Heiligen Theresa von Avila:

„Ich liebe Dich mit zwei Lieben: einer, die mein
eigenes Glück im Auge hat, und einer anderen,
die Dir wahrhaftig würdig ist.

---

1 Diese Worte sind irreführend. Wenn ein Muslim über Gottes Eigenschaften sprechen will, soll er Gottes eigene Worte verwenden, sonst verfehlt er den richtigen Weg und verwendet solche irreführenden Ausdrücke wie: der Liebende, der Geliebte und die Liebe! (Abu Murad)

> Was diese Liebe meines Glücks betrifft, so besteht
> sie darin, daß ich mit dem Gedanken an Dich
> beschäftigt bin, und an niemanden sonst.
> Und was diese Dir würdige Liebe betrifft, so
> besteht sie darin, daß deine Schleier fallen
> und ich Dich sehe.
> Kein Ruhm für mich, weder in dem einen noch
> in dem anderen, sondern Ruhm für Dich,
> für dies und jenes."

Schließlich, neben Weltverzicht und Liebe, der dritte Berührungspunkt des Sufismus mit dem christlichen Mystizismus: die Poesie. Der Sufismus hat einige der erhabensten Werke der Weltliteratur hervorgebracht. Ich werde von ihnen nur eines zitieren, das einen der Höhepunkte, wenn nicht gar den Höhepunkt der Poesie auf der Welt darstellt: das Werk Rumis (1207-1273). Das Mathnavi Jalal ud-Din Rumis, diese gewaltige poetische Meditation über den Koran, sagt uns in der Sprache der Dichtung, was anders nicht ausgedrückt werden kann: das Unsagbare, was man nicht durch Begriffe *definieren* kann, sondern nur durch Symbole *beschreiben* (ganz wie St. Johannes vom Kreuz, um uns eine unaussprechliche Erfahrung mitzuteilen, die *dunkle Nacht*, den *Aufstieg zum Carmel* oder *die lebendige Flamme* mit einem Gedicht beginnt, zu dem der ganze Rest des Werks nur den Kommentar darstellt). Es ist das größte Privileg der Poesie wie der Musik, der Moschee, des Lichtspiels ihrer Kuppeln wie der Gesänge des Koran; das Privileg der Kathedrale, ihrer gregorianischen Chöre und ihrer bemalten Fenster, die gemeinsamen Empfindungen einer gleich intensiven Erfahrung zu schaffen, eines Aufleuchten des Lebens durch die Kunst, das heißt den kürzesten Weg von einem Menschen zum anderen.

Aber die Analogien zur christlichen Mystik dürfen den spezifisch islamischen Charakter des Sufismus als Ausdruck muslimischer Frömmigkeit, als Augenblick innerer Versenkung in der globalen Perspektive eines vom göttlichen Gesetz vorgeschriebenen Tätigwerdens, um die menschliche Gemeinschaft zu gestalten, nicht verdecken. So aufwühlend für die Christen beispielsweise die Spiritualität der großen sufischen Gedichte, der Oden des Rumi oder der Diwan des Hallaj, auch sein mögen, wir sollten nicht vergesen, daß der Islam nicht allein durch Hallaj, sondern auch durch den Koran und seinen Propheten begriffen werden muß, und daß der Sufismus nur ein Aspekt eines untrennbar kontemplativen und aktiven, kämpferischen Lebens ist, so wie es bei Muhammad war, bei Ali, bei Abd al-Kader.

Ibn Khaldun stellt in seiner *Muqaddima* (*Diskurs über die Universalgeschichte*) den Sufismus so in die globale Perspektive des Islam.[1] „Der Sufismus (*Tasawwuf*) ist eine der Erkenntnisweisen des religiösen Gesetzes (*schari'a*), die aus dem Islam geboren wurden. Sein Ursprung ist dieser: Der von den Sufis beschrittene Weg war immer als derjenige der Wahrheit und der Rechtleitung betrachtet worden, sowohl von den Prophetengenossen als auch von ihren unmittelbaren Schülern und ihren Nachfolgern.Er beruht auf der strengen Praxis der Frömmigkeit, des ausschließlichen Glaubens an Gott, dem Verzicht auf die Eitelkeiten der Welt, auf die Vergnügungen, auf die Reichtümer und Ehrungen, die gemeinhin die Menschheit sucht, und in den Augenblicken des stillen Zurückziehens, um fern der Welt sich dem Gebet zu widmen. All das war unter den Propheten genossen und den ersten Muslimen üblich.

Dann, zu Beginn des 2. Jahrhunderts der Hijra (8.Jh.n.Chr.), wuchs der Geschmack an den Gütern dieser Welt, und man wandte sich mehr den weltlichen Vergnügungen zu. Jetzt nannte man die, deren Bestrebungen darüber hinausgingen, 'Sufis'... Die Sufis waren durch Asketentum, Weltverzicht und Frömmigkeit gekennzeichnet. Dann entwickelten sie einen eigenen Weg der Erkenntnis: die Extase... Der sufische Novize schreitet von einer Stufe zu nächsten fort, bis zur Erfahrung der göttlichen Einheit (*tauhid*)." (7)

Aus der historischen Analyse Ibn Khalduns wird zunächst klar ersichtlich, daß der Sufismus keine „Besonderheit" darstellen kann, die Kontemplation und Aktion trennt. Sein Ziel ist im Gegenteil, ein tieferes Bewußtsein der göttlichen Einheit zu gewinnen und den menschlichen Willen mehr mit dem göttlichen Willen in Einklang zu bringen.

Sokrates interessierte sich nur für den Menschen, ohne daß die Natur oder Gott für ihn eine wesentliche Rolle spielten. Andere, von Lukrez bis André Gide, haben den Menschen im Gefüge der Natur oder in der Flut der Leidenschaften aufgelöst. Andere schließlich, wie viele christliche Mystiker, von den Vätern der Wüste bis zu den kontemplativen religiösen Orden, haben alles Gewicht ihres Lebens in die einigende Erkenntnis Gottes gelegt, ohne zu versuchen, in die Struktur des Gemeinwesens einzugreifen.

---

1 Nicht nur Ibn Khaldun sondern Al-Ghazzali (auch Al-Ghassali) versuchte, den Sufismus mit der „offiziellen" islam. Lehre zu versöhnen. Dank Al-Ghazzali (gest. 505 n.H.) gewann der Sufismus unerwartete Anerkennung. Er verteidigte sogar den Al-Hallag (auch: Al-Halladsch, der im 309 n.H. wegen seiner Ketzerei hingerichtet wurde) und lobte ihn sehr. (Abu Usama)

In der koranischen Sicht ist der Mensch nicht allen „Kalif Gottes auf Erden" (II,30), verantwortlich für die Natur und ihr Gleichgewicht im Weltmaßstab, sondern sein Glaube ist das Prinzip seines Handelns und der Gesetze seiner Gemeinschaft. Weder die Ökonomie, noch die Politik, die Wissenschaft oder die Künste können sich vom Glauben ablösen, der ihnen ihre göttlichen und menschlichen Zwecke vorschreibt. Das Leben in allen seinen Facetten findet in Gott seine Einheit:[1] „Er ist der Erste und der Letzte, zugleich sichtbar und verborgen" (LVII,3).

Das Eigentümliche des Sufismus liegt darin, ausgehend von dieser koranischen Sicht Gottes aus dem Menschen ein Ganzes zu machen, indem er alle seine Aspekte zusammmenfaßt und ihn auf sein Zentrum zuführt.(8)

Der von seinen Begierden und den Einflüsterungen der Außenwelt hin- und hergezerrte Mensch ist ständig davon bedroht, sich in der Komplexität zu verlieren. Der Sufismus kehrt diese Bewegung um. Die Eroberung dieser Einheit, dieses eigenen Zentrums, ist die erste Voraussetzung der intensivsten und lebendigsten Aktivität in der Gemeinschaft. Er ruft nicht dazu auf, sich von der Welt zurückzuziehen: er führt zur inneren Ablösung, die allein das wahre Handeln erlaubt: dasjenige, was man nicht im Dienste egoistischer Bestrebungen, Genußsucht und Ehrgeiz ausführt, sondern im Dienste des Ganzen.[2]

Es besteht mehr als eine Analogie, vielleicht eine indirekte Verbindung, zwischen dieser islamischen Auffassung des Handelns und der Spinozas: im Dienste des Ganzen handeln und von der Ethik zum theologisch politischen Traktat übergehen. Vielleicht hat Spinoza dies durch den jüdischen Philosophen arabischer Zunge, Moses Maimonides (1135-1204) von der muslimischen Tradition übernommen, vor allem aus der „tugendhaften Gemeinde" al-Farabis (872-950). Die Ursprünge des Sufismus liegen im Koran. Die grundlegenden Regeln des Islam internalisieren bedeutet nicht, sich von ihnen zu distanzieren, sondern sie im Gegenteil mit einem tieferen Bewußtsein ihrer Bedeutung zu leben.

Ich will diese Regeln wiederholen:

Das Glaubensbekenntnis, das in seinem ersten Teil ein Mittel darstellt, das Reale von der irrealen Erscheinung zu unterscheiden: „Es gibt nichts göttliches außer

---

[1] Diese irreführende Äußerung führt zur vom Islam abgelehnten Inkarnation. Die Schöpfung ist nicht der Schöpfer, denn die Schöpfung ist u.a. vergänglich, aber der Schöpfer = Gott ist der Ewige.

[2] Diese philosophische Äußerung widerspricht dem Islam. Richtig wäre: ... im Dienste des Willen Gottes. (Abu Murad)

Gott",[1] ist in seinem zweiten Teil: „Muhammad Prophet Gottes" eine Anbindung jedes Gegenstandes in der Natur und der Geschichte, in seinem Ursprung und Ende, an Gott, dessen Botschaft und „Zeichen" er darstellt.

Das Gebet ist das Bewußtsein der *Abhängigkeit* von Gott, als Gegensatz zu jeder Selbstgefälligkeit, das heißt jeder Versuchung, sich allein auf menschliche Macht und menschliches Wissen zu beschränken. Es ist die Erwartung von etwas, was weder das einfache Produkt noch die einfache Resultierende von Kräften ist, die bereits in der Vergangenheit am Werk waren.

Das Fasten ist die Bestätigung der Kraft, die der Mensch besitzt, um sich von der Flut animalischer Bedürfnisse loszureißen.

Die *zakat* (Almosen), die das wirtschaftliche und geistige Leben verbindet, bezeichnet die soziale Solidarität im Glauben.(9)

Die Wallfahrt ist das Symbol an sich des Vorwärtsschreitens, durch die Stufen des Sufismus hindurch, zur allerhöchsten Freiheit Gottes für den, der sich seinem Willen unterwirft, und der Himmelfahrt (*miradsch*) des Propheten, als ihm in der „Nacht des Schicksals", in der alles möglich wurde, die vorletzte Realität entdeckt wurde (denn Gott offenbart nicht Sich selbst, sondern nur Sein Wort).[2]

Der Glaube ist untrennbar dieses Wiedereinfügen unseres fragmentarischen Seins in die göttliche Einheit und Freiheit,[3] die sein Ursprung sind, und die Teilhabe an dem Gesetz, dessen Endziel eine weltweite harmonische Gemeinschaft ist, denn: „Die Menschen waren ursprünglich nur eine einzige Gemeinschaft. Dann wurden sie uneins" (X, 19 und II, 213).

Im Laufe seiner Wanderschaft erwirbt der Sufi Bewußtsein und Kenntnis dessen, was der Mensch ist, was die Welt ist und welcher Abgrund ihn noch von Gott trennt.

Das Leben in seiner Gesamtheit zu begreifen heißt zunächst, zu erkennen, daß die Welt kein Spiel unbewußter und zielloser Kräfte ist. Es bedeutet nicht nur eine äußere Erfahrung von Tatsachen, sondern innere Erfahrung von *Sinn*.

Der ägyptische Sufi Dhu'l-Nun schreibt 860: „O mein Gott, niemals neige ich

---

1 Dies ist eine falsche Übersetzung des jedem Muslim bekannten Glaubensbekenntnis: Lā Ilāha Illa-l-Lāh; Richtig wäre: Es gibt keinen Gott außer Allah. (Abu Usama)
2 Diese Erläuterung geht sehr weit und widerspricht dem Sinn der Ḥaǧǧ = Hadsch = Wallfahrt und seiner Rolle im Leben des Muslims. (Abu Usama)
3 Der Muslim spricht von dem absoluten Willen Gottes, jedoch nicht von Seiner FREIHEIT! (Abu Murad)

mich, um den Schrei eines Tieres zu hören, das Säuseln der Blätter in den Bäumen, das Murmeln des Wassers, das Jubilieren der Vögel, niemals leihe ich der liebenden Einladung des Schattens, dem Brausen des Windes oder dem Grollen des Donners mein Ohr, ohne zu entdecken, daß sie Dich, den Einzigen, preisen." (10)

Der Mensch in seiner Fülle ist in der Begrifflichkeit des Sufi der „universale Mensch", das heißt vor allem ein Mikrokosmos: „Wisse, daß der universale Mensch Beziehungen zu allen Tatsachen der Existenz in sich trägt."(11)

Man entdeckt in ihm nicht nur alle Seinsebenen des Universums, sondern auch die Menschheit in der Gesamtheit ihrer Geschichte und ihrer Kulturen. „Seine Eigenschaft als Mensch bezeichnet seine auf Ganzheit ausgerichtete Natur (die alle anderen geschaffenen Naturen potentiell in sich trägt) und seine Fähigkeit, alle wesentlichen Wahrheiten zu erfassen (...). So ist der Mensch, gleichzeitig vergänglich und ewig, ununterbrochen neugeschaffen und ewig zugleich (...). Durch seine Existenz wurde die Welt vollendet (...). Der Mensch sieht die göttliche Obhut der Welt sich anvertraut." (12)

Aus seinem eigenen Leben einen Ort zu machen, wo sich das Göttliche manifestiert, dieses einfache und geradlinige Wesen zu werden, wie eine Schilfrohrflöte, durch die der Atemzug Gottes geht und singt, das ist die Lebensentscheidung des Sufi: „Es gibt für die Einheit im ganzen Universum keinen vollkommeneren Ort, an dem sich das Göttliche manifestieren könnte, als dich selber, sobald du das Zentrum deiner selbst erreichst, alle Bindungen zerrissen hast (...) und von allen göttlichen Eigenschaften und geschafffenen Namen Gottes — die dir übrigens gehören — keiner sich mehr auf dich bezieht. Dieser Zustand des Menschen ist der volkommenste Ort der gesamten Existenz, an dem sich die Einheit offenbart." (13)

Was schließlich Gott betrifft, so beschreibt Ibn Arabi in seiner *Weisheit der Propheten*, in dem Noah gewidmeten Kapitel, zwei Vorgehensweisen, von ihm zu sprechen:[1]

1. Die der negativen *Theologie*, die die Transzendenz Gottes unterstreicht, indem sie jede Ähnlichkeit, mit was auch immer, ausschließt;
2. Die der *Analogie*, die Gott mittels Symbolen bezeichnet, mit notwendigerweise aus der Welt der Immanenz entliehenen Bildern.

Man kann die eine Weise von der anderen nicht trennen, denn: „Wenn du

---

1 Der Muslim sollte sich nicht von den destruktiven Äußerungen des Ibn Arabi in seinem Buch Fuṣuṣ Al-Hikam und seinen Gedichten bzw. Schriften verleiten lassen! (Abu Usama)

allein die göttliche Transzendenz betonst, relativierst du sie; und wenn du allein die Immanenz betonst, beschränkst du sie; aber wenn du gleichzeitig den einen und den anderen Gesichtspunkt betonst, wirst du vor Irrtum bewahrt und eine bessere Erkenntnis gewinnen." (14)

Jenseits dieser Dialektik, dieser zwei Vorgehensweisen, die sich gleichzeitig implizieren und ausschließen, bleibt Gott in seinem Geheimnis verborgen.

Das Unglück der vergleichenden Religionswissenschaft liegt darin, daß sie im Abendland den Stempel der Epoche trägt, in der sie geboren wurde, den Stempel des mittelmäßigen positivistischen Rationalismus, und daß sie grundsätzlich alles ausschließt, was darüber hinaus weist, so daß sie, mit dem Islam konfrontiert, die Nachfolge eines dogmatischen und sektiererischen Christentum antritt, das die Authentizität seiner eigenen Offenbarung behauptete und sie dem Islam verwehrte.

Die Sichtweise des Koran und der größten Denker des Islam war eine andere, besonders im Hinblick auf die ,,Leute der Schrift". Der Koran wiederholt unablässig, daß Gott jedem Volk seine Gesandten geschickt hat:

> ,,Für jeden unter euch haben wir ein Brauchtum
> und einen eigenen Weg bestimmt.
> Und wenn Gott gewollt hätte,
> hätte er euch zu einer einzigen
> Gemeinschaft gemacht.
> Aber er wollte euch in dem , was er euch
> gegeben hat, auf die Probe stellen.
> Wetteifert nun nach den guten Dingen.
> Zu Gott werdet ihr allesamt zurückkehren.
> Und dann wird er euch Kunde geben über das,
> worüber ihr uneins wart."
> (V, 48)

So wie Ibn Arabi in seiner *Weisheit der Propheten* von Adam bis Abraham, von Moses bis Jesus und Muhammad den Beitrag eines jeden Propheten zur Offenbarung aufzuzeigen sich bemühte, so schrieb auch al-Ghazzali: ,,Ich sah wohl, daß die christlichen Kinder nur im Christentum aufwachsen, die jungen Juden nur im Judentum und die kleinen Moslems nur im Isalm. Und ich hatte jenen hadith des Propheten gehört: ‚Jeder Mensch wird mit der natürlichen Anlage (zum Islam) geboren. Es sind seine Eltern, die aus ihm einen Juden, einen Christen oder einen Mazdäer machen'." (15)

Wir geben diesem islamischen Ansatz mit voller Absicht den Vorzug gegenüber den sogenannten „wissenschaftlichen" Methoden (die ihre eigenen Postulate ignorieren — besonders das positivistische Postulat, das *a priori* jede Möglichkeit der Tranzsendenz, d.h. zumindest des Auftauchens von etwas radikal Neuem in der Geschichte, ausschließt — und die sich in ein Vorurteil verrennen, nach dem nichts entstehen kann, das nicht das Produkt und das Resultat der Vergangenheit ist).

Wir studieren die Religionen zunächst ausgehend von der Erfahrung und dem Zeugnis derer, die daran glaubten. Aus diesem Blickwinkel können wir bereits ermessen, womit der Islam auf der Ebene des Glaubens unser heutiges Leben bereichert.

Was gegenwärtig unser Leben innerhalb des abendländischen Wachstumsmodells und der es unterstützenden Kultur kennzeichnet, sind die Orientierungslosigkeit des Menschen und der Zerfall der Gesellschaft.

Der abendländische Mensch hat jede Einheit in seinem Bezug zur Natur, zur Gesellschaft, zum Göttlichen verloren. Er ist von der Natur getrennt, für deren Herr und Meister er sich hielt: im Glauben, daß die Natur ihm gehöre, hat er sie einfach als Rohstofflager und Mülldeponie betrachtet. Nachdem er sie schamlos durch Techniken manipulierte, die ihm die Möglichkeit verschafft haben, die Erde und ihre Bewohner zu vernichten, hat sie nun keine „Bedeutung" mehr für ihn. Das Christentum mit seinem Ur-Mißtrauen gegenüber der Natur, mit seiner Verbündung mit dem griechischen Dualismus seit dem 4. Jahrhundert, mit seiner seit der Renaissance erfolgten schrittweisen Kapitulation vor einer Wissenschaftsgläubigkeit, die auf alle Fragen des Lebens eine Antwort bereitzuhalten schien, hat dem Menschen nicht geholfen, jene kosmische Dimension zu bewahren, diese bleibende Vereinigung[1] mit allen Wesen, die der Hl. Franziskus von Assisi fast als einziger in der christlichen Tradition sich zu erhalten gewußt hat. Der Islam, soweit er nicht durch den verengten abendländischen Blickwinkel pervertiert wurde, der ihm vom Kolonialismus aufgezwungen wurde, kann uns helfen, dieser Einheit bewußt zu werden, die seinen zentralen und grundlegenden Glaubenssatz darstellt.

Der Mensch ist in unseren abendländischen Gesellschaften seit der Renaissance der Einsamkeit und der Isolation von den anderen Menschen geweiht, dank eines ständig weiter ausufernden Individualsimus, vom Zeitalter der „Conquistadoren" bis zur endgültigen Dekadenz der „einsamen Massen", durch die Ausdehnung der primitiven Konkurrenz der Marktwirtschaft, das Erdrücken

---

1 Das ist eine falsche Formulierung! Richtig wäre: feste Beziehung, jedoch k e i n e Vereinigung, welche zur Inkarnation Gottes der Sufis führt. (Abu Murad)

der Wehrlosen durch die Skrupellosen, die Techniken der Verführung, die ihren brutalsten Ausdruck in der Werbung und dem „Marketing" finden, wo man künstliche Bedürfnisse einpflanzt, wie echte Prothesen der egoistischen Begierde. Dieses System erzeugt notwendigerweise Gewalt, vor allem bei den Jungen, die von Objekten frustiert werden, die man sie zu begehren gelehrt hat, und die die Glücklicheren unter ihnen, die Reichtum oder Bildung geerbt haben, sich durch Spekulation oder Betrug aneignen.

Die Erklärung der Menschen-und Bürgerrechte proklamierte, daß „meine Freiheit dort aufhört, wo die des anderen anfängt". Die Freiheit des anderen wird also als Grenze, nicht als die Bedingung meiner eigenen Freiheit betrachtet. Die Freiheit stellt so einen Spezialfall des Eigentums dar, wie es „in Kataster aufgeteilt". Ein solcher Individualismus bereitet mit Notwendigkeit dem Krieg aller gegen alle den Boden bis zu dem Augenblick, wo er sich durch seine eigene Logik in sein Gegenteil verwandelt, den Totalitarismus: ein Individuum, das man mit einer siegreichen Gruppe identifiziert, und das zu ihrer Symbolfigur wird, verwandelt alle anderen in Diener der mythischen „Einheit" des Staates, der Partei, der Nation oder der Klasse. Unsere abendländischen Gesellschaften (und jene in der Dritten Welt, die nach ihrem Bild geformt wurden oder sie imitieren) bewegen sich seit vier Jahrhunderten ständig zwischen einem Dschungel-Individualismus und einem Termitenhügel-Totalitarismus hin und her.

Das Christentum trug seiner grundlegenden und ursprünglichen Sicht, durch seine Dreieinigkeitsvorstellung der Person, nach der mein Zentrum nicht in mir liegt, sondern im andern und in dem anderen Ganzen, das Gegengift dieses Individualismus in sich. Aber nachdem es in einem großen Ausmaß die griechischen Pervertierungen des Dualismus übernommen hatte — was dazu führte, daß man in einem Geiste der Resignation den Gegensatz Gott — Caesar (der im Prinzip ein radikales Bestreiten des Totalitätsanspruchs Caesars war) als Dualismus des Glaubens und der Politik interpretierte —, überließ es seit Constantin dem Caesar die volle Macht über das soziale und politische Leben, unterstützte ihn sogar in seiner Aufgabe, denn es machte durch diesen frostigen Dualismus den Glauben zur Privatsache, ohne weiteren Einfluß auf die Organisation des Staates. So ist die Politik autonom geworden, sie folgt ihren eigenen Zielsetzungen, ohne Bezug zum Menschen oder zum Göttlichen.

Der Islam kann, indem er die falschen Dualismen der Politik und des Glaubens zurückweist, indem er uns daran hindert, die Beziehungen zwischen Politik und Glauben (die Beziehungen zwischen zwei Dimensionen des Menschen darstellen) mit den Beziehungen zwischen Kirche und Staat (die Beziehungen zwischen zwei historischen Institutionen darstellen) zu verwechseln, indem er Transzendenz und Gemeinschaft unauflöslich verbindet, uns helfen, das Christentum selbst wieder zum Leben zu erwecken und die Zerfallskrise des Sozialgefüges zu überwinden.

Schließlich kann der Islam in unsere Beziehungen zum Göttlichen, d.h. zu einer Urteils- und Verhaltensweise, die alles Können, Haben und Wissen auf der Grundlage einer über ihnen stehenden Regel relativiert, ein Element des Kampfes gegen alle Entfremdungen und Manipulationen des Menschen durch vorgeschützte „Sachzwänge" bringen, die von außen kommen und den Menschen von sich selbst und seinem Zentrum fortreißen. Im Kampf gegen die koloniale Entfremdung ist es dem Islam zuweilen gelungen, diese Rolle des Widerspruchs und der Emanzipation anzuregen: das gilt für die *mudschahids* in Algerien und Afghanistan (und auch im Iran, zumindest bevor sich dogmatische Mullahs in Verachtung der gesamten Tradition des Islam eine Kirche und eine Partei zu eigen machten, die Initiative des Volkes lahmlegten, und so der anfänglichen islamischen Revolution den Garaus machten.)

Aber auf diesem Gebiet ziemt es den Europäern, anstatt sich zum Richter von Regimen aufzuwerfen, die sich islamisch nennen, sich zumindest zwei Fragen zu stellen, die sie bescheiden werden lassen:

1. Zu welchem Anteil trägt der Westen als Kolonisator die Verantwortung für bestimmte fundamentalistische Bewegungen im Islam? Die ängstliche Bewahrung des Islam war unter der Kolonialherrschaft der einzig mögliche Weg für ein moslemisches Volk, seine Identität zu wahren: da alles, von der Wirtschaft bis zur Politik, von der Sprache bis zur Erziehung, nach den Erfordernissen des Besatzers geformt war, blieb der Islam in seiner Reinheit der einzige Aspekt des Lebens, der nicht nach dem kolonialen Modell gelebt werden konnte.

2. Es ist einfach ein Gebot der Aufrichtigkeit, ein islamisches Regime — so wie es existiert — nicht mit einem Christentum (oder Sozialismus) zu vergleichen — so wie dieses (oder dieser) sein sollte. Fragte mich nun jemand mit dummer Ironie: ‚Bitte zeigen Sie mir doch diesen Islam, den Sie idealisieren, auf der Landkarte!' so würde ich furchtlos antworten: ‚Wagen Sie es, den Finger auf die Weltkarte zu legen und mir zu zeigen, wo es eine ideale christliche, eine ideale sozialistische Gesellschaft gibt?'

Ich möchte nun aber nicht in Polemik abgleiten und die Wirklichkeit der einen mit der der anderen Gesellschaft vergleichen — umsoweniger, als im Rahmen der Verantwortung und des Horrors — von den Kreuzzügen zum Kolonialismus, von den Gulags zu den ungleichen Handelsgeschäften mit Verhungernden — es der „christlich-abendländischen Zivilisation" schlecht anstünde, sich die Rolle des Richters und Sittenwächters anzumaßen.

Ich möchte etwas ganz anderes: In Anbetracht der Probleme, die wir heute haben und bei denen es um unser Überleben und gar den Sinn unseres Lebens geht, bleiben unsere Christentümer und Sozialismen — ungeachtet ihres historischen Versagens und ihrer Fehlschläge in der Vergangenheit — doch Fermente von Anfechtung und Projekten. Sie haben den Westen nicht davon abgehalten, seinem Verderben entgegenzueilen, und, wegen seiner materiallen Hegemonie, die Welt mit sich zu reißen. Diese Form von Wachstum und Kultur, die der Westen den anderen durch Waffen, Handel, Arbeitsteilung, ungleichen Tausch, Missionen und Schulen aufzwang, hat bisher jeden Versuch zu neuen Entwicklungenmodellen und schöpferischem Tun gestoppt und verhindert. So haben sie uns und den ganzen Planeten an den Rand des Scheiterns und des Chaos gebracht. Es ist Zeit — zu spät schon veilleicht, und dann wären wir zu einem Leben ohne Sinn, ohne Ziel und zum Tod verurteilt —, Weisheit und Glauben der drei Welten zu befragen und zu versuchen, andere Lebensformen zu entwerfen und zu leben.

Der Mensch hat die Macht, die Welt, in der er lebt, nicht nur zu verändern, sondern auch über sie hinauszuwachsen. Eine Gesellschaft, die nicht mehr das Bedürfnis nach dieser Ausweitung hat, zerfällt.

Wie kann uns der Islam helfen, uns vorzubereiten, der Verantwortung gewachsen zu sein, die die Macht der Wissenschaft und Technik heute allen Menschen aufzwingt?

Das Problem ist weltumspannend. Die Antwort kann nur weltumspannend sein.

II
Glaube und Politik

Wir wollen versuchen, dem Ansatz des Islam selbst zu folgen, indem wir die Probleme des Glaubens nicht von denen der Polis trennen und indem wir die Einheit von Transzendenz und Gemeinde, zwischen der Einheit und ihrer Manifestation bewahren.

Was können die historischen und sozialen Ausformungen des Islam in den Bereichen Wirtschaft, Recht und Politik sein, wenn man von den islamischen Grundprinzipen ausgeht:

— Gott allein besitzt;
— Gott allein ist der Gesetzgeber;
— Gott allein befiehlt.

1. Die Wirtschaft

„Ihm gehört alles, was im Himmel und auf Erden ist" (II, 284).

Wir haben bereits gezeigt — anhand des Beispiels der vom Propheten gegründeten Gemeinde von Medina — daß dieses Konzept von Besitz uns ganz konkret zum Gegenteil des römischen Konzepts führt. Im Römischen Recht bedeutet Besitz „das Recht zu gebrauchen und zu mißbrauchen" (*jus utendi et abutendi*).[1] Dieses Leitprinzip ist die Grundlage des Code Napoleôn und jedes bürgerlichen Wirtschaftssystems. Es überträgt dem Besitzer ein wahrhaft „göttliches Recht": er kann seinen „Besitz" ungestraft zerstören, selbst wenn er dadurch der Gesellschaft für deren Leben unabdingbare Güte entzieht; er kann unbegrenzt Güter anhäufen. Und im französischen Recht zum Beispiel, wo das Unternehmen als Verlängerung des Erbrechts betrachtet wird, können die Inhaber jede Aktivität stoppen, verlagern oder das Personal entlassen. Verschiedene gesetzgeberische Maßnahmen zur Enteignung wegen öffentlichen Interesses und sogar die Maßnahmen, die unter dem Druck der Lohnabhängi-

---

1 Hier möchte ich an das Alte Testament erinnern:
„Wer seinen Knecht oder seine Magd schlägt mit einem Stabe, daß sie sterben unter seinen Händen, der soll darum gestraft werden. Bleibt er aber einen oder zwei Tage am Leben, so soll er nicht darum gestraft werden; dennn **es ist sein Geld**"! 2. Buch Moses, 20,21, Stuttgart 1970 (Abu Usama)

gen zustande kamen, konnten diese Privilegien kaum tangieren; ihre Einschränkung hängt nämlich in jeder Hinsicht vom Kräfteverhältnis zwischen denen, die darunter leiden, und den Nutznießern ab.

Seit seinen Anfängen ist das islamische Konzept das genaue Gegenteil dieses Systems. Durch den transzendenten Bezug, den Bezug auf Gott relativiert, ist Besitz nicht das Recht eines Individuums (übrigens auch nicht einer Gruppe oder des Staates), sondern eine soziale Funktion. Wer immer der Besitzer auch sein mag, einzelner, Kollektiv oder auch Staat, er muß der Gemeinde Rechenschaft über seinen Besitz geben; er ist nur der verantwortliche Verwalter.

Wir treffen hier auf ein Prinzip, das einst die christlichen Kirchenväter verteidigten, das aber im Westen seit langem in Vergessenheit geraten ist: stehlen heißt nicht etwas nehmen, das man braucht, sondern anhäufen, was man nicht braucht. Dies war eine Forderung der Konzeption von Glaubensgemeinschaft.

Bedeutsam ist hier, was der Koran ständig verdammt: ,,wer viel Geld und Gut zusammenbringt und es (immer wieder) zählt" (CIV, 2); ,,wenn aber einer geizig ist und selbstherrlich auftritt" (XCII, 8); die ,,Geld und Gut zusammenbringen und horten" (LCC, 18), und die ,,ihr Hab und Gut über alles lieben" (LXXXIX, 20). Dennoch anerkennt der Islam das Recht auf persönliches Eigentum, das durch Arbeit, Erbschaft oder Geschenk erworben wurde. Aber die Arbeit spielt hier eine übergeordnete Rolle. Ein hadith des Propheten präzisiert: ,,Gott sagt, daß nur der Besitzer des Bodens sein kann, der ihn bearbeitet." In seiner *Abhandlung über die politische Ökonomie* betonte Charles Gide, ,,die islamische Gesetzgebung läßt persönlichen Besitz nur an dem Boden zu, der auch tatsächlich bearbeitet wird".

Der Koran begnügte sich nicht damit, den Zinswucher zu verdammen. In der Frühzeit der islamischen Expansion berechtigte der militärische Sieg nicht zur Beschlagnahme der Ländereien sondern nur zum Erheben eines Tributs. Erst durch Entartung des ursprünglichen Ideals entstand das System der nicht ortsansässigen Besitzer, die die Arbeit der Bauern ausbeuteten.

,,Sie besitzen nichts und niemand besitzt sie" — dieses Grundprinzip der Sufis, von Abu'l-Hasan al-Nuri formuliert, stellt nur einen Grenzfall dar, ähnlich dem des Mönchstums im Christentum. Bezeichnender aber für das Grundrecht einer Gesellschaft ist das islamische Konzept des Marktes.

Im Westen ist der Markt (so, wie er ideell zur Zeit des Liberalismus gedacht war) im wesentlichen ein permanentes Plebiszit, durch das die Bedürfnisse einer Gesellschaft zum Ausdruck kommen. Dann aber, während der Dekadenz des kapitalistischen Systems, zur Zeit des Monopols, kehren sich die Beziehungen um und die mächtigsten Produzenten schaffen sich nun Absatzmärkte für ihre Güter. Zumindest in ihrem Prinzip läßt sich die islamische Wirtschaft nicht mit diesem kapitalistischen Konzept vereinbaren, sei es nun liberal oder monopolistisch. Die islamische Wirtschaft verhält sich im Spiel der rivalisierenden Kräfte nie neutral. Der Markt wird akzeptiert, er muß echte Bedürfnisse befriedigen, und sein Ablauf muß die Normen des Islam respektieren. Dies schließt eine gerechte Verteilung der Einkommen ein und die Monopole aus, wodurch die Preise die realen Kosten widerspiegeln. Also muß der Markt in seinem Zweck und seinen Mitteln einer Regierung unterworfen werden, die ihrerseits auf ein Ziel ausgerichtet ist, das über den Markt und die Geselschaft, innerhalb derer er funktioniert, hinausgeht. Es geht dabei nicht nur um die Kontrolle der Ordnungsmäßigkeit der Transaktionen (nach der Beschreibung Ibn Khalduns die Aufgabe des *muhtasib*, des „Marktvogts", wie ihn die abendländischen „Gemeinden" nannten, die die Institution nach der Zeit der Kreuzzüge kopierten); in der islamischen Gesellschaft sind die Ziele wichtig. Der Markt ist nur ein Mittel, *die Ziele* zu erreichen. Der Koran spricht von Männern, „die sich weder durch Ware noch durch ein Kaufgeschäft davon ablenken lassen, Gottes zu gedenken, das Gebet zu verrichten und die Almosensteuer (*zakat*) zu geben" (XXIV, 37).

Die *zakat* ist, wie schon gesagt, eine der fünf Säulen des Islam. Als Zehnt nicht nur auf Einkommen sondern auch auf Kapital ermöglicht sie „sozialen Ausgleich". Während die Sozialversicherung in einigen westlichen Ländern (zum Beispiel Frankreich) nach einem säkularen Klassenkampf erst im 20. Jahrhundert eingeführt wurde, war ihre Urform als Forderung des Glaubens im Islam bereits dreizehn Jahrhunderte zuvor erreicht. Für Präsident Nasser war die zakat einer der Wesenszüge der islamischen Interpretation des Sozialismus.

Eine andere, spezifische islamische Neuheit, ist die Einführung indirekter Steuern auf Luxusgüter sowie die Schaffung von Staatsmonopolen und eines differenzierten Zollsystems für alle Produkte, von denen Sicherheit oder Wohlfahrt des Gemeinwesens abhängen. Das islamische öffentliche Recht kannte die Prinzipien dieses Systems bereits im 10. Jahrhundert. Friedrich II. von Hohenstaufen, Deutscher Kaiser und König von Sizilien, der Arabisch sprach und ein großer Bewunderer der arabischen Kultur war, übertrug diese Rechtsprinzipien auf Europa, imitierte sie und führte sie in Deutschland ein. Deshalb gilt er als erster moderner Staatsmann.[1]

Zusammenfassend ist also die Wirtschaft, wie sie aus den Prinzipien des Islam ergibt:

1. dem westlichen Wachstumsmodell entgegengesetzt, in dem Produktion und Konsumption Selbstzwecke sind: immer mehr und immer schneller zu produzieren und zu konsumieren, egal was, ob nützlich oder unnütz, schädlich oder sogar tödlich, ohne an den Endzweck des Menschen zu denken. Die islamische Wirtschaft zielt gemäß ihrem koranischen Prinzip nicht auf *Wachstum*, sondern auf *Gleichgewicht* ab;

2. weder mit dem Kapitalismus (beispielsweise amerikanischer Prägung) noch mit dem Kollektivismus (beispielsweise sowjetischer Prägung) zu identifizieren. Ihr wesentliches Charakteristikum ist, daß sie nicht den blinden Mechanismen einer Wirtschaft gehorcht, die ihren Zweck in sich selbst trägt, sondern daß sie höheren Zielen verpflichtet ist, die untrennbar menschlich und göttlich sind. Denn wahrhaft menschlich ist der Mensch nur durch seine Unterwerfung unter das Göttliche.

2. Das Recht

So, wie Gott der einzige Besitzer ist, so ist er auch der einzige Gesetzgeber. So sieht das Grundprinzip des Islam die Einheit (*tauhid*). Die Gemeinschaft gründet nicht auf einer „Erklärung der Menschenrechte", sondern auf einer Offenbarung ihrer Pflichten.

Wir werden uns nicht mit der Wucherung unterschiedlicher „Schulen" aufhalten: der hanafitischen, malikitischen, schafiitischen, hanbalitischen und ihren Verästelungen in dieser oder jener Gegend des Islam. Sie unterscheiden sich durch ihren unterschiedlichen Grad an „Fundamentalismus": die einen geben vor, sie würden sich buchstabengetreu an den Koran halten, was nach ihrer Auffassung überall und zu jeder Zeit geschehen muß, andere legen mehr Gewicht auf die Handlungsweise (*hadith*) des Propheten und seiner Gefährten, die sich vom Geist des Koran inspirieren ließen, um durch Neuerung konkrete Probleme zu lösen. Wieder andere betonen die „Beratung" (*schura*) der „Rechtsgelehrten". Wieder andere schlagen schließlich vor, neue Situationen nicht einfach durch Deduktion, sondern durch Analogie anzugehen. Dann kommen noch jene, die — bewußt oder unbewußt — dem Einfluß des früheren Rechts unterliegen, dem römisch-byzantinischen oder sassanidischen, obwohl sie glauben, sie würden sich in die Ewigkeit stellen und nur auf den „Konsens" des Volks achten.

Wir müssen deutlich sagen, daß diese Sektenstreitereien der Vergangenheit angehören und daß jedesmal, wenn die „Schließung des *itschtihad*" erklärt wurde, das heißt, daß man jeden Versuch der Interpretation als gottlos brandmarkte, dies zu einer Stagnation respektive einem Rückschritt der islamischen Kultur und Politik führte. Dieses Phänomen findet sich nicht nur im Islam: der Fundamentalismus hat auch christliches Denken und Handeln sterilisiert. Man denke etwa an die Bannflüche von der Art des *Syllabus* von 1870, der jede Neuerung im Namen einer unabänderlichen Doktrin verdammte, oder an die Versuche, das Denken in eine einzige Philosophie („Thomismus") oder eine einzige Verhaltensweise („Sozialdoktrin" der Kirche) zu schmelzen. Jeder Zivilisation schadet der Fundamentalismus (der darin besteht, eine Kultur oder einen Glauben mit der Form zu verwechseln, die sie zu irgendeiner Zeit ihrer Geschichte gehabt haben mochten, und ihnen zu verbieten, lebendig, das heißt: schöpferisch zu bleiben).

Im Gegensatz zu unseren Dschungel-Individualismen verlangt die grundlegende koranische Lehre, den Menschen nicht als isolierte Realität zu sehen, sondern als Teil eines größeren Ganzen, nämlich der Gemeinschaft, und gleichzeitig festzulegen, daß diese Gemeinschaft Zielen dient, die außerhalb ihrer selbst liegen.

Zu sagen, der Mensch ist Teil eines größeren Ganzen, hat aus islamischer Sicht nicht die Bedeutung, die der Anspruch im Westen hat, wo der Totalitarismus als einzige Alternative zum Individualismus gilt. Das Ganze, dessen Teil der Moslem ist, ist nicht die „organische Totalität" Hegels und schon gar nicht das faschistische Konzept, nach dem der Mensch, als Individuum, nur durch und für den Staat Sinn, Wert und sogar Realität hat. Die Beziehung zwischen Mensch und diesem größeren „Ganzen" der Gemeinschaft ist nicht die biologische, untermenschliche Beziehung zwischen einer Zelle und dem Organismus, zu dem sie gehört. Es ist auch nicht die funktionale, soziologische Beziehung, die jedem durch eine Arbeitsteilung zugewiesen wird, ihn zu einem Teilstück macht und ihn in eine technische, ökonomische oder politische Rolle einkerkert, die ihn entfremdet und verstümmelt.

Diese Art von Beziehung kann es nur in einer Gesellschaft geben, die ihren Sinn in sich selbst hat, das heißt deren einziges Vorhaben Wachstum und Macht sind.

Nun, die islamische Gemeinschaft dient von Gott gesetzten Zwecken, die über sie hinausgehen. Diese doppelte Transzendenz — die der Gemeinschaft in Bezug auf den Menschen, und die Gottes in Bezug auf die Gemeinschaft — begründet also keine Hierarchie und keine Unterdrückung des Menschen durch den Menschen.

Auch Gleichheit, wie Freiheit, sind radikal anders begründet als bei uns: es handelt sich nicht um Attribute des einsamen Individuums, sondern um Ausdruck und Konsequenz der Verbundenheit eines jeden mit dem Absoluten, der Präsenz des Göttlichen in ihm,[1] das es ihm erlaubt, Abstand zu nehmen, einen unendlichen Abstand von Institutionen und allen menschlichen Versuchen, ihn zu beherrschen.

Sicher: diese koranische Grundlage des Rechts wurde im Lauf der Geschichte nur selten konkret verwirklicht, nicht einmal während der Blütezeit der islamischen Zivilisation. Ebensowenig wie das christliche Europa, selbst — und gerade — während der Vorherrschaft der Kirche die Verwirklichung einer Gesellschaft nach den Lehren des Jesus von Nazareth erlebte.

In einem Augenblick aber, da wir überschwemmt und manchmal davongeschwemmt werden von den Fluten unserer Epoche (blindes Wachstum, Machtstreben der Staaten und der Multis, Gewalt und „Gleichgewicht des Schreckens" auf allen Ebenen, seitens der Staaten wie von Banden, ungleiche terms of trade, die die Vorherrschaft der Einen und das Elend der Meisten verstärken), ist keine Zeit für einen Streit über die historischen Verdienste oder die Aufgabe des Ideals der einen wie der anderen. Vielmehr sollten wir durch gegenseitige Befruchtung der grundsätzlichen Vorhaben eines jeden diejenigen Leitideen freilegen, die imstande sind, die Massen des ganzen Planeten für jenes gemeinsame Projekt zu gewinnen, das uns dem apokalyptischen Taumel entreißen kann, der Nuklearrüstung der „Großen", dem Hunger Tausender, der Erniedrigung oder der Entwürdigung von uns allen.

Nun, wir haben gesehen, daß die individualistischen Prinzipien der europäischen Renaissance und später die der bürgerlichen Revolutionen uns ins Chaos führten, und daß uns die totalitären Versuche, diesen Trend umzukehren, indem sie entweder die „Nation" (im Faschismus) oder die „Klasse" (im sowjetischen System) mystifizierten, uns in den Gulag führten.

Wie kann uns hier heute ein Recht helfen, das sich auf die transzendenten Prinzipien des Islam stützt? Auch das Christentum, es ist wahr, beschwor die gleichen transzendenten Prinzipien, aber durch die Befleckung mit dem philosphischen Dualismus der Griechen und durch die Pervertierung mit den autoritären Strukturen des Römischen Reiches wurden die Beziehungen zwi-

---

1 „in ihm" ist falsch. Richtig wäre „vor ihm". Damit verneinen wir bzw. lehnen wir die Inkarnation Göttes in Seiner Schöpfung ab. (Abu Murad)

schen Glaube und Politik — seit Konstantin und dem Konzil von Nicäa bis heute — verfälscht. So nachhaltig, daß die Befreiungsversuche vieler Christen, insbesondere während der letzten zwanzig Jahre, heute durch ein konstruktives Nachdenken über das Vorhaben des Islam befruchtet werden können.

Das gab es bereits. Man denke etwa an den Beitrag des islamischen Rechts zum Völkerrecht: Wenn es wahr ist, daß Moslems im Mittelmeer Piraterie betrieben (wie später das Korsarentum der Katholiken im Atlantik im Auftrage der „allerchristlichsten Könige" Spaniens, Portugals und Frankreichs, oder das Korsarentum der „Puritaner Hollands und Englands", so ist es auch wahr, daß sie die Regeln des Seehandels bestimmten, auch in Kriegszeiten. Im Westen wurden diese Regeln um 1340 im „Konsulat des Meeres" in Barcelona kodifiziert. Der Entwurf stammte vom Heiligen Ludwig, der nach der Rückkehr von seinem ersten Kreuzzug die Moslems nachahmen wollte.

Der erste Band der Gesetze, die Alfonso X. (der Weise) unter dem Titel Las Siete Partidas zu einem Codex zusammenfaßte, enthält in seinem zweiten Teil eine Kompilation moslemischer Texte zu diesem Gegenstand, die bereits 1280 im moslemischen Spanien unter dem Titel Wilayat zusammengestellt worden waren. Dabei geht es um die Behandlung von Kindern, Alten, Frauen, Invaliden, um die Einhaltung eingegangener Verpflichtungen und die Loyalität in Kriegszeiten. [2]

Der islamische Einfluß wurde nicht nur in Rechtswerken spürbar: Es ist beachtlich, daß inmitten der Kreuzzüge, in Palästina, arabische Ärzte nach der Schlacht ins Lager der Christen kamen, um die verwundeten Kämpfer zu pflegen (ihre überlegene Kompetenz wurde anerkannt). Der „ritterliche" Sinn Saladins, der die Kreuzfahrer aus Jerusalem verjagte, wurde legendär, und die — im allgemeinen sehr barbarischen — Sitten der europäischen Ritter wurden durch die Begegnung mit ihrem moslemischen Gegner verfeinert, sowohl im „Heiligen Land" als auch auf Sizilien, wo die Ritter des Deutschherrenordens den Hof Friedrichs II. von Hohenstaufen besuchten, der ein großer Bewunderer der arabischen Zivilisation war.

Der Europäer braucht schon sehr viel von diesem „Fanatismus" (den er so oft den Moslems zuschreibt), um den Einfluß auf das Völkerrecht — von Grotius bis Michel Servet — zu bestreiten, den diese islamische Zivilisation über ein knappes Jahrtausend ausübte, und der die westliche Kultur befruchtete.

Ein typisches Beispiel für diesen westlichen „Fanatismus" ist die Polemik gegen die Stellung der Frau im Islam.

Wieder wird es nützlich sein, zwei Unterscheidungen zu treffen: zum einen

69

ist ein Unterschied zwischen der Lehre des Koran und der Praxis in islamischen Ländern, zum anderen wollen wir nach Recht und Billigkeit die reale Praxis christlicher Völker mit der realen Praxis moslemischer Völker vergleichen (und nicht die Theorie der einen mit der Praxis der anderen).

Zuerst: Vom theologischen Standpunkt aus legt der Koran zwischen Mann und Frau nicht dieselbe metaphysische Unterwerfungsbeziehung fest. Die Frau ist dem Koran zufolge nicht aus der Seite Adams geboren, sie ist eine „Zwillingshälfte" [3], denn Gott schuf die Menschheit — wie alles — als „Paar" [4], und der Koran macht die Frau nicht für den Sündenfall verantwortlich. Adam werden Vorwürfe gemacht. [5]

Es stimmt, daß der Koran — ganz wie die Bibel und Evangelien — dem Mann Autorität über die Frau einräumt. Die Ungleichheit ist eine Konstante in allen patriarchalischen Gesellschaften. Noch heute ist sie in keinem Land total verschwunden.

Vergleichen wir aber die koranischen Regeln mit denen früherer Gesellschaften, so stellen sie einen unzweifelhaften Fortschritt dar, insbesondere im Vergleich mit Athen oder Rom, wo die Frau ewig unmündig war.

Im Koran kann die Frau über ihre Güter verfügen, was ihr in der Mehrzahl der westlichen Rechtssysteme, besonders in Frankreich, erst im 19. oder 20. Jahrhundert zugestanden wurde. Im Erbrecht, das stimmt, erhält die Tochter nur halb soviel wie der Sohn, aber auf der anderen Seite entfallen alle Verpflichtungen, besonders die des Unterhalts der weiteren Familienmitglieder, auf den Sohn. Die Frau ist davon befreit.

Der Koran (II, 229[6]) und die Tradition (Bukhari 68, 3 und 68,11[7]) sprechen der Frau das Recht zu, die Scheidung zu verlangen, was im Westen erst dreizehn Jahrhunderte später erreicht wurde.

Die Polygamie wird vom Koran zugelassen. Aber er erfindet sie nicht: sie existierte schon vorher [8], und der Koran schränkt sie im Gegenteil ein (indem er etwa eine vollkommene wirtschaftliche, emotionale und sexuelle Gerechtigkeit zwischen verschiedenen Frauen fordert). Buchstabengetreu genommen machen diese Vorschriften des Koran die Polygamie unmöglich.

Zudem ist es sehr pharisäerhaft, den juristischen Aspekt der Ehe, der in die gesamte Sozialstruktur eingebunden ist, mit den persönlichen Beziehungen von Liebe und Sexualität zu verquicken. Die strenge Monogamie, die von einer Ehegesetzgebung im Code Napoléon verankert wurde, die im wesentlich eine bestimmte Form von Besitz und Erbe bewahren wollte, hat nur sehr entfernt etwas mit Sitte zu tun. In unserer westlichen Tradition entspricht die Monogamie den Gesetzen und die „Polygamie" den Tatsachen. Dies ist so wahr, daß der Kern der amourösen Literatur — im Westen wie anderswo — eine nichteheliche Liebe rühmt.

Das Recht der Moslemin im Koran auf soziale Gleichstellung, auf persönlichen Besitz und auf Scheidung, sowie die Bedingungen, die eine Polygamie praktisch unmöglich machen, konnten aber in der Tat beispielsweise den Kongreß der moslemischen Frauen ermöglichen, der im Mai 1971 in Tunis abgehalten wurde. Dort verlangten sie — unter Berufung auf den Koran — die Abschaffung der Polygamie und die Achtung ihrer Würde.

Denn in den islamischen Ländern wie in den anderen besteht eine breite Kluft zwischen den Gesetzen und der Realität.[1] Ein typisches Beispiel ist das Tragen des Schleiers. Im Koran gibt es nicht die geringste Rechtfertigung für diesen Brauch, der schon vor dem Islam in mehreren Ländern des Orients bestand, besonders im sassanidischen Persien.[2]

Schließlich darf man nicht vergessen, daß alle Verfeinerungen der Liebe, ihre Schwärmerei und ihr Kult, der dem des höchsten Glaubens entspricht, so wie sie im Westen mit den okzitanischen Troubadouren in der „höfischen Minne" und Dantes „getreuen Liebenden" auftreten, arabisch-islamischen Ursprungs sind (was wir auch noch bezüglich der literarischen Einflüsse des Islam auf den Westen nachweisen werden), ob es sich nun um *Das Buch der Blume* von Ibn Dawud in Bagdad handelt, den *Jasmin der getreuen Liebenden* des Ruzbehan aus Shiraz im Iran des 12. Jahrhunderts, oder um *Das Halsband der Taube* des Ibn Hazm aus Cordoba zur Zeit des Kalifats, im 10. Jahrhundert.

---

1 Nur unter den schwachen, ungerechten Herrscher und ihren Mitarbeitern kann solche Kluft bestehen.

2 Schleier heißt Ḥimār (Chimār) oder Niqāb. Das verbreitete Wort Higāb bedeutet nicht Schleier; sondern: Hülle; Scheidewand; Vorhang u.a.
Schleier ist Kopfbedeckung; das Gesicht bleibt frei. Das Tragen des Schleiers war im Frühislam eine Auszeichnung und Privilegierung der muslimischen freien Frau. Eine Sklavin durfte keinen Schleier tragen. Damit konnte man zwischen der freien Musliman und der Sklavin unterscheiden. Die Frau, die ihren Kopf bedeckt, ist innerlich freier und selbstbewußter als die ohne Kopfbedeckung. Die Erste braucht nicht die Bewunderung und die Anerkennung anderer Männer. Die gewünschte Selbstbestätigung verschafft der Islam durch Respekt, Anerkennung und Liebe ihrer Familie und der islamischen Gemeinde, und vor allem die durch Belohnung Gottes. Sie erreicht die höchste Stufe der Freiheit, wenn sie Gott gehorcht. Für Ibn Al-Qayyim besteht die Freiheit des Muslims in seiner Unterwerfung unter Gottes Willen. Dadurch erreicht der Mensch — Mann oder Frau — die echte Freiheit. Es gibt kein Bild von Maria oder von einer Nonne ohne Kopfbedeckung. Die Muslima soll aber trotz der Kopfbedeckung ihr Leben genießen und nicht der Welt entsagen. Dies wäre gegen den Islam. (Abu Murad)

3. Die Politik

Die Tatsache, daß es aus islamischer Sicht nur die Autorität Gottes gibt, führt in der Politik zu ähnlichen Konsequenzen wie wir sie schon in den Bereichen Wirtschaft und Recht ausführten. Durch die Relativierung aller Macht (*Allahu akbar*: „Gott ist größer"),[1] allen Besitzes, allen Reichtums kann sich ein Wirtschaftssystem, das dem Prinzip des Islam folgt, weder mit dem Kapitalismus noch dem Kollektivismus gleichstellen, noch kann sich ein politisches System, das dem Islam folgt, der Theokratie oder den Monarchien „von Gottes Gnaden" des Westens, oder seinen „Demokratien" parlamentarischen Typs gleichstellen.

Es ist sicherlich eine für die Zukunft des Islam engstirnige und tödliche Interpretation zu sagen, man finde im Koran eine Gesetzgebung, die für alle Völker und alle Zeiten unmittelbar gültig sei. Der Koran selbst erinnert ständig daran, daß Gott jedem Volk einen Gesandten schickte, der fähig war, die Botschaft in der Sprache und Kultur dieses Volks und seiner Zeit zu übermitteln: „Für jede genau bestimmte Epoche ist ein Buch gesandt worden" (XIII, 38(9)).[2]

Moslems zitieren gerne die Stelle im Johannesevangelium, wo Jesus selbst das Kommen Muhammads verkündet: „Noch vieles habe ich euch zu sagen, aber ihr könnt es jetzt nicht tragen. Wenn aber jener kommt, der Geist der Wahrheit, wird er euch in die ganze Wahrheit führen" (Joh. 16, 12-13).

In der Tat handelt es sich immer um dieselbe Offenbarung, aber dem Menschen obliegt es, sie in jedem Land und in jeder Epoche so anzuwenden, wie es dem Geist und den Umständen dieses Landes zu dieser Epoche entspricht.

Es wäre absurd zu behaupten, man könne aus dem Koran direkt die Gesetze

---

1 F a l s c h e Übersetzung; auch wenn akbar (af'al) den Elativ ausdrückt! Die richtige Übersetzung ist: Gott ist **groß**! denn Er ist ja nicht mit uns im Sinne von groß; größer; am größten zu vergleichen. In der „Arab. Grammatik" des Gelehrten Brockelmann, S. 69 merken wir, daß dieser Satz: „Allahu Akbar" nicht leicht zu übersetzen ist: „Seltener steht der Elativ absolut, z.B.: Allahu Akbar = Allah ist **am größten** (allem anderen gegenüber groß); Allahu Alam = Allah weiß es **am besten**". Für mich ist „am größten" und „am besten" nicht richtig, denn Seine Größe und Sein Wissen sind nicht mit anderer Größe und anderem Wissen zu vergleichen.

2 Die Übersetzung des Quran-Verses ist falsch! Die Übersetzer des Originals „Promesses de l'Islam" selbst schrieben auf S. 177 in der Anmerkung (9): „Weder Paret noch Sadr ud-Din enthalten **diesen Vers**." In der Tat ist die Übersetzung dieses Verses bei Paret und Sadr ud-Din **vorhanden** (!), denn dieser Satz: „Für jede genau bestimmte Epoche ist ein Buch gesandt worden" ist **nur der Rest** des Verses, jedoch ist die Übersetzung nicht richtig!! Richtig ist die Übersetzung v. Paret: „Jede (den einzelnen Menschen oder ganzen Völkern gesetzte) Frist hat eine Bestimmung". Prof. Paret verstand den Vers vollkommen richtig. Ich hätte sogar noch dazu zwischen Klammern geschrieben: (...oder ganzen Völkern bzw. der gesamten Schöpfung gesetzte Frist) (Abu Usama)

einer universellen und zeitlosen Politik ableiten — wie es in *für seine* Zeit wunderbarer Weise al-Mawardi in seinen *Grundlagen der Herrschaft (al-ahkam al-sultaniyya)* gemacht hat. Er stellte sich ein ideales Kalifat zu einer Zeit vor, da das abbasidische Kalifat bereits die Prägung der Monarchien von Byzanz und des sassanidischen Persien trug. Ebenso absurd wäre es zu behaupten, daß Bossuets Werk *Politik nach den Worten der Heiligen Schrift*, das die absolute Monarchie Ludwigs XIV. rechtfertigte und den König zum „Stellvertreter Gottes auf Erden" erklärte, ein für allemal eine christliche Politik festgeschrieben hätte oder daß die sogenannte „Sozialdoktrin" der Kirche den Gehorsam der Christen aller Zeiten und überall heische.

Wir mögen darüberhinaus wissen, was Lehre, Leben, Tod und Auferstehung Jesu Christi für die Christen ausschließen, und was für die Moslems der Koran ausschließt.

Der Koran schließt beispielsweise eine Monarchie göttlichen Rechts und eine Theokratie im westlichen Sinne des Wortes aus, denn im Islam gibt es keinen Priester und keine Kirche, die im Namen Gottes sprechen oder befehlen dürfen. Es wäre falsch, beim Islam wie beim Christentum, die Prinzipien mit der Ausprägung zu verwechseln, die eines von beiden zu einer bestimmten Epoche seiner Geschichte hatte. So wurde etwa das Kalifat nur erblich und dynastisch, weil man die byzantinische oder sassanidische Autokratie nachahmte.

Da er die Gleichheit unter Anhängern desselben Glaubens fordert, schließt der Koran auch das parlamentarische demokratische System aus, eine Demokratie, die sich einerseits auf den *Individualismus* der Bürger stützt, die nur für ihre eigenen Interessen leben, ohne sich um die Belange der Gemeinschaft zu kümmern, und die sich andererseits auf das Konzept des Delegierens stützt, auf die „Veräußerung der Macht" (wie Rousseau sagte), die zwischen Gott und der Glaubensgemeinschaft Mittler einsetzt.

Jede „Repräsentation" ist Betrug. Es kann keinen Stellvertreter des Volkes geben. Die Demokratie ist direkt oder sie ist gar nicht.

Die Gemeinschaft ist nicht die Frucht eines „Gesellschaftsvertrags". Sie ist eine Glaubensgemeinschaft; sie gründet auf der Gewißheit des einzelnen, daß es ein Ziel gibt, das jenseits seiner individuellen Interessen und sogar der der Gruppe liegt, wie umfassend diese auch sein mag (Stamm, Polis, Klasse, Nation, ideologischer Block). „Gemeinschaft" bedeutet hier die gesamte Menschheit in ihrer umfassenden Geschichte und ihrem Vorhaben. Die moslemische Gemeinschaft (*umma*) ist Trägerin dieser Universalität, denn durch den gemeinsamen Glauben an die transzendente Einheit Gottes ist jedes einzelne ihrer Mitglieder mit allen anderen vereint (jenseits aller Unterschiede von Rasse, Territorium oder geschichtlicher Vergangenheit).

Aus diesem spezifisch islamischen Gesichtspunkt ist die „Nation" eine westliche Krankheit, ein verhängnisvolles Erbe der kolonialistischen Zerstückelung der moslemischen Gemeinschaft; dasselbe gilt für die Demokratie mit ihren Konfrontationen und ihrem Aufeinanderprallen von Individuen und Gruppen, die durch Widerstreit atomisiert und durch die Manipulationen der sogenannten „Information" zur Masse gemacht werden (Information der Medien, der Werbung, der „Umfragen", pressure-groups und die Konditionierung durch das System der Produktion und Konsumption). Dieses System hat nichts zu tun mit dem Prinzip der „gegenseitigen Beratung" (*schura*) von Menschen, die nicht das horizontale Band der Konkurrenz verbindet, sondern das vertikale Band eines jeden mit dem einzig Absoluten.

Die Macht dient, wie der Besitz, höheren Zielen.

Keine Lehre besitzt mehr Aktualität in einem Augenblick, da uns die Erfahrung unseres ganzen Jahrhunderts bewußt macht:

— daß es innerhalb unseres blinden Wachstumsmodells keinen Sozialismus ohne menschliche Finalität geben kann;

— daß es keinen Sozialismus geben kann, der von unserem westlichen *Individualismus* ausgeht, und dessen Grundlage und gleichzeitig Ausdruck der Kapitalismus ist;

— daß es keinen Sozialismus ohne Transzendenz geben kann, ohne die beständige Möglichkeit, mit unseren Determinismen und Entfremdungen zu brechen.

Da der westliche Mensch nicht mehr das Bedürfnis nach Transzendenz verspürt, läßt sich der *status quo* nicht mehr leben und die Revolution ist unmöglich geworden.

Jede Revolution wird scheitern, solange der Mensch vorgibt, alles zu ändern, außer sich selbst. (10)

Den Menschen zu ändern bedeutet heute wie zu den Zeiten der *rishis* des vedischen Indien oder Laotses in China, wie zu den Zeiten Abrahams, Jesu von Nazareth oder des Propheten, den Menschen wieder mit dem Absoluten[1] zu verbinden. Es bedeutet auch, ihn daran zu erinnern, daß er die Fähigkeit hat, sich von allem loszureißen und mit allem zu brechen, was ohne ihn existiert und geschieht, angefangen beim Wachstum, der Macht und der Gewalt.

---

1 Der Muslim sollte statt „mit dem Absoluten" das Wort Allah gebrauchen. (Abu Murad)

III
Wissenschaft und Weisheit

Die Geschichte von Wissenschaft und Technik, wie sie im allgemeinen im Westen verstanden wird, ruht auf einem impliziten Postulat: man muß den „Fortschritt" von Wissenschaft und Technik an einem einzigen Kriterium messen, nämlich dem ihrer Effizienz zur Gewährleistung einer maximalen Beherrschung von Natur und Mensch. Diese rein quantitative Definition besagt nichts anderes, als daß dieser Wille zu Macht und Herrschaft (selbst wenn er vorrangig zur Zerstörung der Natur und der Menschen führt) einerseits, sowie die ihm dienende Wissenschaft und Technik andererseits zum obersten Ziel wurden, zum einzigen Wert, zur Religion des „Fortschritts" und des „Wachstums".

Der Westen maßt sich an, sich zum Richter über alle anderen Zivilisationen aufzuschwingen, indem er die Bahn seiner eigenen Entwicklung für beispielhaft hält, für das einzig mögliche. Aus dieser Sicht wird dann ein Volk, eine Zivilisation, eine Wissenschaft oder Technik „primitiv", „unterentwickelt", „rückständig", je nach ihrem Standort auf dieser Bahn, also je nach ihrer größeren oder geringeren Ähnlichkeit mit uns.

Den abergläubischen Jüngern dieser Religion des Wachstums und des Fortschritts erscheint es abwegig und „obskurantistisch", sich die Frage zu stellen: befinden sich Europa und damit der Westen nicht auf Abwegen, seit in der Renaissance (also seit der gleichzeitigen Entstehung von Kapitalismus und Kolonialismus) sich diese Ideologie zur Rechtfertigung von Kapitalismus und Kolonialismus entwickelte, die Wissenschaft und Technik den einzigen Zweck zuordnete, „uns zum Herrn und Eigentümer der Natur zu machen", wie Descartes in seiner *Abhandlung über die Methode* schrieb, statt die Entfaltung des Menschen zu gewährleisten?

Des ganzen Menschen, das heißt des Menschen in all seinen Dimensionen: einschließlich der Dimension unserer ästhetischen Beziehungen zur Natur als glückliche Teilnahme an ihrem Leben und nicht einfach als Reservoir von Rohstoffen und Depot für unsere Abfälle; einschließlich der Dimension der Beziehungen des Menschen, die keine Konkurrenz, keinen Zusammenprall, keine Herrschaft wären im Sinne von Hobbes: „Der Mensch ist des Menschen Wolf". Dies führte zu unseren „einsamen Massen", ohne Ziel und ohne Liebe. Die Dimension unserer Beziehung zur Schönheit, mit einer Zukunft, die nicht durch eine „Supermaschine" dargestellt wird, die uns in ihrem Räderwerk zermalmt, sondern wo das radikal Neue poetisch auftritt. Dies kann uns weder Wissenschaft noch Technik geben.

Die Entfaltung jedes Menschen: auch dessen beraubt diese Religion des „Wachstums" und des „Fortschritts" die überwältigende Mehrheit der Menschen: sowohl in den sogenannten „entwickelten" Ländern, da dieses Wachstum die Ungleichheiten verschlimmert, als mehr noch in den sogenannten „unterentwickelten" Ländern, da dort „Wachstum" westlichen Typs nur durch Plünderung der materiellen und menschlichen Ressourcen möglich war und ist. Übrigens gibt es in Wahrheit keine „entwickelten" und „unterentwickelten" Länder, sondern nur „herrschende" und „beherrschte" Länder, „kranke" und „getäuschte" Länder. Die einen kranken an ihrem Wachstum, die anderen sind von dem Trugbild desselben selbstmörderischen Wachstums getäuscht, das ihre in Europa ausgebildeten „Eliten" vorantreiben, denen man mit Erfolg einredete, ihre Zukunft liege in der Vergangenheit und der Nachahmung der kranken Länder.

Dieser archaische und mörderische Aberglauben des „Szientismus", also des Glaubens, nach dem die positive Wissenschaft und die entsprechenden Techniken all unsere Probleme lösen können, und daß es kein menschliches Problem außerhalb jener gibt, die durch Wissenschaft und Technik gestellt und dann gelöst werden, heißt paradoxerweise „Modernität"; sein dümmster und selbstmörderischster Slogan heißt „Man darf den Fortschritt nicht aufhalten!".

Tamerlan brauchte Tage und Tage, um nach seiner Einnahme Isfahans 70.000 Personen zu erdrosseln und ihre Schädel zu einer Pyramide aufzuhäufen. In Hiroshima kam man binnen weniger Sekunden zum gleichen Ergebnis. Unbestreitbar ein wissenschaftlicher und technischer Fortschritt. Unsere Welt verfügt über das Äquivalent einer Million Hiroshima-Bomben (das entspricht fünf Tonnen herkömmlichen Sprengstoffs auf den Kopf jedes Erdbewohners). Auch das ist ein unbestreitbarer wissenschaftlicher und technischer Fortschritt. Und „man darf den Fortschritt nicht aufhalten!".

Die Grüne Revolution und ihre Wundersamen erhöhen die Erträge der Reisernte in Südostasien kolossal... fünf Jahre lang. Die europäischen Techniken tiefer Bodenbearbeitung, die einigen Ländereien der Dritten Welt aufgezwungen wurden, erschöpfen die zu dünnen Humusschichten. Der Westen verkauft die energieverschlingenden chemischen Düngemittel, und der Teil der Dritten Welt, der kein Rohöl hat und sich zunehmend verschuldet, kann sie nicht mehr kaufen. Wenn der Westen seine Baumfälltechniken weiterhin verbessert und die Monokultur perfektioniert, dann bedeutet das die Rodung der Hänge des Himalaya, Überschwemmungen in Bangladesh oder Hungersnöte in der Sahelzone. Ein unbestreitbarer wissenschaftlicher und technischer Fortschritt, der 1980 zur Rekordzahl von 50 Millionen Hungertoten in der Dritten Welt führte. Die Zahl wird steigen: 85 Millionen in fünf Jahren — ,,Man darf den Fortschritt nicht aufhalten!".

Wann wird man sich endlich bewußt werden, daß das ,,Wachstumsmodell" des Westens eine Anomalie ist, ein historisch-pathologisches Phänomen?

Die Wissenschaft bedeutet Maßlosigkeit, wenn sie nur sich selbst zum Zweck hat und wenn man sie auf Kosten aller anderen Werte wuchern läßt. Diese mißgestaltete ,,Entwicklung", diese Wucherung eines Wissens, das vom Leben abgeschnitten ist, und diese Verkümmerung aller anderen Dimensionen des Menschen: die Liebe, die ästhetische Schöpfung, das Nachdenken über den Sinn des Lebens, das simple Streben nach Gleichgewicht und Harmonie in unseren Beziehungen mit der Natur und den Mitmenschen — all das kann nicht als jenes Modell betrachtet werden, von dem aus man die Entwicklung anderer Zivilisationen, ihrer Wissenschaften und Techniken zu eichen vorgibt.

Man kann die ,,Entwicklung" von Wissenschaft und Technik nicht innerhalb eines abgesteckten Feldes von Zivilisation beurteilen, ohne die Bedürfnisse, die es zu befriedigen gilt, und das kulturelle Programm dieser Gesellschaft mit einzubeziehen. Es genügt nicht sich zu fragen, wie die Verwirklichung von Wissenschaft und Technik geschieht, man muß fragen, *warum* sie so ist, welchem Ziel sie dient. [1]

Weder die chinesische, noch die indische, noch die islamische Wissenschaft sind ohne Bezug zum Menschen konzipiert worden; sie standen in seinem Dienst. Die Sorge um die menschliche Finalität hat ihre Fortentwicklung nie behindert.

Wenn die islamische Wissenschaft seit Ausgang des 16. Jahrhunderts sich nicht so entwickelt hat wie die des Westens, so nicht wegen was weiß ich für einer Unzulänglichkeit, sondern wegen der moslemischen Weigerung, irgendeinen Zweig der Wissenschaft gesondert zu betrachten, ihn von dem abzutrennen, was der Islam für Ziel und Sinn der Existenz hält.

Die Wissenschaft Chinas, Indiens, Mesopotamiens und des Islam erlebten wunderbare Blütezeiten, als Europa noch unwissend war; dieses ging seither von einem barbarischen Unwissen zu einer wissenden Barbarei über.

Es geht hier nicht darum, den Beitrag der griechischen oder christlichen Zivilisation, oder der der Renaissance oder des 20. Jahrhunderts des Westens zu bestreiten oder zu verwerfen, sondern auf ihren wahren Wert zurückzuführen:

Zur langsamen Schöpfung des Menschen durch den Menschen und besonders zur Humanisierung des Menschen hat der Westen weder den einzigen, und schon gar nicht den wichtigsten Beitrag geleistet.

In diesem Geist wollen wir Bilanz und Perspektiven der islamischen Wissenschaft skizzieren. Um in ihr nicht — wie unsere Historiker nur zu oft getan haben — einfach eine Vermittlung sei es der griechischen, iranischen, indischen oder chinesischen Wissenschaft zu sehen, oder ein Glied in der Kette der Entdeckungen, das man in die Vorgeschichte der „modernen" Wissenschaft legt und das nur dann von (rein historischem) Interesse ist, wenn es *unsere* Wissenschaft vorbereitet hat, die wir anmaßend *die* Wissenschaft statt einfach die *westliche* Wissenschaft nennen.

Um ihre Besonderheit erfassen, kommt es gerade bei der islamischen Wissenschaft darauf an, sie nicht von dem zu trennen, was ihr ihre Schranken setzt: der islamische Glaube, jene lebendige Kraft, die die Seele dieser Wissenschaft war. (2)

Das Prinzip der Einheit (*tauhid*), Schlußstein der islamischen Gotteserfahrung, schließt die Trennung von Wissenschaft und Glauben aus. Alles in der Natur ist „Zeichen" der göttlichen Präsenz,[1] Naturkenntnis wird — wie die Arbeit — zu einer Form des Gebets, Zugang zur Nähe Gottes.

Koran und hadith fordern ständig die wissenschaftliche Forschung und ermuntern sogar dazu, bei denen zu lernen, die nicht dem islamischen Glauben anhängen. Dies erklärt die befruchtende Rolle des Islam und die wissenschaftliche Erneuerung, die sich dank seiner territorialen Expansion überall ausbreitete.

> „Wer sein Haus verläßt, um das Wissen zu suchen,
> der wandelt auf dem Wege Gottes...
> Die Tinte des Gelehrten ist heiliger[2] als
> das Blut des Märtyrers", sagt der Prophet.

Im Bereich anderer Zivilisationen besteht zur Zeit der Geburt des Islam ganz im Gegenteil eine scharfe Trennung zwischen dem Menschen, der Natur und Gott.

In der griechischen Zivilisation wurde bereits mit den Sophisten und Sokrates folgende Trennung vollzogen: die ausschließliche Aufmerksamkeit, die man

---

1 Richtig wäre: „Zeichen für die Präsenz Gottes überall" (Abu Murad)
2 Falsche Übersetzung. Richtig ist: „Die Tinte des Gelehrten wiegt bei Gott genau wie das Blut des Märtyrers"

dem Menschen und seiner Polis entgegenbrachte, isolierte ihn vom Universum und von Gott und wandte sich zugunsten der spekulativen Dialektik von Beobachtung und Erfahrung ab. Es ist bedeutsam, daß innerhalb dessen, was man gemeinhin „griechische Wissenschaft" nennt, sich die Naturwissenschaft niemals in Athen oder Griechenland entwickelte, sondern in Kleinasien, Ägypten und Sizilien. Die „Präsokratiker", die „Physiker Ioniens", die der Natur und der Erfahrung lauschten, sind in Kleinasien die Erben der Astronomen und Mediziner Mesopotamiens und Indiens; und mehr noch: der „Vater der Medizin", Hippokrates, in Cos geboren, gehört auch zu dieser Region Asiens. Archimedes war Sizilianer, Euklid und Ptolemäus stammten aus Alexandria. Der einzige geistige Erbe Sokrates', der sich für Physik und Naturwissenschaften interessierte — übrigens weit mehr, um eine Bestandsaufnahme des früheren Wissens durchzuführen und dieses zu klassifizieren, als es zu erneuern — Aristoteles, war (wie einst Demokrit) Makedonier, Lehrer Alexanders, der Athen verlassen mußte und seine biologischen Forschungen über Tiere und Pflanzen in Kleinasien (in Assos in Mysien) begann.

In seinem Werk *Die griechische Zivilisation* muß André Bonnard bei all seinem Enthusiasmus einräumen, „die griechische Wissenschaft war zu Beginn der alexandrinischen Epoche überwiegend Theorie, Abstraktion und Kalkül (...), die philosophische Forschung war reine Spekulation geworden [3]". Nur in Ägypten wird Anatomie entwickelt (insbesondere durch die Praxis des Balsamierens), und die Medizin beginnt ihren Aufschwung, da sie mit Herophil und Erasistratos im 1. und 2. Jahrhundert wieder experimentell wird wie zur Zeit des Hippokrates, jenseits der Kompilationen und Spekulationen Galens.

In Persien, wo die erste Blüte der mesopotamischen Wissenschaft und der Beitrag Indiens unter dem Einfluß des mazdäischen Dualismus (unter den Sassaniden Staatsreligion geworden) verwelkt war, zeitigte der Islam, indem er die Einheit von Universum, Mensch und Gott wiederherstellte, einen beachtenswert fruchtbaren Einfluß, denn nach der Islamisierung erwachsen so enzyklopädische Genies wie al-Razi (Rases), Ibn Sina (Avicenna), al-Biruni und al-Haitham.

Mit einem außergewöhnlichen Geist der Offenheit beginnt die Ära der arabischen Wissenschaft mit dem systematischen Bemühen, das Erbe aller großen Kulturen der Vergangenheit zu integrieren.

Es ist bezeichnend, daß der Kalif Harun al-Raschid (786-809) nach seiner Eroberung Ankaras, oder der Kalif al-Ma'mun (814-833) nach seinem Sieg über den byzantischen Kaiser Michael III. als Kriegsentschädigung nichts weiter verlangen als die Herausgabe alter Manuskripte.

Dann wird eine gigantische Übersetzungsarbeit organisiert: in Bagdad ruft Harun al-Raschid bereits im 8. Jahrhundert Gelehrte und Sprachwissenschaftler jeder Herkunft an seinen Hof; einer seiner Nachfolger, der Kalif al-Ma'mun, gründet eine Übersetzerschule. Diese Akademie wurde anfangs von einem Perser geleitet: Yahya ben Masweih aus Gundishapur, Arzt und Chef der Übersetzer erst unter Harun al-Raschid, dann unter al-Ma'mun. Ihm folgte im Amt der berühmteste Förderer dieser Übersetzerteams, Hunain, aus dem arabischen Stamme der Ibadi, der seit langem in Hira, an den Ufern des Euphrat ansässig war. Hunain, der übrigens zum Christentum übertrat, übersetzte nicht nur die medizinischen Werke eines Hippokrates, Galen und Dioskorides, sondern auch die der Mathematiker, Astronomen und Naturforscher. Auf Befehl al-Ma'muns übersetzte und adaptierte al-Fazari die Abhandlung der indischen Astronomie, das *Siddhanta* des Brahmagupta.

Von den Chinesen erlernten die Araber die Technik der Papierherstellung (die erste Papierfabrik wurde im Jahre 800 in Bagdad eröffnet), die der Westen — durch ihre Vermittlung — erst vier Jahrhunderte später kennenlernte, und in der gesamten arabischen Welt schossen Bibliotheken aus dem Boden: 815 gründet der Kalif al-Ma'mun in Bagdad das ,,Haus der Weisheit", das eine Million Werke zählt. 891 zählt ein Reisender in der Stadt über 100 öffentliche Bibliotheken. Im 10. Jahrhundert besitzt eine kleine Stadt wie Najaf im Irak 40.000 Bände. Der Direktor des Observatoriums von Maragha, Nasir al-Din al-Tusi, trägt eine Sammlung von 400.000 Titeln zusammen. Am anderen Ende der islamischen Welt, im moslemischen Spanien, kann der Kalif al-Hakim von Cordoba im 10. Jahrhundert eine Bibliothek von stolzen 400.000 Büchern sein eigen nennen, während es der französische König Karl der Weise (also: der Gelehrte) vierhundert Jahre später kaum auf 900 bringt. Keiner aber kann es al-Aziz, dem Kalifen von Kairo gleichtun, dessen Bibliothek 1.600.000 Bände zählt, darunter 6.000 zur Mathematik und 18.000 zur Philosophie.

Diese Buchleidenschaft die früheren Kulturen Irans, Chinas, Indiens und Griechenlands zu assimilieren, implizieren keinerlei Eklektizismus. Diesem reichen Erbe gegenüber aufgeschlossen, das sie belebten und aus ihrer eigenen Sicht erneuerten, schieden die Moslems das, was sich in diese Sicht einbauen läßt, nachdem es durch diese Sicht befruchtet und umgewandelt wurde. Durch ihren Glauben haben die Moslems der Weltkultur den reichsten Beitrag geleistet.

Der wichtigste Grund für die Stagnation der Wissenschaft im christlichen Europa liegt in der Verachtung der Natur, was einen nur von Gott entfernen kann.

Es handelt sich hier um eine Konstante des Dualismus, der die christliche Sicht infiziert hatte: Eusebius von Caesarea, Kirchengelehrter und Bischof von Caesarea, sagte zu den Weisen Alexandrias und Pergamons: „Aus Verachtung eures eitlen Tuns achten wir so wenig auf euer Tun und wenden unseren Geist Höherem zu".

Zehn Jahrhunderte später hält Thomas von Aquin am selben Dualismus fest: „Die geringste Kenntnis, die man über höhere Dinge erreichen kann, ist wünschenswerter als ein sehr großes Wissen über die niedrigen Dinge."

Bei einem solchen Konzept der Beziehungen zwischen dem Menschen, der Natur und Gott ist es nicht erstaunlich, daß das Christentum seither der Wissenschaft Rückzugsgefechte liefert.

Diese christliche Intoleranz verwarf (oder zerstörte, sofern die Kirche an der Macht war) das, was sie für „heidnisch" oder „ketzerisch" erklärte: 391 verlangt der Patriarch Theophil von Kaiser Theodosius, die letzte große Akademie, das Serapeion, zu schließen und ihre riesige Bibliothek zu verbrennen. Im Jahr 600 wird die Bibliothek des Palatin, von Augustus in Rom gegründet, verbrannt. Die Lektüre der Klassiker und das Studium der Mathematiker werden verboten. Was die große Bibliothek Alexandrias betrifft, so wurde fünf Jahrhunderte nach der arabischen Eroberung behauptet — um den Fanatismus der Kreuzzüge zu nähren — der Kalif Omar habe sie in Brand gesteckt. Nun, als die Araber 640 in die Stadt eindrangen, gab es dort schon seit langem keine öffentliche Bibliothek mehr. [4]

Diese Einstellung setzte sich in den „Autodafés" fort, die im 16. Jahrhundert auf die Vertreibung der Araber aus Spanien folgten, und die jenseits des Ozeans weitergingen, etwa in Mexiko, wo der Bischof Diego de Landa alle schriftlichen Werke der Mayas einsammelte und verbrannte, womit er praktisch die Gesamtheit der Quellen einer antiken und reichen Zivilisation zerstörte.

Das Sektierertum führte Europa in eine jahrhundertlange Stagnation, wohingegen die moslemischen Eroberer es verstanden zu integrieren, statt zu zerstören. So wurde die Blüte und das Strahlen ihrer Kultur möglich, die in all ihren Aspekten von der einheitlichen Sicht des Koran inspiriert war.

Genau das drückt das dem Islam eigene Erziehungssystem aus, das mit dem Koranunterricht an der Moschee beginnt. Die Weisheit des Glaubens integriert alle Wissenschaften zu einem organischen Ganzen, denn sie alle haben eine Welt zum Gegenstand, die — in ihrer Gesamtheit — eine „Theophanie" ist, eine Offenbarung der „Zeichen" Gottes. Das Universum ist eine „Ikone", in der sich der Eine mittels des Vielfachen durch tausend Symbole offenbart.

Eines der wesentlichen Charakteristika der arabischen Wissenschaften, das sich aus dem Prinzip der Einheit ergibt, ist ihre Interdependenz: es besteht keine Trennung zwischen den Naturwissenschaften und dem Sichtbaren einerseits, und der Theologie oder der Kunst andererseits. Keine hermetische Abschottung auch zwischen den verschiedenen Wissenschaften, von der Mathematik bis zur Geographie. Damit erklärt sich die große Zahl enzyklopädischer Genies in der islamischen Kultur.

In der westlichen Tradition findet man wenige Universalgenies wie Leonardo da Vinci, wogegen sie im Islam Legion sind, von al-Kindi bis Rases, von al-Biruni bis Avicenna und Dutzende anderer, Männer, die gleichzeitig in Mathematik und Medizin schöpferisch tätig waren, in Theologie und Geographie, oft sogar in der Poesie, wie der Mathematiker Omar Khayyam oder der Philosoph Ibn Arabi, oder in der Musik, wie der große Rases.

Diese Einheitssicht erklärt auch die Bedeutung, die die islamische Zivilisation der Einteilung der Wissenschaften beimaß: indem man die Einheit des Realen mit dem Wissen, das der Mensch von ihm hat, beweist, gelangt man von der Betrachtung der Welt zur Betrachtung der göttlichen Einheit, dessen Abbild die Einheit der Natur ist. [5]

So geschieht der Übergang von der Moschee zur *madrasa* ohne Bruch, wo die Lehre von der Einheit Gottes und von der Einheit der Natur die Grundlage allen Wissens bleibt. Das trifft auf die Karaawin in Fez zu, auf die Zituna in Tunis, die al-Azhar in Kairo, die Universitäten von Samarkand und Cordoba. Daher entsteht auch keine Distanz zu den anderen Körperschaften von Forschung und Lehre, seien es nun die Observatorien (deren erstes 707 in Damaskus vom Omayyadenkalifen Abd al-Malik gebaut wurde) oder die Krankenhäuser, die gleichzeitig medizinische Fakultät sind. Außerhalb der islamischen Welt werden die großen medizinischen Fakultäten in Nachahmung der Araber und unter dem Einfluß ihrer Lehre gegründet, etwa die berühmteste, die von Salerno in Italien, nach dem Ende der arabischen Herrschaft, oder die von Bologna und die von Montpellier.

Mit einer Verschiebung von zwei oder drei Jahrhunderten werden auch die europäischen Universitäten, die von Paris wie die von Oxford, allesamt nach islamischem Vorbild gegründet.

Jenseits der Anekdote und des Ereignisses, der unbestreitbaren Priorität dieser oder jener Entdeckung der arabischen Wissenschaft (unabänderlich und höhnisch diesem oder jenem griechischen oder westlichen Gelehrten zugeschrieben), macht doch die grundsätzliche Haltung der arabischen Wissenschaft aus ihr alles andere als ein Bindeglied zwischen dem Hellenismus und der „Moderne", als eine Vorstufe der heutigen westlichen Wissenschaft, sondern ein Wissenskonzept, das keinesfalls zur Archäologie der sogenannten „modernen" Wissenschaft gehört. Diese Weisheit gehört nicht zu unserer Vergangenheit, sondern zu unserer Zukunft. Wenn wir ihren Geist erfassen (und nicht nur in seinen historischen Ausformungen), kann sie uns helfen, mit dem „Szientismus" zu brechen, der die Wissenschaft von der Weisheit trennte, also die Organisation der Mittel vom Nachdenken über ihren Sinn, und der vorgibt, diese Wissenschaft, die in ihrer wesentlichen Dimension — der Entwicklung des Menschen — verstümmelt wurde, zum einzigen und absoluten Wert zu erklären, in dessen Namen man alle Probleme — außer dem der Effizienz — und alle Werte verwirft, außer dem der Macht und des Wachstums.

Aus islamischer Sicht ist die Mathematik ein Übergang zwischen dem sinnlich Erfahrbaren und dem Unaussprechlichen, zwischen der Welt des Werdens und der des Ewigen. Sie ist der Weg der Einheit, in der Wissenschaft wie in den Künsten (in der Geometrie und mathematische Beziehungen herrschen, von der Architektur und ihrer Ausschmückung bis hin zur Musik).

Was wir „arabische Ziffern" nennen — und was die Araber, in Anerkennung dessen, wem sie sie verdanken, „indische Ziffern" nennen — wurde in Europa durch al-Khwarezmi eingeführt. Das indische Buch *Siddhanta*, das 773 an den Hof des Kalifen al-Ma'mun gelangte, enthielt das Dezimalsystem, das mit neun Zeichen plus der Null erlaubte, jede beliebige Zahl auszudrücken. Es hat die Mathematik revolutioniert. Diese neue Rechenart erhielt den Namen dessen, der die indische Entdeckung systematisiert hatte: der „Algorithmus" (von „al-Khwarezmi) revolutionierte zweihundert Jahre später durch Vermittlung der islamischen Universität Cordoba und des Mönchs Gerbert (des späteren Papstes Sylvester II.) die Mathematik des Westens. Diese neue Methode setzte sich auch über Sizilien durch, wo Leonardo, Sohn des Bonacci (1180 in Pisa geboren, später durch Zusammenziehung „Fibonacci" genannt), zu Beginn seines Werks *Liber abaci* schrieb: „Die neun numerischen Zeichen der Inder sind folgende: 9,8,7,6,5,4,3,2,1. Mittels dieser neun Ziffern und des Zeichens 0, das im Arabischen *sifr* heißt, kann man jede beliebige Zahl schreiben" (für die Inder bedeutete die Null, durch einen Kreis dargestellt, das Nichts, die Leere (*sunya*), was die Araber wörtlich mit *al-sifr* übersetzten).

Die Zahl 1 war das unmittelbarste Symbol des göttlichen Prinzips, die Serie von Zahlen und ihrer Zusammensetzung ist die Leiter, über die der Mensch vom Vielfachen zum Einen aufsteigt. So ist die Mathematik direkt mit der grundlegenden Botschaft des Islam verbunden, der der Einheit. Sie ist eine „heilige" Wissenschaft und eine der Analogien, die in den anderen Wissenschaften, wie in der Geometrie der Künste, die Präsenz des Göttlichen nahelegt.

Wenn man sich erinnert, daß die Zahl 4.444 in römischen Ziffern MMMMCCCCXLIV geschrieben wird, was jede Rechnung sehr erschwert, wird einem klar, welche Rolle dieses neue Zahlensystem mit Stellen und der Null für die Entwicklung von Wissenschaft und Technik, Industrie, Handel und Buchhaltung spielte.

Ab da brachen die Araber mit den Griechen, deren Entdeckungen sie allesamt integriert hatten. In ihrer Mathematik machten sie einen entscheidenden Sprung, insbesondere da sie nun alles, was nicht „endlich" war, nicht mehr als „irrational" verwarfen. Im Gegenteil, sie arbeiteten gerade am Unendlichen: Ibn Thabit bin Qurra (gestorben 901) erforscht, in Umkehrung des Gedankenansatzes der Griechen, die unendlichen Gesamtheiten, die ihrerseits wiederum nur Teile einer anderen unendlichen Gesamtheit sind (wie beispielsweise die Gesamtheit der geraden Zahlen in Bezug auf die Gesamtheit aller Zahlen).

Al-Khwarezmi wurde zum Pionier der Algebra (das Wort, al-dschabr, ist der Titel seines berühmtesten Buches). Mit diesem Schöpfer der Algebra vollzieht sich der Übergang vom griechischen Konzept der Zahl als reine Größe zu dem der Zahl als reine Relation.

Nach ihm berechnet al-Haschani die Beziehung zwischen dem Kreis und seinem Durchmesser (die Zahl   ). Omar Khayyam brach mit dem griechischen Vorurteil des Endlichen, und gelangte so zur Theorie der „irrationalen" Zahlen, er schrieb eine systematische Abhandlung über die Gleichung dritten Grades, die fortschrittlichste bis ins 17. Jahrhundert. Im 9. Jahrhundert führt Ibn Thabit bin Qurra die Integralrechnung ein und verbindet die Geometrie mit der Algebra; Tusi, al-Biruni und Abu'l-Wafa arbeiten über den Sinus und erfinden die Sekante Jahrhunderte vor Kopernikus.

In der Astronomie wird das Erbe Ptolemäus' integriert und auf allen Ebenen weit überholt — auch hier in vollkommener Einheit mit den letzten vom Islam gesetzten Zielen. Einer der größten Astronomen des 9. Jahrhunderts, al-Battani (877-918), schreibt: „Durch die Wissenschaft von den Sternen erhält der Mensch Zugang zum Beweis der Einheit Gottes und zur Erkenntnis des Weisheit seines Werks."

Die arabische Wissenschaft zeichnet sich vorab auf der Ebene der Beobachtung aus, da ihr Ansatz, im Gegensatz zu dem der Griechen, im wesentlichen experimenteller Natur ist. Der Kalif al-Ma'mun läßt in Bagdad ein Observatorium zur methodischen Beobachtung der Planetenbewegung erbauen. Unter der Leitung von Yahya bin Abi Mansur werden präzise Messungen durchgeführt, die vom Zentrum in Gundishahpur kontrolliert und drei Jahre später im Observatorium am Berg Kasiyum bei Damaskus bestätigt werden. Die Astronomen al- Ma'muns erstellen so die „mamunischen" Tabellen, die die des Ptolemäus tiefgreifend verändern. Ibn Thabit bin Qurra sollte sogar eine Abhandlung schreiben mit dem Titel *Über den Grund des Ersetzens der Tafeln des Ptolemäus durch die geprüften Tafeln.*

Die Astronomie der Araber übertrifft die der Griechen nicht nur auf der Ebene der Beobachtung, sondern auch der Messung. So hat al-Battani die ekliptische Neigung auf 23°35' berechnet (man setzt sie heute auf 23°27' fest), und die rückläufige Bewegung der Äquinoktien (54°5' pro Jahr). Al-Ma'muns Astrologen kamen im 9. Jahrhundert bei ihrer Messung des Meridians auf 111.814 Meter (man schätzt ihn heute auf 110.938 Meter).

Im 13. Jahrhundert wird das Observatorium von Maragha gebaut, das Nasir al-Din al-Tusi (1201-1274) leitet; es gewann Modellcharakter, da dort Beobachtung und Berechnung verbunden wurden. Es verfügte über eine damals einzigartige Ausstattung, insbesondere über einen Sphärenglobus, der aus fünf Kupferringen von je über drei Metern Durchmesser bestand, was auf eine sehr vervollkommnete Technik des Metallschneidens hinweist. Zur selben Zeit läßt der christliche König Alfons X. von Kastilien, genannt „der Weise", in Burgos die Ausstattung von Maragha nachahmen, um die „alfonsischen Tabellen" zu erstellen, die von arabischen Tabellen abgeschrieben wurden, und derer sich Nikolaus von Cusa 1456 bei einer Synode bediente, um eine Änderung des Kalenders vorzuschlagen. Diese astronomischen Forschungen waren für die Araber von praktischem Nutzen: um sich in der Wüste zu orientieren und mehr noch, auf See, als diese Nomaden Arabiens Seefahrer wurden und nicht nur im Mittelmeer, sondern auch im Indischen Ozean und an den Küsten Afrikas kreuzten, bedurfte es sowohl tiefreichender Kenntnisse als auch Meßinstrumente wie des Astrolabs (das sie vervollkommneten, und das die Höhe der Sterne, der Sonne, des Mondes und anderer Planeten zu messen erlaubte) und des Kompasses, den sie erfanden und den Chinesen weitergaben.

Die Pflicht, sich beim Gebet Mekka zuzuwenden, egal wo man gerade war, verlangte eine präzise Wissenschaft der Orientierung im Raum, ebenso wie die Pflicht, die täglichen fünf Gebete genau einzuhalten, eine exakte Beobachtung der Sonne erforderte, der Stunde ihres Auf- und Untergangs, um Beginn und Ende des täglichen Fastens festzulegen, als auch die Dauer des Mondmonats, um Beginn und Ende des Ramadan zu bestimmen.

Dem Enkel Tamerlans, dem Astronomenfürsten Ulugh Beg, gelang es durch die Nachbildung des Observatoriums von Maragha in Samarkand, das Sonnenjahr mit einer Abweichung von 14 Sekunden gegenüber heutigen Berechnungen zu messen.

Im gleichen Geist nahmen die moslemischen Gelehrten die Geographie in Angriff. In seinem *Buch der Bestimmung der Flächen* schreibt al-Biruni: „Der Islam hat die Welt von Ost nach West durchdrungen, drang nach Europa und bis zu den Grenzen Chinas, nach Abessinien und ins Land Zanj (südliches Afrika), zum Archipel von Malaya und Java, in die türkischen und slavischen Lande. Eine Vielfalt von Völkern wird zu einem gegenseitigen Verstehen geführt, das nur die Kunst Gottes erlauben kann."

Auch hier haben sie, im Vergleich zu Ptolemäus, große Fortschritte erzielt: „Man findet viele Orte, schreibt al-Biruni weiter, die die ptolemäische Geographie in den Osten bestimmter anderer legt, und die jetzt im Westen vieler anderer liegen (...). Der Grund dieser Irrtümer liegt an einer Verwirrung der Gegebenheiten, etwa der Schätzungen von Längen- und Breitengrad [6]".

Wie im Fall der Astronomie, so rührte auch hier die Vervollkommnung gleichzeitig von der Vermessung (Längen- und Breitengrad) und der Beobachtung her: Kartographie, Oberflächengestalt, mit der Geschichte verbundene Siedlungsgeographie.

Als Ergebnis der Anforderungen des Handels und der Seefahrt, der Pilgerfahrt, der Verwaltung, der Betrachtung des göttlichen Werks und seiner „Zeichen" wurde die Geographie, zusammen mit der Mathematik, Astronomie und Medizin, eine der Wissenschaften, wo der Beitrag der arabischen Zivilisation am bedeutendsten wurde. Wie die anderen Disziplinen ist auch sie vom islamischen Geist inspiriert, denn neben dem Koran ist die Natur „der Koran der Schöpfung", auch sie von Gott geschrieben. Wie der Himmel der Astronomen, so ist die Erde der Geographen ein symbolisches Bild, ein „Zeichen" Gottes, die „Theophanie", für uns die Manifestation eines Gottes, den keiner so sehen kann, wie er an sich ist.

Abseits solcher Betrachtungen war die Geographie für diese Zivilisation, die ein größeres Territorium umspannte als jedes frühere Reich und in dem intensiver Verkehr herrschte, von entscheidender Bedeutung. Die den Moslems auferlegte Pflicht zur Wallfahrt nach Mekka ließ die Anzahl der Reisenden unaufhörlich ansteigen. Der Fernhandel in einem geographisch so ausgedehnten Gebiet verlangte nicht nur eine präzise Kartographie für Seeleute und Karawanenführer, sondern auch tiefere Kenntnis der Ressourcen und Notwendigkeiten eines jeden Orts, also auch Wirtschafts- und Siedlungsgeographie.

Seit dem 9. Jahrhundert kreuzten arabische Seeleute im Indischen Ozean. Im 10. Jahrhundert, also dreihundert Jahre vor Marco Polo (1254-1324), beschreibt der arabische Kaufmann Sulaiman zum erstenmal China.Später bereiste Ibn Battuta (1304-1356), der enzyklopäische Geist und große Reisende, alle arabischen Lande, von Timbuktu bis Bukhara, dann über Afghanistan nach Delhi in Indien, um schließlich über Ceylon mit Kanton China zu erreichen. In seinen Memoiren beschrieb er uns dessen Wunderwelt. Am Hofe Rogers II. von Sizilien (also selbst nachdem Sizilien den Arabern wieder entrissen worden war) verfaßte der große arabische Geograph Idrisi (1101 in Ceuta geboren) das *Buch Rogers*, das mit seinen Karten die aufgefeilteste Beschreibung der mittelalterlichen Welt darstellt: Diese Beschreibung war ein entscheidender Beitrag zur Seefahrt der Sizilianer und danach, durch Vermittlung der Genuesen für die der Kataloner und Portugiesen. Diese Kartographie stützt sich auf eine mathematische Bestimmung der Längen- und Breitengrade, ein System der ebenen Projektion, Vorgänger des Systems Mercators fünfhundert Jahre später, und eine Präzisionsarbeit in der Bestimmung des Küsten- und Flußverlaufs.

Ibn Mahdschid schließlich, um 1430 geborener Sproß einer Lotsenfamilie, wurde nicht nur Autor eines *Buches von den Grundsätzen der Nautik und der Regeln*, sondern selbst Lotse, der den Beinamen „Löwe der Stürme" erhielt, und der 1498 das portugiesische Geschwader Vasco da Gamas, der ihn „einen großen Schatz" nannte, von Melinda (an der afrikanischen Küste) nach Kalkutta führte.

Diese ganze Wissenschaft hat sich in einer Atmosphäre religiösen Eifers entwickelt. Die arabischen Geographen erinnern gern an den Ausspruch eines vom Propheten geliebten Gefährten, Ibn Saida: „Die beredteste Predigt ist immer noch, durch die Wildnis zu reisen und die Ruhe der Gezeiten zu betrachten."

Aber abseits der Kontemplation, der Studien und Forschung findet sich auch Aktion, die sich auf diese Natur richtet: „Gott hat 'den Menschen geformt und ihm Geist von sich eingeblasen' [7], er hat ihn zu seinem 'Kalifen' auf Erden gemacht", er ist für das Gleichgewicht der Erde verantwortlich, auch dafür, sie ihrem Schöpfer würdiger zu machen, ihre Landschaften zu verändern. Der persische und andalusische Garten ist ein Abbild des Paradieses (auf Persisch heißt Garten *pardes*), was man noch heute in Isfahan oder Shiraz, in der Alhambra und im Generalife Granadas bewundern kann.

Auch hier kein Bruch zwischen Geographie und Landwirtschaft, Geologie, Botanik und Biologie.

Vom Studium der Gebirge, der Ebenen und Ozeane, ihrer Faltungen, Erosionen, Ablagerungen, ihrer unterirdischen Wasserläufe bis hin zum Gebrauch, den der Mensch davon macht, um die Erde gemäß dem Plan Gottes zu gestalten, besteht eine natürliche Kontinuität. Wenn die Geographie zu einem großen Teil die Geschichte bestimmt, so bestimmt die Geschichte zu einem großen Teil die Geographie.

Von den kanats, jenen unterirdischen Kanälen im Iran, die verhindern, daß der sengende Himmel die Wasser des Bodens austrocknet, über die majestätischen Aquädukte der Aghlabiden bei Kairouan bis hin zu den singenden Kaskaden des Generalife in Granada findet man heute noch die Spuren der Arbeit dieser Bildhauer der Erde Gottes, an der sich die Europäer später inspirieren sollten.

Im 16. Jahrhunder studiert ein italienischer Ingenieur, Jeranello Turriano, vorab in Toledo die moslemischen hydraulischen Arbeiten; sie fußen auf der Grundlage von Luft- und Wasserdruck, der zum Bau von Brunnen, Bewässerungsanlagen und Mühlen genauso eingesetzt wurde wie zur Konstruktion von Musikautomaten. Diese arabischen Erfindungen werden im 17. Jahrhundert in Italien zur Grundlage der Entdeckung des Barometers durch Torricelli, in Frankreich zur Grundlage der Vaucanson-Automaten, ganz wie die Abhandlung über die Maschinen von al-Jazari im 13. Jahrhundert weit über die *Mechanik* des Heron von Alexandria aus dem 1., und die *Pneumatik* des Philon von Byzanz aus dem 2. Jahrhundert hinausgeht. Sein Werk enthält das Wesentliche der Vorstellungen von Mechanik Leonardo da Vincis, der es gekannt haben muß.

Eine der großen Figuren der arabischen Wissenschaft ist Ibn Khaldun, ein universeller Geist, gleichzeitig Gelehrter, Künstler, Staatsmann, Jurist und Philosoph, der im 14. Jahrhundert ein Monumentalwerk über Geschichte und Soziologie der Größe und des Zerfalls von Zivilisationen schrieb. Die Meisterschaft, mit der Ibn Khaldun (1332-1406) die Grundlagen der Macht oder die Entstehung der Dynastien beschreibt, wird auch ein Jahrhundert später von Machiavellis *Fürst* nicht übertroffen. Und wenn er die historische Methode als Grundlage einer erklärenden und kausalen Geschichte definiert, so nicht weniger scharfsinnig als Montesquieu in seinem *Geist der Gesetze* oder in *Ursachen der Größe und des Verfalls der Römer*.

Zu einer Zeit, wo der Westen nur „Chronisten" kannte, die Vorfälle beschrieben, schrieb Ibn Khaldun: „Indem ich durch das Tor der allgemeinen Ursachen mich an das Studium der besonderen Fakten mache, umfasse ich in einem erklärenden Bericht die Geschichte der menschlichen Gattung (...). Ich ordne den politischen Ereignissen ihre Begründung und ihren Ursprung zu (...). Die Vorlesungen, in denen wir uns mit dieser Materie beschäftigen werden, schaffen eine neue Wissenschaft." (8)

Durch die Verbindung der persönlichen Beobachtung des politischen Menschen mit der theoretischen Überlegung bemerkt er den Einfluß des Klimas, der Geographie und der ökonomischen Phänomene auf das Leben der Völker. Struktur und Funktionieren von Gesellschaften studiert er vom Ausgangspunkt der Arbeitsteilung. Er formuliert sogar erstmals den „historischen Materialismus": „Die Unterschiede im Verhalten und den Ideen verschiedener Völker hängen von der Art ab, wie jedes von ihnen sich Lebensunterhalt verschafft."

Was aber Ibn Khaldun von Machiavelli oder Montesquieu unterscheidet (und mehr noch vom „positivistischen" Geschichtsbild, das in unseren Tagen immer noch auf breiter Ebene herrscht), ist die Tatsache, daß sein synthetischer Geist unter der Oberfläche der Phänomene jenes Leben sucht, das ihnen einen Sinn gibt. Bereits auf der ersten Seite der Einführung zu seiner *Weltchronik* verurteilt er diejenigen, die darin nur einen „Bericht" und „nackte Fakten" sehen und fügt hinzu: „*Von innen betrachtet* hat die Geschichte einen anderen Sinn." Ihm geht es darum, „dem Leser zu erklären, wie und *warum* die Dinge sind, was sie sind (9)".

Bei ihm findet sich keine Spur des kindlichen Finalismus und der postulierten Vorherbestimmung aus Boussets *Abhandlung über die Weltgeschichte* (zweihundert Jahre später geschrieben). Obwohl auch er betont „über jedem, der Wissen hat, ist einer, der (noch mehr) weiß" (Koran XII, 76), formuliert er doch die Beziehung zwischen Wissenschaft und Glaube anders: die Geschichte ist nicht — vor uns und ohne uns — bereits geschrieben. Der Mensch muß den Ruf vernehmen, er ist für sein Geschick verantwortlich. Nach seiner Beschreibung der großen schwarzen Pest, die in Orient und Okzident wütete (und 1348 in Tunis seinen Vater und seine Mutter tötete), und die einen Rückschritt der Zivilisation nach sich zog, schreibt Ibn Khaldun großartig: „Das Gesicht der Welt änderte sich (...). Als hätte die Stimme des Universums die Welt aufgerufen, zu vergessen und sich einzuschränken; und die Welt gehorchte diesem Ruf. Denn Gott ist der Erbe der Erde und dessen, was sie trägt (10)."

In der islamischen und wissenschaftlichen Sicht Ibn Khalduns besteht Geschichte nicht nur aus Abweichungen, Bedingungen und Ursachen, Anstößen und Vergangenheit, sondern auch aus menschlichen Vorhaben und Teilzielen, göttlichen und aus dem Glauben geborenen Appellen und Reflexen, bald ohnmächtig, bald siegreich, bald Märtyrertum. So ist die Geschichte in ihrer Fülle, denn so ist der Mensch

Es wäre mehr als eitel, die Medizin, eines der schönsten Kleinodien der islamischen Wissenschaft darstellen zu wollen, ohne zuerst, wie bei den anderen Diziplinen, ihre wesentlichen Charakteristika zu betonen, ihre Art, die Probleme anzugehen, die der Weltsicht entspringen, dieser konstanten Sorge um *Einheit*, gemäß dem islamischen Prinzip des *tauhid*: Einheit des Organismus durch Interdependenz der Teile und des Ganzen, Einheit des Lebewesens mit seiner Umgebung und der Gesamtheit der kosmischen Strömung, Einheit der Seele und des Körpers, in der sich die Psychosomatik ankündigt. Die im Islam zentralen Begriffe von Gleichgewicht und Harmonie rücken somit in den Vordergrund der medizinischen Theorie und Praxis.

Diese medizinische Theorie, die mit der islamischen Metaphysik, Kosmologie und Philosophie verknüpft ist, die den Menschen als Mikrokosmos betrachten, der in sich alle Stufen des Seins vereint, ist direkt an die klinische Beobachtung und Praxis angebunden: Medizinunterricht findet im Krankenhaus statt.

Sie legt das Schwergewicht auf das Vorbeugen. Die Gewohnheit der rituellen Waschungen und der körperlichen Sauberkeit, das Fasten und der Verzicht auf Alkohol regten beispielsweise im 12. Jahrhundert im moslemischen Spanien die Veröffentlichung des ersten wissenschaftlichen Werks über Ernährungskunde an: *Das Buch von der Diät* des Abu Marwan ibn Zuhr.

In der Tat ist die islamische Medizin die Erbin einer ganzen Vergangenheit. Ab Ende des 3. Jahrhunderts versammelten sich in Gundishahpur die Ärzte Indiens, des Iran und Ägyptens. Die Ärzte der Schule von Edessa in Mesopotamien wurden nach deren Schließung 489 dort aufgenommen. Die letzten Gelehrten und Philosophen der Schule von Athen fanden dort Zuflucht, als sie Kaiser Justinian 529 verjagte. Die indische Medizin wurde dort im 6. Jahrhundert eingeführt. Mit Gundishahpur und Alexandria besitzt der Islam die beiden wichtigsten Zentren der Medizin.

Die christliche Kirche ihrerseits hatte die Entwicklung der Medizin verhindert. Noch 1215 ließ Papst Innozenz III. beim Lateranonzil beschließen: „Bei Strafandrohung der Exkommunikation ist es jedem Arzt verboten, einen Kranken zu behandeln, der nicht zuvor gebeichtet hat. Denn die Krankheit entspringt der Sünde."

Wegen dieser Geisteshaltung besaß die Medizinische Fakultät von Paris vor 600 Jahren nur ein einziges Werk, das — nebenbei — die ganze medizinische Wissenschaft der Welt, von der Antike bis zum Jahr 925, enthielt, und dies war das Werk eines moslemischen Gelehrten, al-Razi, dessen Statue immer noch, zusammen mit der Ibn Sina's, im Amphitheater der Rue des Saint-Pres steht.

Die große medizinische Enzyklopädie al-Razis (865-925), die im Westen Continens heißt, ist das einzige wissenschaftliche Werk, dessen Autorität zehn Jahrhunderte lang strahlte. Die Abhandlung al-Razis über Pocken und Masern, anfang des 10. Jahrhunderts geschrieben, hat zwischen 1498 und 1866 noch vierzig Ausgaben erlebt. Fast ein Jahrtausend lang, bis Claude Bernard, war sein Werk, das Farragut 1279 auf Befehl Karls I. von Anjou ins Lateinische übersetzte, richtungsweisend für die Medizin aller Völker des Westens.

Sein Einfluß wurde noch von dem Ibn Sina's (Avicenna) übertroffen, der 980 bei Bukhara geboren wurde und 1037 in Hamadan starb, und dessen *Canon der Medizin*, von Gerhard von Cremona (starb 1187) ins Lateinische übersetzt, in der Renaissance die große Enzyklopädie der Medizin blieb — dank ihrer klaren Klassifizierung der Krankheiten und des systematischen Studiums ihrer Symptome. Seine Methoden zur Diagnose der Rippenfellentzündung, der Lungenentzündung, der Leberwucherung und der Bauchfellentzündung blieben acht Jahrhunderte lang die klassischen Methoden.

Avicenna war, wie übrigens auch Rases, ein Universalgenie: Mediziner, aber auch Physiker, Theologe, Dichter wie Ibn Haitham (der Alhazen der Abendländer), 965 in Basra geboren und 1039 in Kairo gestorben, seinerseits großer Mathematiker, Astronom, Ingenieur und Verfasser von Arbeiten zur Optik, die die experimentelle Wissenschaft begründeten. Roger Bacon, der seine wissenschaftliche Ausbildung an den moslemischen Universitäten Spaniens erhielt, zögerte nicht, im fünften Teil seines *Opus majus*, das sich mit der Perspektive befaßt, die „Optik" Ibn Haithams abzuschreiben; so wurde er für das Abendland zum Pionier der experimentellen Methode und der modernen Wissenschaft. Roger Bacon räumte selbst seine Entlehnungen ein, zumindest in der Philosophie: „Die Philosophie ist aus Arabien gezogen und kein Lateiner kann hinreichend die Weisheiten und Philosophien verstehen, wenn er nicht die Sprachen kennt, aus denen sie übersetzt sind" (*Metalogicus* IV, 6).

Als Augenarzt lieferte Ibn Haitham zudem die erste präzise anatomische Beschreibung des Auges. Im Jahr 1000 gelang es in Bagdad einem anderen Augenarzt, al-Maswili, mit einer hohlen Nadel durch Absaugen den grauen Star zu heilen. Im Westen sollte diese Operation erst 1846 Dr. Blanchet gelingen.

Der Avicenna-Kommentator Ibn Nafis (starb 1288) entdeckte den kleinen Blutkreislauf vierhundert Jahre vor Harvey und dreihundert Jahre vor Michel Servet.

Einer seiner Schüler, Ibn al-Kuff, beschrieb die Kapillarien, die Malpighi erst dreihundert Jahre später, nämlich 1660, unter dem Mikroskop untersuchen sollte.

Die Pockenimpfung durch einen Schnitt, der es erlaubte, etwas Eiter aus einer schwach virulenten Pustel einzupfropfen, wurde von den Arabern zehn Jahrhunderte vor Jenner praktiziert.

Der andalusische Chirurg Abu'l-Qasim (starb 1013) erforscht die Wirbeltuberkolose (Pott'sche Krankheit) siebeneinhalb Jahrhunderte vor Percival Pott (1713-1788) und praktiziert das Abbinden von Arterien bei Amputationen sechshundert Jahre vor Ambroise Paré (1517-1590). Abu'l-Qasim schenkte darüberhinaus den Chirurgen, Augen- und Zahnärzten neue Operationsinstrumente.

Soweit ein kurzer Aufriß entscheidender Entdeckungen der moslemischen Ärzte.

Dem Einfluß des seelischen Zustands auf die Physis wurde Rechnung getragen. Avicenna schrieb: „Wir müssen uns klar sein, daß eine der besten und wirksamsten Behandlungsmethoden darin besteht, die geistigen und seelischen Kräfte des Patienten zu stärken, ihn zum Kampf zu ermutigen, um ihn herum eine angenehme Stimmung zu schaffen, ihn gute Musik hören zu lassen, ihn mit Leuten zusammenzubringen, die ihm gefallen." Dank dieses Prinzips ersparte man es den Kranken zu leiden: die arabischen Chirurgen betäubten mit dem Saft von Haschisch, Wicke und Bilsenkraut, wohingegen die Vollnarkose, nachdem sie in Europa nur für kurze Zeit Eingang gefunden hatte, erst 1844 durch Inhalation von Gas wiederentdeckt wurde. Viele Arten von Geistesverwirrung wurden durch Opium-Schlafkuren geheilt; der Kaffee wurde zur Stimulierung des Herzens eingesetzt.

Die großen Naturforscher des Mittelalters stützten sich allesamt auf die Arbeiten der Araber, sei es nun der Spanier Ramon Lulle (1235-1315), der in der Hoffnung, die Moslems zu bekehren, in den Orient gegangen war, sei es der Deutsche Albertus Magnus (1193-1280) oder der Engländer Roger Bacon (1214-1294). Letztgenannte haben die Werke der arabischen Gelehrten an der Universität Paris erklärt, die so begann, sich von der scholastischen Spekulation zu emanzipieren.

An diese Aspekte des arabisch-islamischen Beitrags zur Entwicklung der Wissenschaften und allgemein der Kultur haben wir nur erinnert, um auf die Notwendigkeit hinzuweisen, eine vom westlichen „Ethnozentrismus" stark deformierte historische Perspektive radikal zu verändern, die aus dem Mittelalter ein Einschiebsel zwischen der griechisch-römischen Kultur und der in der Renaissance aufscheinenden macht.

Verzichtet man darauf, Europa zum Nabel der Welt zu machen, und betrachtet man die menschliche Entwicklung als Ganzes, so muß man anerkennen, daß vom 7. bis zum 16. Jahrhundert nicht ein schwarzes Loch klafft, sondern sich eine der strahlendsten Zivilisationen der Geschichte entwickelt: die arabisch-islamische Zivilisation. (11)

„Die Renaissance hat die Lehren der griechischen Zivilisation nicht direkt, nach einer ‚obskuren' Periode, die oft ‚Zeitalter des Eisens' genant wird, angetreten; weder ist das Christentum die Verlängerung des hellenischen Genies, noch ist der Heilige Thomas der Nachfolger Aristoteles'. Galilei hat im 17. Jahrhundert nicht die Entwicklung der Wissenschaften wieder in Gang gesetzt, die seit dem Tod Archimedes' im 3. Jahrhundert vor Christus suspendiert war; die ‚splendid isolation' des Westens ist ein Betrug." (12)

So sieht der erste „eurozentrische" Mythos aus, den man mit lügnerischer Sorgfalt verschleiern muß. Die arabisch-islamische Zivilisation hat ein Jahrtausend lang die Vergangenheit befruchtet und die Zukunft vorbereitet. Über Spanien und Sizilien hat sie Europa eine Kultur gebracht, deren Last sie während eines Jahrtausends trug. Ihren Einfluß auf den Westen machte sie durch lateinische Übersetzungen moslemischer Werke geltend, die auf Anregung Alfonsos X., König von Kastilien und angeblich mit der Tochter des Kalifen von Cordoba verheiratet, der Erzbischof Raimondo (1126-1151) in Toledo organisierte und durch Friedrich II. von Hohenstauffen, König von Sizilien, der durch Michael Scotus sowohl das *Buch der Tiere* Avicennas als auch Ibn Rushds (Averroes) *Kommentare* zu Aristoteles übersetzen ließ, um sie den Universitäten des Westens zugänglich zu machen.

Diese aus Spanien und Sizilien kommenden Werke sind der Wendepunkt in der Weltsicht im Westen: denn im Spanien Alfonsos X. und im Sizilien Friedrichs II., beide leidenschaftliche Bewunderer der islamischen Kultur, wird der „moderne" Westen geboren, mit der arabisch-islamischen Kultur als Hebamme und Amme.

Den brutalsten Bruch zwischen Orient und Okzident stellt das Werk Descartes' dar, der die Natur seines eigenen Lebens plündert. Karl Marx hat diese Wende als Reduktion und Verelendung definiert: „Unter den Eigenschaften der Materie ist die Bewegung die erste, nicht nur als mechanische und mathematische Bewegung, sondern mehr noch als Instinkt, vitaler Geist, Neigung, 'Qual', wie Jacob Böhme von der Materie sagt (…). Bei Bacon (…) wirft die Materie ein poetisches und gleichzeitig materielles Lächeln auf den ganzen Menschen. (...). In der Folge entsteht ein ausschließlicher Materialismus (...). Die Materialität verliert ihre Blüte und wird zur abstrakten Materialität des Geometers. Die physische Bewegung (die des Lebens) wird der mechanischen oder mathematischen Bewegung geopfert; die Geometrie wird zur wichtigsten Wissenschaft erklärt. Der Materialismus wird misanthrop (...). Das Wort 'unendlich' hat keinen Sinn mehr, höchstens einen quantitativen: unser Geist, der unendlich aufnahmefähig ist (...). Der Mensch unterliegt den gleichen Gesetzen wie die Natur. Macht und Freiheit sind identisch." (13)

Ab Descartes läßt unsere Wissenschaft im Prinzip tatsächlich den Menschen beiseite. Zuallererst seine grundsätzliche Dimension, die Transzendenz. Die „Wissenschaft" wird rein quantitativ; die ganze Wirklichkeit „löst sich in algebraischen Rauch auf", wie Bergson schrieb, der Mensch ist im einsamen, insularen „Ich" eingeschlossen, im *cogito*, und die Effizienz wird zum einzigen Kriterium einer Wissenschaft und einer Technik, deren einziges Ziel es ist, uns nach dem Programm Descartes' *Abhandlung über die Methode* zu „Herren und Besitzern" der Natur zu machen.

Das Leben selbst wird auf diesen Mechanismus reduziert. Schon die Tiere sind für Descartes nur Maschinen. Für seinen Erben La Mettrie ist der Mensch seinerseits nur eine Maschine.

In seiner *Abstammung des Menschen* sollte Darwin den Menschen in das System der Natur integrieren, er, wie alle anderen Tierarten, ein Ergebnis der natürlichen Selektion; und es war keinesfalls Mißbrauch, daß Gobineau und besonders Chamberlain daraus eine Rassenlehre schufen: von dem Augenblick an, wo der Mensch kein Ziel hat, das über sein irdisches Dasein hinausgeht, werden Macht und Effizienz zu den einzigen Kriterien der Wahrheit und des „Fortschritts".

„Das philosophische Denken im Islam (...) sieht die Welt nicht in geradlinig-horizontaler Entwicklung, sondern im Aufstieg; die Vergangenheit liegt nicht hinter uns, sondern ‚unter unseren Füßen' ". (14)

Seither konnten Wissenschaft und Technik, eigentlich zu höheren Zwecken berufen, wie in der westlichen Tradition seit der Renaissance nur noch „Selbstzweck" werden. Diese Krankheit der westlichen Zivilisation, die man „Moderne" nennt, ist eine Umkehrung des Verhältnisses von Mittel und Zweck. In westlicher Sicht sind die Mittel ein Zweck geworden: Wissenschaft und Technologie werden nicht mehr der Umwelt angepaßt; sie stehen nicht mehr im Dienst des Menschen. Ganz im Gegenteil, der Mensch uns seine Umwelt sind der autonomen und alles verschlingenden Entwicklung der Wissenschaft und Technik unterworfen.

Zwei Jahrhunderte nach der industriellen Revolution, deren falsche Propheten uns eine unbegrenzte Entwicklung des Menschen voraussagten, führte diese Umkehrung dazu, daß die Hälfte der Weltbevölkerung ums nackte Überleben kämpft. Gibt es ein erdrückenderes Urteil über das „Wachstums"-programm des Westens? 1969 schrieb der große Biologe Joseph Needham: „Wir haben allen Grund zur Annahme, daß die Probleme der Welt solange nicht gelöst werden, als man sie ausschließlich aus europäischer Sicht betrachtet."

Die Quantität, der Wille zu Macht und Wachstum und der Individualismus sind gescheitert. Auf diese Grundlagen kann keine Zivilisation gebaut werden. Die Wissenschaft und die Technik, die aus diesem Humus wuchsen, führten zu Ergebnissen, die den Plänen und Versprechungen der westlichen Renaissance diametral entgegenstehen.

Wissenschaft und Technik sind wunderbare Mittel im Dienste menschlicher Ziele. Eine „Wissenschaft", also eine Organisation der *Mittel*, ohne Weisheit, also ohne Nachdenken über die Ziele, wird zur Zerstörerin des Menschen.

Deshalb haben wir nicht die Aspekte betont, durch die die islamische Wissenschaft mittels ihrer Entdeckungen zum „Vorreiter" der heutigen westlichen Wissenschaft wurde, sondern jene ihrer Eigenheiten, durch die sie menschliche Mittel göttlichen Zielen unterordnete. In dieser Hinsicht hat das 20. und bald das 21. Jahrhundert viel vom Islam zu lernen.

Denn, es sei wiederholt, allein durch ihren Glauben haben die Moslems der universellen Wissenschaft einen so reichen Beitrag geleistet.

Zuerst durch ihr unnachgiebiges Beharren auf der Transzendenz, was aus Sicht der Wissenschaft bedeutet: 1) Wissenschaft und Technik haben höheren Zielen zu dienen als denen des Wachstums und der Macht, höheren Zielen als denen eines Menschen oder einer Gesellschaft, die lediglich ein Teil der Natur ist; 2) Es gibt nicht nur den Gebrauch der Vernunft, der von Ursache zu Ursache und von Ursache zu Effekt hinabsteigt: eine Vernunft, die von Ziel zu Ziel aufsteigt, von untergeordneten zu höheren Zielen, und die, ohne jemals ans Ende zu gelangen, auf die erhabene Einheit abzielt, die dem ganzen Übrigen einen Sinn zuweist.

Als Zusammenfassung seines Buches *Islamic Science* definiert Seyyed Hossein Nasr das Verhältnis zwischen der sogenannten „modernen" und der islamischen Wissenschaft, der Umkehrung des Verhältnisses zwischen der Wissenschaft (der Mittel) und der Weisheit (der Ziele) so: wenn sie heute wieder leben würden, „würden die moslemischen Gelehrten des Mittelalters nicht über den „Fortschritt" der Ideen staunen, deren Quelle sie waren, sondern über die vollständige Umkehrung der Wertordnung. Sie würden den Mittelpunkt ihrer Sichtweise als Nebensache erleben und den Rand als Zentrum. Sie würden erfahren, daß die „fortschrittliche" Wissenschaft, in der islamischen Rangfolge des Interesses einst sekundär, dem Westen fast alles ist, und daß die unveränderliche Wissenschaft der Weisheit, die erste Wissenschaft, fast zum Nichts geschrumpft ist."(15) Diese Verknüpfung von Glaube und Wissenschaft, die dem Islam in seiner Blüte gelang, konnte das Christentum nie verwirklichen: entweder hat die Kirche — zur Zeit der Christenheit — die Wissenschaft durch ihre Scholastik erstickt, oder sie hat — seit der Renaissance — auf sie keinen Zugriff mehr gehabt und ihr nur Nachhutgefechte geliefert.

Die Parallele zur Politik springt ins Auge : In der Politik haben zwei Jahrhunderte „Konstantinismus" eine Verwirrung zwischen zwei verschiedenen Institutionen, Kirche und Staat, geschaffen, und damit das wahre Problem verfälscht, bis es letzlich — heute — unlösbar wurde, nämlich die Frage des Verhältnisses von Religion und Politik, das heißt: von Transzendenz und Gemeinschaft.

In beiden Fällen, dem der Wissenschaft wie dem der Politik, entstanden alle Schwierigkeiten daraus, daß zwischen den Glauben und die Transzendenz, und zwischen den Glauben und die Gemeinschaft ein Mittler eingeschoben wird: eine priesterliche Autorität, eine Kirche mit ihren Dogmen. Eine Kirche, die sich als mit der Gemeinschaft des Volkes Gottes identisch ausgibt. Dogmen, die die Transzendenz beschlagnahmen und verkalken.

Der Glaube wird zwangsläufig irregeleitet, sobald er den Pfad eines Klerikalismus und einer Theokratie betritt, die mit der Herrschaft der Kirche verwechselt wird. Diese Krankheit bedroht alle Religionen, sobald eine Körperschaft von Spezialisten des Heiligen entsteht. Nach der christlichen Theokratie und ihres verarmten Erben, des Klerikalismus, hat sich nichts als schädlicher denn die „religiösen" Parteien erwiesen, die in Wirklichkeit die Partei der Religiösen sind, ob es sich nun um die „religiöse Partei" der fundamentalistischen Rabbiner in Israel handelt oder die fundamentalistischen Mullahs der „religiösen Partei" im Iran, die die christlichen Theokratien, Monarchien „von Gottes Gnaden" und Klerikalismen abgelöst haben.

Dogmatismus in der Wissenschaft führt zur selben Erstarrung wie Despotismus in der Politik. Sobald wir vergessen, daß alles, was wir über Natur, Geschichte, Politik oder Gott sagen, von einem Menschen gesagt wird, und daß also diese Worte stets von anderen Menschen, dem Einbruch des Unvorhersehbaren und des Tranzendenten überprüft und befruchtet werden können, werden Denken und Handeln gelähmt.

Nun, dieser Dogmatismus und dieser Despotismus erscheinen heute in Gestalt neuer Götzen: der der Technokratie (dieser Religion der Mittel, in der nie die Frage nach dem *warum* sondern nur die nach dem *wie* gestellt wird) in der Regierung der Gesellschaften, und der des positivistischen Szientismus in der Wissenschaft (Szientismus ist der Fetischismus, in dessen Namen man jedes Problem *a priori* ausschließt, das keine quantitative Antwort in sich trägt, und dessen „Methode" genanntes Ritual verlangt, daß man Phänomene nur auf Grundlage bereits bestehender Kräfte erklärt, also daß man Zukunft nur als Kombination bereits bestehender Elemente konzipiert).

In beiden Fällen ist das „ poetische ", Entstehen des radikal Neuen prinzipiell ausgeschlossen, und wir verdammen uns in der Politik dazu, die Zukunft zu einer Verlängerung der Vergangenheit zu machen, und in der Wissenschaft dazu, das Erhabene auf das Niedrige zu reduzieren.

Trägt die islamische Philosophie die Möglichkeit in sich, diese doppelte Einschränkung zu überwinden?

IV
Die prophetische Philosophie[1]

Das zentrale Problem der westliche Philosophie ist die Frage geworden: *Wie ist Erkenntnis möglich?*

Das zentrale Problem der islamischen Philosophie ist die Frage geworden: *Wie ist Prophetie möglich?*

Kritische Philosophie oder prophetische Philosophie?

Mit den Sophisten und danach mit Sokrates verlor die Philosophie in Griechenland den Sinn für die Herrschaft, für das Verhältnis des Menschen zur Ganzheit der Welt und zum Göttlichen, das Heraklit oder Empedokles anreizte, die Sprache des Orakels und der Poesie zu sprechen, jenen Empedokles, von dem Romain Rolland schrieb: „Sein Denken hat seine Wurzeln in den Träumen Asiens (...), und findet Echo bis nach Indien", von dem Hölderlin spürte, er sei „vertraut mit dem, was es auf der Welt an Göttlichen gibt (und daß) die Götter dereinst aus seinem Wort geboren werden", von diesem Heraklit, der schrieb: „Das Begehren schafft die Welt, die Sattheit bringt sie in Unordnung (...). Welchen Weg du auch immer zurücklegen magst, die Grenzen der Seele wirst du nie entdecken können (...). Die Wachenden haben eine einzige Welt, die ihnen gemeinsam ist; jeder Schlafende aber fällt in eine andere Welt (...). Der Meister des Orakels in Delphi verbringt nicht, er teilt mit." Saint-John Perse läßt den, den er den „Meister des Gestirns und der Seefahrt", nennt, sagen: „Sie haben mich den Obskuren genannt, und meine Worte waren Meer." Denn er fühlte sich ihm nahe in seiner Sicht der Welt, des Lebens und des Gedichts, dessen Ruf als Schöpfer des des Lebens Paul Valéry beschwor: „Das Leben fordert uns mehr zum Werden auf als es uns zum Verstehen einlädt."

Dieses Verständnis von „Herrschaft" eines Heraklit und eines Empedokles wurde von den Schreiberlingen der Philosophie nicht wieder entdeckt, wohl aber von den Dichtern. Seither hat die westliche Philosophie, von Sokrates bis Descartes, von Locke bis Kant vorwiegend zu erkennen versucht, wie es

---

[1] Das Wort Philiosophie hat, auch wenn der Verfasser selbst Philosophie studierte, hier nicht die Bedeutung: 1. Streben nach Erkenntnis über den Sinn des Lebens, das Wesen der Welt und die Stellung des Menschen in der Welt; Lehre, Wissenschaft von der Erkenntnis des Sinnes des Lebens, der Welt und der Stellung des Menschen in der Welt. 2. Persönliche Art und Weise, das Leben und die Dinge zu betrachten (Duden-Deutsches Universal Wörterbuch, 1983). In diesem Sinne hat Philosophie mit dem Prophetentum nichts zu tun. Für den Muslim ist Muhammad-s- ein Prophet und kein Philosoph. Die Prophetie ist keine Philosophie, sondern eine Gabe Gottes!

möglich ist, zu erkennen. Dazu hat sie sich eine seltsame Welt konstruiert, besonders die, die um das Verb ‚sein' kreist, zu dem ein Araber bemerkt, seine Erfindung sei „die geballte List des Westens". (1) Wie wird sich der Westen durch diesen Ansatz der Erkenntnis isolieren, „einen Teil der Menschheit vom ganzen Rest abschneiden"?(2) Zuerst durch eine Spekulation über das Sein: ob es sich um das gedachte Sein handelt, um jene Vorstellungen, auf die Sokrates alle Realität zurückzuführen vorgab, um jene Ideen Platons, von denen die sinnlich faßbare Welt dem primitiven Bewohner der Höhle Erde nur Schatten liefern würde, oder ob es sich um das handelt, was durch unsere Sinne „wahrgenommen" wird — von Lukrez bis Hume wird ein „Sein" außerhalb unser selbst gesetzt, und unsere Kenntnis von ihm wäre nur sein Widerschein. Selbst Philon, schreibt Chelli, der in den sinnlich wahrnehmbaren Phänomenen nur noch eine Sprache sieht, die Gott zu uns spricht, „wird letztendlich ein Verteidiger des Verbs ‚sein' ". (3)

Die andere „seltsame" Erfindung der westlichen Philosophie ist die des „Subjekts", das dem Sein gegenübersteht, und ebenso armselig und mager ist wie dieses. „Ich denke, also bin ich", erklärt Descartes, nicht ohne zu präzisieren „Ich bin nur (...) ein Ding, das denkt"(4) — und das was denkt? „Diese Quantität (in der) ich mehrere Teile zählen (...) kann, und jedem dieser Teile alle Arten von Größe, Figuren, Situationen und Bewegungen zuordnen kann"(5). Zwischen diesem mathematischen Skelett der Welt und dem intellektuellen Phantom, das keine andere Berufung hat als jedes echte Leben zu dominieren und zu manipulieren, jenes der Schönheit, der Liebe, der dichterischen Schöpfung, der schöpferischen Vorstellung einer neuen Zukunft, wurde all das verjagt. Descartes' „Ich", „Conquistador" der „neuen Philosophie" der Renaissance mit ihrem Ziel der Herrschaft und des Besitzes („uns zu Herren und Besitzern der Natur zu machen ", wie Descartes schrieb) begründet eine Physik für Industrielle und Militärs. Wie Michel Serres schrieb: „Die *Abhandlung über die Methode* ist eine Kriegswissenschaft ". Es ist übrigens von symbolischer Bedeutung, daß der Vater der (sogenannten „modernen ") westlichen Philosophie Kavallerieoffizier und Söldner Habsburgs war.

Fortan wird diese westliche Philosophie ein Schattentheater sein, wo ohne Unterlaß zwei Phänomene aufeinanderprallen: das Objekt und das Subjekt. „Idealisten" und „Materialisten", die jede Dimension von Transzendenz und Gemeinschaft verloren haben, werden sich im Namen desselben verkrüppelten Individualismus und desselben verkrüppelten Rationalismus wütend wegen des falschen Problems schlagen, ob dem Geist oder der Materie der Primat gebührt (Neuauflage der Streitereien des Priesters und des Reichs), diesmal nach dem Szenario des Hauptmanns René Descartes. In diesem höhnischen Melodram wird es weder Sieger noch Besiegte geben: seit dem 18. Jahrhundert — dem cartesianischsten von allen — hat der neue Gott, der seinen Namen nicht sagt, das absolut Falsche des „Fortschritts" (und der diesmal alle Macht des Papstes und des Kaisers kumuliert), das heißt, eine wachsende technische Macht der Beherrschung der Natur und des Menschen, inzwischen das Stadium der Selbstzerstörung des Planeten und seiner Bewohner erreicht.

Selbst Kant, dessen Genie die Rolle einer „transzendentalen Vorstellung" entdeckte, die nicht nur an der „Entdeckung", sondern auch an der Schöpfung der Realität Teil hat, wagt es nicht, darin den einzigartigen Akteur des menschlichen Epos, des göttlich menschlichen Epos zu sehen, und sperrt ihn traurig zwischen das Gespenst eines öden „Dings an sich", bar jeden Gehalts, und sein Gegenüber, ein „Ich", das ein König ohne Königreich ist, der über verflüchtigte „Dinge" herrscht. Mit der „transzendentalen Vorstellung", der Regisseurin der fortwährenden Schaffung der Welt, kam Kant gleichwohl der Sicht Ibn Arabis über die umfassende und schöpferische Rolle der „schöpferischen Vorstellung" ganz nahe, mit der sich im Menschen die prophetische Schöpfung ausdrückt.

Aber aus westlicher Sicht war es nicht möglich, aus der sterilen Gegenüberstellung Subjekt-Objekt herauszukommen. Alles sollte wieder in Ordnung kommen, als Hegel, indem er unsere Philosophie in seinen Worten zu einer letzten und grandiosen Synthese führte, Subjekt und Objekt miteinander aussöhnte und jede Realität auf ihren Begriff reduzierte. Diese Philosophie verweist die Kunst und die Religion, die Liebe wie das Recht, wie einen Irrläufer zurück auf die Plätze! Kein Objekt mehr, kein Subjekt. Gott ist tot, und der Mensch mit ihm. Alles ist Begriff. Es ist wohl wahr, daß dies — wie Marx es sah — „das Ende der Philosophie" war (wir wollen präzisieren: der *westlichen* Philosophie).

Als der Vorhang dieser armseligen Tragödie gefallen war, da gab es nichts mehr zu philosophieren. Die einzigen Überlebenden dieses Schiffbruchs wurden mit Kierkegaard Theologen, mit Marx Revolutionäre oder mit Nietzsche Dichter.

Der Rest aber, jene, die nicht gesehen hatten, daß das Spiel zuende ist, daß das Schattentheater seine Tore geschlossen hatte, knabberten weiter an den Krümeln des Riesen: Hegel. Seit eineinhalb Jahrhunderten „schneidert sich ein Haufen ungestalter Zwerge sein Wams aus seinem Königsmantel".

Dennoch hatte ein dünner Strahl lebenden Wassers, der unaufhörlich aus dem Orient gespeist wurde, nicht aufgehört, in dieser trüben philosophischen Wüste zu fließen. Für die Christen hörte er nicht auf, aus der Seite Jesu zu fließen, die von der römischen Lanze durchstoßen war.

Jenseits des Schweigens, aus dem manchmal die Stimme irgendeines Mystikers drang, lebte die prophetische Tradition im Schatten weiter, gab sie manchmal in der Nacht einen Schrei von sich, der sofort von den Meistern des kirchlichen oder philosophischen Spiels verdammt, ins Lächerliche gezogen oder entstellt wurde: Joachim von Fiore (1135-1202), *„di spirito profetico dotato"* („mit prophetischem Geist begabt", sagte Dante über ihn, der ihn in sein *Paradies* XII, 141 aufnahm), der in seiner Abhandlung über die Trinität die Manifestation des Geistes verkündet; Raimundus Lullus (1235-1315), der an der Nahtstelle der islamischen und christlichen Zivilisation nach dem Vorbild der moslemischen Sufis seine Philosophie der Liebe schreibt, *Das Buch vom Freund und Geliebten*, und der nach Avicenna und Ibn Arabi eine Philosophie der Tat und nicht des Seins schreibt. Meister Eckhart (1260-1327), der Gott jenseits des Seins, und sei dieses noch so vollkommen, suchte, und der spürte, daß das Sein von der Tat abhängt; Jacob Böhme (1575-1624), der in der Freiheit die Gott am nächsten kommende Analogie entdeckte, das Sein wäre nur die erkaltete, geronnene Spur dieser Freiheit; Fichte (1762-1814), der schließlich erkannte, daß jede Erkenntnis mit einem Postulat beginnt, einem Glaubensakt, einem Schöpfungsakt der Welten.

Nach ihnen trugen im Westen Dichter und Künstler Sorge um die prophetische Philosophie, die dem Leben den Odem des Epos geben kann, von Novalis, der den Prophetismus Fichtes fortsetzt, bis Saint-John Perse, der an Heraklit wieder anknüpft; von der Malerei der Angst vor dem ersten Todesschmerz unserer Welt mit Van Gogh, bis zu einer Kunst, die ihre Berufung wieder darin sah, mit Juan Gris uns das Unsichtbare wieder sichtbar zu machen; vom Tanz Ted Shawns bis zu dem Martha Grahams, dieser Choreographen, die die einzigen „Philosophen" der Vereinigten Staaten waren, da sie ihre Kunst zum Symbol des Lebensaktes machten, eines heiligen Aktes, Schöpfer der Zukunft; von den Romanen Dostojewskijs bis zu denen Kafkas, die die Entfremdung und Stürme unserer Zivilisation ankündigten, bis zum letzten prophetischen Flimmern Bernanos oder Malraux'.

Dieses Requiem auf eine hingeschiedene Philosophie soll einerseits kontrastiv betonen, welche Hoffnung die islamische Philosophie immer dann entstehen ließ, wenn sie sich dem Ganggestein der griechischen Philosophie entwand — unter dem sie durch Averroes (Ibn Rushd, 1126-1198) und seine Kommentare zu Aristoteles beinahe erstickt wäre — und nur dadurch wiedergeboren wurde, daß sie zur prophetischen Inspiration zurückfand; andererseits soll betont werden, daß sowohl die westliche Philosophie als auch die von ihr infizierte islamische Philosophie nur durch diesen einen Weg eine Wiederauferstehung erleben können: es wird keine Philosophie mehr geben, wenn sie nicht ihre prophetische Dimension wiederfindet.

Die Entwicklungsbahn der islamischen Philosopie kann uns durch ihre Anläufe, ihr Auf und Ab helfen, die Bedingungen einer solchen Erneuerung zu erkennen.

Die Entstehung der islamischen Philosophie führte zu einem ähnlichen Problem wie das, das sich beim Entstehen des christlichen Denkens stellte: so, wie die gelebte Erfahrung der Liebe, im Herzen des Christen durch Jesus von Nazareth vergegenwärtigt, sich nicht in die Sprache der Griechen übertragen ließ, die auf eine Kultur ausgerichtet war, die einer solchen Erfahrung völlig fremd gegenüberstand, so konnte sich auch die Offenbarung des Propheten des Islam, seine radikal neue Weltsicht und das Gesetz, das ihm diktiert wurde, nicht in Anknüpfung an das Erbe früherer Philosophien mitteilen.

Der Koran brachte eine neue Welt — und Gottessicht und ein Handlungsgesetz, die sich mit der griechischen Philosophie nicht umfassen ließen. Seine Offenbarung warf drei radikal neue Probleme auf:

1. Das der Sicht selbst des Realen. Was ist wirklich uneingeschränkt real? Die Philosophen, besonders die Griechen, gaben zwei Antworten: das sinnlich nicht Faßbare (die *Ideen* Platons), oder das sinnlich Faßbare (etwa die Atome Demokrits). Aristoteles hatte eine eklektische Antwort entworfen, die weniger Synthese denn Zwischending war. Das durch den griechischen Dualismus eingesetzte Christentum hatte sich anfangs für den Platonismus entschieden.

Die koranische Offenbarung führt im Verhältnis des Realen zum Irrealen, des Einen zur Vielfalt, Gottes zur Welt eine radikal neue Position ein.

Ibn Arabi behandelt des Hauptthema der Offenbarung mittels dreier der „rechtgeleiteten Kalifen", direkter Prophetengefährten: [1]

Abu Bakr:
„Ich habe noch nie ein Ding gesehen, ohne zuvor Gott gesehen zu haben."

'Omar:
„Ich habe noch nie ein Ding gesehen, ohne gleichzeitig Gott gesehen zu haben."

'Uthman:

---

[1] Ibn 'Arabi gehört zu den Vertretern einer destruktiven Bewegung im Islam und darf hier nicht als Grundlage zitiert werden. (Siehe II.).

„Ich habe noch nie ein Ding gesehen, ohne danach Gott gesehen zu haben." (6)

Aus den drei Erfahrungen bleibt eines: nichts kann ganz gesehen werden, denn in Gott, und Gott in allem. Diese fundamentale „Einheit" (*tauhid*), die nicht zur Gattung des „Faktums" sondern des „Machens" gehört, nicht zur Gattung des Seins oder des Denkens, sondern der Aktion, ist das erste Moment des moslemischen Glaubensbekenntnisses (nichts Göttliches außer Gott), und wirft das fundamentale Prinzip der islamischen Philosophie auf.

2. Daraus ergibt sich ein zweites Problem, das sich vom ersten nicht trennen läßt; welches Handlungsgesetz folgt aus dieser Sicht?

Für den Moslem sind die Handlung und ihr Gesetz die äußere Manifestation des Glaubens. Der Glaube ist das Innere, das Gesetz das Äußere. Zwischen dem einen und dem anderen kann es keine Dualität geben.

Durch den Glauben kann der Mensch frei die Bewegung auf Gott zu wiederfinden, vom Stein zur Pflanze und von der Pflanze zum Tier besteht eine *natürliche* Neigung, eine Art „ontologisches Gebet" wie das „Gebet des Heliotrop", von dem Proclos spricht: Diese Bewegung der Liebe, die es sich in jedem Augenblick der Sonne zuwenden läßt, zeigt, daß „jedes Ding gemäß dem Rang betet, den es in der Natur einnimmt". „Könnte man den Klang der Luft hören, die es mit seiner Bewegung erzeugt, so würde man erkennen, daß es eine Hymne an seinen König ist, wie sie eben eine Pflanze singen kann (7)."

Der Koran sagt: „Jedes (Wesen) weiß, wie es (seiner Art entsprechend) zu beten und (Gott) zu preisen hat" (XXIV, 41).

Ebenso „zeigt der Lotus seine Verbundenheit mit der Sonne und seine Liebe. Vor dem Morgengrauen ist seine Blüte geschlossen; bei Sonnenaufgang öffnet sie sich sanft, blüht in dem Maße auf, in dem die Sonne in den Zenith steigt, faltet sich wieder zusammen und schließt sich, wenn sie sinkt. Welcher Unterschied besteht denn zwischen der Art des Menschen, Gott zu loben, indem er Mund und Lippen bewegt, und dem Lotus, der seine Blütenblätter entfaltet oder faltet? Das sind seine Lippen und seine natürliche Hymne (8)."

Der Koran ruft uns den einzigartigen Platz des Menschen in dieser Stufenleiter der Schöpfung und der Anbetung in Erinnerung: „Wir haben (nach Beendigung des Schöpfungswerks) das Gut (des Heils), das (der Welt) anvertraut werden sollte, (zuerst) dem Himmel, der Erde und den Bergen angetragen. Sie aber weigerten sich, es auf sich zu nehmen, und hatten Angst davor. Doch der Mensch nahm es (ohne Bedenken) auf sich. Es ist ja wirklich frevelhaft und töricht" [1](XXXIII, 72).

Ist der Mensch, der diese zweifelhafte Verbindung einging, fähig, mittels seiner Philosophie Rechenschaft über diesen Pakt der Freiheit abzulegen?

3. Ibn Hazm aus Cordoba (994-1063) sagte über die sogenannten „Gottesbeweise": Gott beweist man nicht durch Reden; man glaubt an Gott, weil es eine Rede gibt, die der Mensch nicht schaffen konnte. Hierin liegt vielleicht der Schlüssel zu jeder Meditation über Gott: eine Meditation über die Gegenwart dessen im Menschen, was er nicht selbst schaffen kann.

Wenn — im Gedicht — erscheint, was weder durch Herleitung noch durch Analogie eine neue Kombination früherer Elemente sein kann; wenn in Wissenschaft und Technik — wie beim Gedicht — etwas auftaucht, was weder eine Verlängerung der Vergangenheit ist, noch in dieser angelegt war; wenn in der Liebe ein Opfer unter Bruch mit allen Instinkten, Begierden, Gütern oder Eigeninteressen der Natur und der Art geschieht; wenn in der Geschichte sich etwas entwickelt, das weder die Folge noch das Ergebnis früherer Kämpfe ist, ihrer Determinismen oder ihrer Entfremdung — dann wird der Mensch Zeuge des prophetischen Eingreifens Gottes in die Geschichte und kann nicht nur seine Neigung, das Erhabene zum Niedrigen zu machen, umkehren, er kann auch — als wäre er die letztendliche Quelle davon — die Erscheinung des radikal Neuen in seinem eigenen Leben und der allgemeinen Geschichte auf sich selbst zurückführen.

Diesbezüglich korrigiert der Emir Abd al-Kadir in den sufischen Erleuchtungen seines *Buchs der Stufen* den Ausspruch von Mansur al-Hallaj, „Ich bin die Wahrheit", [2]im koranischen Sinne: „Gott entriß mich meinem Phantasie-Ich und näherte mich meinem wahren Ich (...). Dann vernahm ich al-Hallajs Wort. Der Unterschied zwischen ihm und mir ist: Hallaj sprach das Wort selbst, für mich aber wurde es gesprochen (9)."

Denn im Koran offenbart Gott nicht sich selbst, sondern nur Sein Wort und Sein Gesetz. Und eines der heikelsten Probleme, die sich der islamischen Philosophie stellen, ist genau das der Beziehungen zwischen dem Ewigen, Absoluten und dem Relativen, der Geschichte, in einer speziellen Weise: Ist der Koran das ungeschaffene Wort Gottes, das über den Zeiten schwebt, oder die Begegnung des Menschen mit seinem Gefährten der Ewigkeit in einem histo-

---

1 Eine falsche Übersetzung des Qur'ān Verses 33/72. Es muß heißen: „Er ist ja ..." und nicht „Es ist ja ..,"!
2 Al-Ḥallāǧ (Hallādj) wird hier als sufische Erleuchtung erwähnt. Diese seine Äußerung und andere lehnen der gläubige Muslim und auch Gelehrte wie Ibn Taimiya ab. Al-Ḥāllāǧ wurde von vielen Gelehrten für KAFIR = Abtrünnig; Ketzer. (Siehe:II.) gehalten.

rischen Augenblick, zu Beginn eines der erhabensten Abenteuer der Menschheitsgeschichte?

Dies sind die drei grundsätzlichen Fragestellungen, die drei Herausforderungen des Islam an die Philosophie im 7. Jahrhundert unserer Zeitrechnung. [1]

Das philosophische Zentrum der alten Welt war Alexandria. Das wesentliche Problem der Konfrontation zwischen Koranischer Offenbarung und Philosophie stellt sich also, als der arabische General 'Amr ibn al-'As, der mit seinen Truppen 642 in Alexandria Einzug hielt, die islamische Herrschaft über die Heimat der antiken Kultur, wo die Weisheiten Ägyptens, Mesopotamiens und Irans, Indiens und Griechenlands aufeinandergestoßen waren und sich gegenseitig befruchteten, symbolisierte. Hier waren die großen Synthesen des Juden Philon um 20 v.Chr. genauso entstanden wie die der Christen Origenes (185-254) und Clemens von Alexandria (um 220), Kommentatoren Aristoteles', dann die Plotins (205-270) und Proclos'(412-485).

Das Jahrhundert, das der Festsetzung des Islam in Alexandria folgte, war das der großen Übersetzungen, die in Bagdad auf Anregung der abbasidischen Kalifen al-Mansur, Harun al-Rashid und al-Ma'mun entstanden, ein Zeitabschnitt, der, wie wir bereits sahen, vom Werk Hunains beherrscht wurde.

Der erste arabische Philosoph seitdem, der sich die Aufgabe stellte, die Beziehungen des Menschen zu Gott zu definieren und die griechische Philosophie mit der islamischen Weltsicht zu integrieren, war al-Kindi (796-873). Er hatte die *Metaphysik* des Aristoteles in der arabischen Fassung ebenso gelesen wie dessen vorgebliche *Theologie*, die aber mit Aristoteles nichts zu tun hat, sondern ein Werk des neuplatonischen Mystizismus war und auf den drei letzten *Äneaden* Plotins basiert.

In diesen Beiträgen von außerhalb lag nichts, was ihm erlauben konnte, auf die spezifisch islamischen Grundfragen, die die Prophetie stellte, eine Antwort zu finden, und die die Originalität der islamischen Philosophie konstituierten: weder auf das Problem der Beziehungen zwischen Realem und Irrealem, das bei den Griechen in Beziehungen zwischen dem Sinnlichen und dem nicht Wahrnehmbaren umgewandelt worden war, noch auf das der Beziehungen zwischen menschlichem und göttlichem Wort und der vom göttlichen Gesetz geforderten Handlung, ein Problem, das die Griechen mit ihrer kindlichen Göttervorstellung als simplen vergrößerten Projektionen der Menschen nicht gestellt hatten; sowenig wie das der Prophezeiung und ihrer handelnden Gegenwart

---

1 Die drei dort genannten Herausforderungen stellten sich erst ab dem 8. Jh. christlicher Zeitrechnung.

im Menschen.

Al-Kindi beharrt zunächst auf dem Problem der Ursprünge, der göttlichen Schöpfung, undenkbar für einen in den Spekulationen über die Essenz und das notwendige Sein befangenen griechischen Philosophen. Al-Kindi weiß, daß gemäß der koranischen Offenbarung nicht das Sein, sondern derjenige ist, der Sein verursacht. Er verwirft daher die neuplatonischen Theorien der notwendigen „Emanation", wie die aristotelische Metaphysik einer Schöpfung, die lediglich darin besteht, einer präexistenten Materie eine Form zu verleihen.

Ohne Bruch mit der intransigenten islamischen Transzendenz konnte er der Vorstellung einer Humanisierung der Beziehungen zwischen Mensch und Gott, die sich durch die Werke des Sokrates, Plato, Aristoteles und Plotin hindurchzieht, nicht folgen. Da er die Einführung der griechischen Philosophie in die islamische Kultur nicht rechtfertigen konnte, begnügte er sich damit, beide einander gegenüberzustellen: seine Logik folgt blind Aristoteles, aber er behält die koranische Sicht der Schöpfung bei.

Al-Farabi (872-950) bemüht sich, über diesen Eklektizismus hinauszugehen und eine Synthese herzustellen, welche die Griechen, vor allem Aristoteles und Plato, stärker berücksichtigt. Beide hatten sich nach Ansicht al-Farabis auf die frühe Weisheit Chaldäas und Ägyptens gestützt. Er hingegen ging zurück zu den Quellen. Diese vorrangige Beschäftigung inspiriert seine maßgeblichen Werke, deren Titel selbst genau die Absicht ausdrücken: *Übereinstimmung der Philosophie des Plato mit der des Aristoteles*, dann ein *Buch der Analyse der Metaphysik des Aristoteles* und ein anderes über die *Dialoge* des Plato.

Diese Nachfolge und Verehrung der griechischen Philosophie führten ihn zu einer metaphysischen Spekulation über Essenz und Existenz, in denen er nicht allein logische Unterscheidungen, sondern Stufen des Seins sah. Er verließ also diese reiche „Philosophie des Handelns", die der koranischen Offenbarung entsprang, wo Gott in jedem Augenblick und „wie es ihm gefällt" erschafft, und fiel auf die „Philosophie des Seins" Parmenides' und Aristoteles' zurück, die das gesamte griechische Denken versteinerte.

Von da an fiel es al-Farabi schwer, die Prophezeiungen zu rechtfertigen: Selbst wenn er bekräftigt, daß es eine handelnde Intelligenz gibt, die Form verleiht, wie die Sonne dem menschlichen Auge, das von ihr das Licht bekommt, „zu sehen gibt" (oder wie Platons „Idee des Guten" über das ganze Universum der Ideen ausstrahlt), so bleiben wir doch mit al-Farabi, selbst mit diesen geringen Abmilderungen des griechischen Intellektualismus, weit vom Prophetentum entfernt, das sich nicht in der Terminologie und den Kategorien der griechischen Philosophie ausdrücken läßt (wie man übrigens die christliche Erfahrung der Liebe nicht in ihnen ausdrücken kann), weil diese griechische Philosophie im Grunde „reduktionistisch" ist: sie ordnet die Handlung dem Sein unter, und beide der Vorstellung.

Unter diesem Blickwinkel stellt das Werk al-Farabis gegenüber dem al-Kindis einen Rückschritt dar: es opfert die Prophezeiung noch mehr der hellenischen Verstandesorientierung. Es ist nicht mehr wie bei al-Kindi eine Gegenüberstellung, sondern ein Vermittlungsversuch, bei dem die griechische Philosophie mehr und mehr in den Islam eindringt und ihn entstellt.

Nirgendwo wird das mehr deutlich als in der politischen Philosophie al-Farabis, ob es sich nun um seinen *Kommentar zu den Gesetzen* des Plato oder um seine verschiedenen Abhandlungen über die *Musterstadt* handelt. Sie ist von Platos Staat inspiriert, aber sie unterscheidet sich in zwei wesentlichen Punkten von diesem, um sie mit der islamischen Weltsicht in Einklang zu bringen: Zunächst beschränkt sie sich nicht auf die „geschlossene" Konzeption der griechischen Polis, sondern erstreckt sich, wie im Prinzip die *umma* (die muslimische Gemeinschaft), auf die ganze Menschheit. Dann wird sie auch nicht von einem „Philosophen auf dem Königsthron" oder einem „Philosoph gewordenen König" regiert, sondern von einem Propheten-Gesetzgeber. Aber dieser Übergang des platonischen „Weisen" zum Imam läßt sich nicht ohne Schaden bewerkstelligen und läßt sämtliche Probleme ungelöst: Auf welche Form der Erkenntnis gründet sich die Autorität des gesetzgebenden Imams? Handelt es sich um die platonische Dialektik, um die aristotelische Logik oder um die koranische Offenbarung des Gesetzes und ihre „Internalisierung" durch die Erleuchtung des Sufi? Mit einem Wort, was dem Syntheseversuch des al-Farabi fehlt, ist eine „prophetische" Erkenntnistheorie, während er beständig zwischen der griechischen Dialektik und dem islamischen Prophetentum hin und herpendelt.

Bei Avicenna, der den Idealtypus des in nahezu allen Wissenschaften, in Poesie und Musik brillierenden Universalgenies darstellt, entdeckt man gleichzeitig, trotz scheinbaren Widerspruchs, ein scharfes Bewußtsein der Anforderungen einer spezifisch islamischen prophetischen Philosophie, und noch größere Konzessionen an die griechische Philosophie als bei al-Farabi.

Wir finden einen faszinierenden Ausdruck dieses Widerspruchs in seinem *Buch der Wissenschaft*.[10] In diesen beiden Bänden über die Logik, die Physik und die Metaphysik, Astronomie und Musik widmet Avicenna einer emanatistischen Theorie (der neuplatonisch inspirierten pseudo-„Theologie" des Aristoteles), die in flagrantem Widerspruch zu der koranischen Schöpfungsvorstellung steht, wenige Zeilen. In einem seltsamerweise „Untersuchung der Großzügigkeit des notwendigen Seins" überschriebenen Kapitel teilt er uns in drei Zeilen mit: „Die Großzügigkeit besteht darin, daß die Güte einem Ding über den Willen (dieses Dinges) hinweg vorangeht, ohne eine Absicht zu hegen. So ist der Akt des notwendigen Seins beschaffen. Daher ist sein Akt die absolute Großzügigkeit". (11) In Band II des gleichen Buchs, in einem erstaunlicherweise in der Abteilung „Physik" stehenden, „Beschaffenheit der heiligen Seele, die den Propheten eignet" betitelten Kapitel, gibt uns Avicenna folgende Definition: „Die heilige Seele ist die vernünftige Seele der erhabenen Propheten, die das Wahrnehmbare ohne Lehrer oder Bücher erkennt, sondern durch verstandesmäßige Intuition und durch ihre Vereinigung mit der Welt der Engel; sie erhebt sich durch Visionen im Zustand des Wachseins bis ins unsichtbare Universum und empfängt dort Offenbarung (...) Die Offenbarung ist die Bindung, die die Engel und die menschliche Seele eint (...) Sie wirkt auf die Materie des Universums ein, um Wunder hervorzubringen (...) Auf diese Weise wird ein solches Wesen zum Stellvertreter Gottes auf Erden. Seine Existenz ist mit der Vernunft vereinbar und dem Fortleben der menschlichen Gattung unabdingbar — was übrigens bewiesen ist. Nun haben wir genug bei der Physik verweilt", (12) Hier fügt Avicenna ein der „Geometrie" gewidmetes Kapitel an!

Es ist erstaunlich, daß ein Mensch, der eine Abhandlung über das Gebet und Korankommentare verfaßt hat, in eine aristotelische Abhandlung einen derartigen, wenige Zeilen umfassende Einschub über die Emanationslehre und das notendige Sein, sowie einige andere über die Prophetie, einfügen kann, während sein gesamtes Werk die Vorstellung der Kontingenz des Möglichen und folglich das unaufhörliche Auftauchen unrealisierter Möglichkeiten verwirft, welches im Mittelpunkt der koranischen Offenbarung Gottes, ihres Reichtums und ihrer Fruchtbarkeit, steht.

So findet sich die prophetische Philosophie bei Avicenna, dem es nicht gelingt, sich aus der erstickenden Umarmung der griechischen Philosophie zu lösen, lediglich in embryonalem Zustand in seinen wenigen Bemerkungen über die „Theologie" des Aristoteles, wo er über die Existenz „jenseits des Todes" meditiert, und in seinen „Mystischen Erzählungen", in denen er sie poetisch beschwört, indem er uns durch Symbole auf das Unsichtbare verweist.

Das Vorhaben einer wahren „philosophischen Philosophie" wird so durch Avicenna verkündet, aber in die Tat umgesetzt wird es in zwei gegensätzlichen

Bedeutungen durch zwei Philosophen, denen das Abendland übertriebene Aufmerksamkeit schenkte, weil es in dem einen, al-Ghazzali (1058-1111) einen Vorläufer des cartesianischen Zweifels und der kritischen Philosophie Kants sah, und weil der andere, Ibn Rushd (Averroes, 1126-1198) eine bedeutende Rolle in den theologischen Polemiken des 13. Jahrhunderts (dem lateinischen Averroismus) gespielt hat, und weil er zur Reaktion des heiligen Thomas von Aquin Anlaß gab. Aber diese Besessenheit der Abendländer, Ereignisse und Menschen danach zu beurteilen, welche Bedeutung sie *für sie* besitzen, und nicht nach ihrer Rolle in der globalen Entfaltung der Kultur, darf uns nicht dazu verleiten, solche Werke zu überschätzen.

Al-Ghazzali, Zeitgenosse des ersten Kreuzzugs (er war 40, als Antiochia eingenommen wurde, 41 bei der Eroberung Jerusalems), begann seine Karriere als eine Art „amtlicher Philosoph" in Bagdad, wo er sich wie seine Vorgänger bemühte, den muslimischen Glauben in der griechischen Terminologie und Dialektik auszudrücken. Dann kam für ihn eine Periode des Zeifels und er beschloß, das nicht mehr zu unterrichten. „Für mich war die Scholastik wenig befriedigend" [13], schrieb er. Heftig greift er die Griechen an, besonders Sokrates und Plato: „Man muß sie alle zu Ketzern erklären, einschließlich ihrer Nachfolger, der moslemischen 'Philosophen' wie Avicenna und al-Farabi. Diese beiden haben mehr als jeder andere zur Verbreitung der Ansichten Aristoteles' beigetragen" [14]. Dann stützt er sich auf alle Wissenszweige, von der Logik bis zur Biologie, von der Mathematik bis zur Theologie. Er verwirft ihren Dualismus, der Seele und Körper trennt, ihrer Erkenntnistheorie, die das Besondere und das sinnlich Wahrnehmbare unterschätzt, ihren Begriff von Ewigkeit und Universum, der die Schöpfung ausschließt.

Dann entscheidet er sich für den Weg des Sufi und erstrebt eine intellektuelle Intuition, das heißt eine synthetische, allumfassende und direkte, konkrete Erkenntnis, eine „Vision" des Herzens.

Dann nimmt er seine Lehrtätigkeit wieder auf, um seinen Glauben an das Prophetentum mitzuteilen, den er sich durch die gelebte Erfahrung erneuert hatte, „die auf der Vision fußt, daß es keine Kraft und Macht außer in Gott gibt [15]".

So faßt er denn gegen Ende seines Lebens für einen seiner Schüler das zusammen, was der tiefste Glaube ist: „Ich habe gesehen, wie sich alle Menschen auf etwas Geschaffenes stützen: die einen auf das Geld, andere auf Hab und Gut, andere auf Beruf und Handwerk, andere wiederum auf einen anderen Menschen. Dann habe ich über das Wort Gottes nachgedacht: 'Und wer auf Gott vertraut, läßt sich an ihm genügen. Gott erreicht, was er will. Er hat allem (sein) Maß (und Ziel) gesetzt' (16)." Und er fügt hinzu: „Man muß mehr danach streben, den göttlichen als den eigenen Willen zu befriedigen". (17) Das ist die fundamentale Mahnung an die Existenz der Einheit (*tauhid*), auf der Ebene der Erkenntnis wie auf der der Aktion.

Nach dieser Episode der Auseinandersetzung zwischen Theologen und Mystikern gegen die hellenistischen Philosophen vertritt Averroes die extreme griechische Reaktion. Für den Westen bleibt er der große Kommentator Aristoteles' („*Averrois che'l gran comento feo*", schrieb Dante). Er verfolgt selbst bei Avicenna jede Spur von „Schöpfung", denn für einen Griechen gibt es keine „schöpferische Ursache", wie Aristoteles sagte. Er verbeißt sich darin, al-Ghazzali zu widerlegen. In seinem Buch zu *Averroes und der Averroismus* zitiert Renan gerne das Wort Averroes': „Oh Menschen! Ich sage nicht, daß diese Wissenschaft, die ihr göttliche Wissenschaft nennt, falsch sei; ich sage: ich kenne die menschliche Wissenschaft" (18). Renan sah in ihm einen Urahn der „Freidenker". Aus dieser eingeengten Sicht des Abendlandes hat man oft versucht, das Werk Averroes' zum Höhepunkt und Tod der islamischen Philosophie zu erklären.

Was aber mit Averroes starb, das war die Suche nach der transzendenten Dimension der Philosophie. Mit ihm vollzog sich der Bruch zwischen der Philosophie und dem ganzen Leben, dem Leben und Geist, nach dem die Sufis strebten. Die abendländische Philosophie sollte noch sechs Jahrhunderte darauf verwenden, an dieser Abkehr von der prophetischen Dimension und vom Leben zu sterben. Ihre Agonie begann mit dem, was man mit deren Gegenbegriff bezeichnete, der „Renaissance".

Es hat Symbolcharakter, daß bei der Beerdigung Averroes', 1198, ein junger Mann von 43 Jahren anwesend war, Ibn Arabi (1165-1241), der später in Andalusien mit der prophetischen Philosophie beginnen sollte, wie es am anderen Ende der islamischen Welt, mit Suhrawardi (1155-1191) in Persien schon geschehen war.

Suhrawardi ist zuallererst der Anti-Aristoteles. In seinem Buch *Orientalische Theosophie* schreibt er: „Wer nur nach der reinen und einfachen philosophischen Erkenntnis strebt, braucht sich nur an die Schule der Jünger Aristoteles' zu begeben (...). Wir unsererseits haben ihm nichts zu sagen und mit ihm nichts zu diskutieren, was die Grundgedanken der orientalischen Theosophie betrifft" (19).

Das Ziel, das Suhrawardi in seinem ganzen Werk verfolgt, ist in der Tat — im Gegensatz zu Aristoteles und denen, die ihm folgten —, niemals die Philosophie von der Erfahrung der Sufis zu trennen: die erlebte (und nicht nur die gedachte) Erfahrung der Gegenwart und Geburt des Seins. Die prophetische Philosophie, Suhrawardi nennt sie „orientalisch", isoliert nicht die theoretische Erkenntnis als autonome Bewegung von der Ganzheit des Lebens: jede wahrhafte Erkenntnis ist eine permanente Konversion, eine innere Methamorphose des Menschen.

Diese Bemühung Suhrawardis, eine prophetische Philosophie von Aristoteles und den Griechen zu befreien, unter denen man sie begraben hatte und durch die sie bastardisiert worden war, ist kein Wiedererstehen des Platonismus, denn die Welt der Erkenntnis, die der Weg der Erleuchtung ist, ist keineswegs die Erkenntnis des sinnlich nicht Faßbaren (wie sie der griechiche — selbst der platonische — Intellektualismus verstand), sondern die einfallsreiche Erkenntnis. Aus dem selben Grund handelt es sich hier auch nicht um ein Wiederaufleben (nicht einmal um den Versuch einer Synthese) der alten Weisheit Persiens, da Ibn Arabi (der gar nicht die Absicht hegte, eine Weisheit wiederzubeleben, die nicht zu seinem geistigen Erbe gehörte) die gleiche Philosophie der schöpferischen Imagination in der Sicht der gleichen prophetischen Philosophie entwickelt hat. [20]

Was Suhrawardi die „orientalische Philosophie" nennt (womit er den Ausdruck Avicennas aufgreift und vor allem dessen Projekt einer „orientalischen Philosophie", das dieser nicht vollenden konnte, da ihm die Sicht noch von zu vielen Vorurteilen der griechischen Philosophie verbaut war) hat keine „geographische" Bedeutung: das Wort „orientalisch" ist sowohl in seinem etymologischen wie auch symbolischen Sinn gemeint: „dort, wo die Sonne aufgeht". Es handelt sich um eine Philosophie, die — wie der Sufismus — sich auf „Erleuchtung" gründet, also eine direkte (nicht spekulative und dialektische) Erkenntnis und eine allumfassende (und nicht analytische und begriffliche): eine „Philosophie des Lichts" also, aber auch „Erkenntnis des Morgens", Erkenntnis des Lichts, *das gerade entsteht*, eine Erkenntnis, die nicht das unbewegliche Spiegelbild eines äußeren „Seins" ist, sondern Teilhabe am Akt der forgesetzten Schöpfung, am Emporschießen von immer neuem Sein. Philosopie der Tat also, und nicht des Seins.

Für Suhrawardi wie für Ibn Arabi hat diese Form einer einfallsreichen, prophetischen Erkenntnis eine Tugend der Transfiguration: ganz so, wie nach der koranischen Lehre die Handlung der äußere Ausdruck des Glaubens ist, so verlangt die „Philosophie des Lichts", die höchste Erkenntnis, die der „Erleuchtung", ein vollständiges Aufopfern des ganzen Lebens, um diese

"Heimsuchung" zu ermöglichen, und gleichzeitig impliziert sie als Folge eine Erneuerung des Selbst in jedem unserer Gedanken, in jeder unserer Handlungen.

Der „Philosoph des Lichts" vergißt nie, daß es das Ziel seiner Philosophie ist, anderswohin zu führen, und es gibt keinen stärkeren Antrieb, ihn dorthin zu führen, als den der Liebe, einer Liebe, die bei Suhrawardi wie bei Ruzbehan von Shiraz (1128-1209) unteilbar menschlich und göttlich ist: „Es handelt sich nur um ein- und dieselbe Liebe, und man muß aus dem Buch der menschlichen Liebe die Regel der göttlichen Liebe lernen" (21). Es gibt also eine „prophetische" Entschlüssselung der Schönheit und der Liebe, für den, der — nach der Lehre des Koran — in sich und außerhalb seiner die „Zeichen" Gottes zu „lesen" versteht, für den, der durch sein ganzes Leben und sein Denken (das die Belohnung dafür ist) begriffen hat, daß die Beziehung zwischen Gott und Mensch nicht eine Beziehung von Herr und Sklave ist, sondern eine Liebesbeziehung, in der — wie Ruzbehan schreibt — Gott gleichzeitig „der Geliebte, der Liebende und die Liebe" ist. Gott selbst sagt: „Nun bist du also ein Getreuer der Liebe geworden, ein Liebender, ein Freund, ein begehrendes Wesen, ein freier Mensch (...), ein Wesen voller Schönheit, einzigartig und wahrhaftig. Nun denn! Sei ein Schöpfer durch meinen eigenen Schöpfungsakt, betrachte durch meinen eigenen Blick, lausche durch mein eigenes Hören, sprich mit meiner eigenen Stimme, befiehl durch meinen Befehl, liebe durch meine Liebe" (22). [1]

Der Übergang von der menschlichen zur göttlichen Liebe ist nicht einfach ein Vorgang, bei dem das Objekt gewechselt wird, hier wird das Subjekt verwandelt. Denn man wird immer mehr oder weniger dem ähnlich, was der oder die, der oder die uns liebt, von uns erwarten. Und wenn es — gemäß dem Ausdruck des Ibn Arabis — ein „schöpferisches Weibliches" gibt, dann erreicht diese Annäherung durch die göttliche Liebe ihr Ziel (deren Schönheit die prophetische Verkündung war). (23)

Suhrawardi stellt diese Sicht der Liebe mittels der poetischen Symbole seines „Leitfadens der Getreuen der Liebe" in der biblischen Parabel der Liebe von Joseph von Sulaiha dar. (24)

Diese prophetische Philosophie erreicht mit Ibn Arabi ihren Höhepunkt, dem andalusischen Sufi, der in Murcia geboren wurde und in Damaskus starb. Ibn Arabi (*der sheikh al-akbar*, der „größte Meister") hat dem Grundprinzip der

---

[1] Diese Worte des Ruzbehans erinnern uns an einen Ḥadith Qudusi (einen Ausspruch Gottes), den die Sufis erfunden haben und mißbrauchten. (Abu Usama)
Der Islam lehnt diese Ansichten jener Sufis, wie Al-Hallāǧ, Ibn Arabi, Ruzbehan, Suhrawardi u.a., ab. (Abu Murad)

islamischen Weltsicht den höchsten Ausdruck verliehen. „Das Handeln ist das Äußere des Glaubens, es offenbart ihn und verleiht ihm Ausdruck. Der Glaube ist das Innere der Wissenschaft, das Handeln stimuliert sie und facht sie an" (25). Und, noch tiefgreifender: „Ich verstehe die prophetische Funktion dahingehend, daß sie die Verkündung eines heiligen Gesetzes in sich faßt" (26).

Diese allumfassende Sicht, diese lebendige Intuition, ist weder eine Art Kontakt mit einer wahrgenommenen „fühlbaren Realität", noch ein Widerschein einer gedachten „nicht fühlbaren Welt"; sie ist der Akt der prophetischen Vorstellung, nicht Phantasie noch subjektive Vorstellung, sondern Erkenntnis des Herzens, die uns die Welt anders denn als sinnlich faßbar oder unfaßbar offenbart.

Diese prophetische Vorstellung im Menschen hat in der Welt einen „Bürgen"; sie ist nur die Aufnahmefunktion einer tieferen Realität: jener der Schöpfungsakte Gottes in den „Zeichen", die er durch die Ereignisse der Geschichte kundtat, durch die Verwirrung und Inspirationen des Herzens und des Geistes, durch das Keimen der Natur oder der Künste.

Sicher hat Gott das Universum geschaffen, indem er es sich „vorstellte" —[1] ich gebrauche das Wort in Analogie zur dichterischen Schöpfung. Die Vorstellung in uns ist nur ein entferntes Abbild davon, wie die menschliche Liebe nur ein entfernts Abbild der Liebe Gottes ist. Entfernt — aber verkündend, prophetisch.

Denn auch hier wieder ist die Liebe die nächste Analogie. Ibn Arabi schreibt: „Man wird Gott niemals direkt schauen können, ohne (spürbare oder spirituelle) Unterstützung, denn Gott ist in sich unabhängig von den Welten (...). Gott in den Frauen zu schauen ist die stärkste und vollkommenste Kontemplation; und die stärkste Einheit (im Bereich des Fühlbaren, das dieser Kontemplation als Unterstützung dient) ist der Geschlechtsverkehr" (27). [2]

Aber jenseits dieses prophetischen Symbols der Schönheit und der Liebe gibt es als „Zeichen" der göttlichen Gegenwart für jeden einzelnen und außerhalb ihm etwas, das ihn aufruft, das zu werden, was er ist, und was Ibn Arabi den

---

[1] Diese Worte kann der Muslim nicht verwenden- er darf dies auch nicht- wenn er über Gott den Erhabenen spricht. Sie sind Ausdruck der Geschmacklosigkeit und der Einbildung des Menschen. Gott bezeichnet Sich als Schöpfer der Himmel, der Erden u.a., jedoch nicht, als Einer, der sich das Universum „vorstellte".

[2] Es ist frevelhaft zu behaupten, daß der Geschlechtsverkehr (zwischen Mann und Frau) die stärkste Einheit und geeignet ist, um Gott (in den Frauen) zu schauen! Diese sollten nach dieser Behauptung die stärkste und vollkommenste Kontemplation sein! Was fühlen dann andere Menschen, die diesen Geschlechtsverkehr nicht mögen oder betreiben können? Was empfinden dann die Erfinder, wenn sie auf eine große, unerwartete Erfindung stoßen? Ist ihre Freude dann weniger als die Freude der „Verkehrenden"! (Abu Murad)

Die prophetische Philosophie

„Propheten in deinem Sein" nennt, das heißt, das, was ich bin, ohne es immer sein zu wagen oder zu können, und was Ibn Arabi — wie Avicenna und Suhrawardi — einen „Engel" nennt. Auf ihn richtet sich unser ganzes Sein im Gebet, das, wie jenes des Lotus oder des Heliotrop, keine Bitte ist, sondern eine Art zu sein, eine Art, den Menschen mit Gott zu verbinden, dergestalt, daß das Gebet des Menschen zu Gott nicht anderes ist, als das Gebet Gottes zum Menschen. „Ein Wesen liebt in Wirklichkeit nur seinen Schöpfer" (28), schreibt Ibn Arabi in seinen *Offenbarungen*. Diese Liebe ist schöpferisch, denn sie läßt im geliebten irdischen Wesen alle möglichen Kräfte erblühen, all das, was vor der Liebe in ihm noch nicht besteht, und was die Liebe zu einer Erscheinung Gottes (einer „Theophanie") macht, und im irdischen Wesen einen Engel entstehen läßt. Unser „Engel", das ist unsere ewige Individualität, wie sie aus der Offenbarung des Göttlichen entsteht, indem sie sich ihm offenbart. Es ist nicht nur so, daß der Liebende sein verborgenes Wesen im Geliebten entdeckte, vielmehr verwandelt ihn diese Offenbarung. So ist Gottes Gegenwart in mir. So, wie es im Koran heißt: „Und nicht du hast diesen (Pfeil)schuß abgegeben, sondern Gott" (VIII, 17), so ist es auch Gott, der in mir liebt. Es ist Gott, der in mir sich etwas vorstellt. Deshalb ist diese Vorstellungskraft die Quelle jedes Vorhabens, des möglichen und des unmöglichen, jeder Schöpfung. „Ein Koran werden", sagt Ibn Arabi, das heißt ein Ort der Manifestation des Göttlichen, ein „Zeichen" Gottes. Es gibt keinen anderen und keinen unbestreitbareren Beweis Gottes, des Schöpfers und seines Akts, als die Erfahrung dieser Gegenwart und dieser Handlung, dieser Erschaffung dessen in uns, was uns nicht gehört, was wir nicht sind.

Ein christlicher Mystiker, Angelus Selesius (1624-1677), hat dieselbe Erfahrung gemacht wie Ibn Arabi: Gott muß in dir entstehen. Dazu braucht Gott mein Herz:

„Man weiß nicht, was Gott ist...
Er ist das, was weder ich, noch du, noch irgendein Geschöpf
je erfahren, er sei denn, indem sie werden, was Er ist" (29).

Gott ist nicht an sich Gott, nur die Schöpfung hat ihn zu Gott erwählt. [1] Christliche Proklamation der Einheit, des moslemischen tauhid. Gott manifestiert sich in jedem Schöpfungsakt. Man „stellt" Gott nicht „fest". Der einzige Gottesbeweis besteht darin, Seine Gegenwart zu vervollständigen, manifest zu machen, was in mir entsteht: „Indem wir ihn erkennen, verleihen wir ihm Sein" (30), schreibt Ibn Arabi. [2]

---

1 Diesen destruktiven Äußerungen widersprechen dem Islam.
2 Diese irreführenden Äußerungen riechen nach der vom Islam abgelehnter Inkarnation Gottes! Außer-

So gelangen wir zur letzten Frage jeder „prophetischen Philosophie": was bedeutet „Gott hat zu Muhammad gesprochen"? Und warum verwandelt mich dieses Wort? Ich berufe mich hier auf Muhammad, weil er den Islam nicht als eigenständige Religion betrachtet hat, sondern als den ursprünglichen Glauben, den Abrahams, der weder Jude noch Christ noch Moslem ist, [1] sondern der Archetyp des Menschen und des Glaubens.

Gott mit meinem Sein nähren, aber mein Sein ist aus Seinem Akt entstanden. Wie der Liebende die Geliebte schafft. Denn es ist nicht möglich, einen Gott zu beweisen, der keine Beziehung zu dem hätte, dessen Gott er ist. (31)

Ibn Arabi greift die Koranverse auf: „Wir werden sie (draußen) in der weiten Welt und in ihnen selber unsere Zeichen sehen lassen" (XLI, 53) und: „Weder meine Himmel noch meine Erde können mich in sich fassen, aber das Herz meines treuen Dieners faßt mich in sich" und fügt hinzu: „Von uns selbst aus schließen wir auf Ihn" (32).

Die negative Theologie schließt diesen Dialog nicht aus, der ein Dialog der Liebe ist.

In unserer Beziehung zu Gott sind in der Tat zwei Haltungen möglich: „die Entfernung", die die „negative" Annäherung ist, und die jeden Vergleich mit einer jeglichen menschlichen Realität ausschließt, und „die Analogie", die uns durch das Symbol erlaubt, Gott nicht etwa zu „definieren" (wie der Begriff das Objekt definiert), sondern ihn zu „bezeichnen". Gott nur in seiner Transzendenz zu proklamieren hieße, „ihn in seiner Einheit zu abstrahieren"; einzig seine Immanenz zu proklamieren hieße, „Gott etwas beizugesellen", „wenn du aber gleichzeitig beide Gesichtspunkte bekräftigst, dann verfällst du keinem Irrtum" (33).

Negation und Symbol sind die beiden einzigen Wege, sich Gott in der Transzendenz seiner Einheit und der Immanenz seiner „Zeichen" zu nähern.

Nur diese „widersprüchliche" Annäherung an Gott erlaubt es uns, in unserem

---

dem wiederholt der Qur'ān, daß Gott an sich Gott ist, so daß Er die Schöpfung nicht braucht, um Ihn zu Gott zu erwählen; So steht im Qur'ān: „... und wer ungläubig sein will (der sollte wissen,) daß Allah sicherlich die Welten nicht braucht" (d.h. um Ihn anzuerkennen, denn Er ist der Unabhängige) Sura 3/97; Und Moses sprach: „Wenn ihr ungläubig seid, ihr und wer sonst auf Erden ist allesamt, wahrlich, Allah ist sich selbst genügend, preiswürdig" Sura 14/8 (also nicht 9!), oder nach Paret: „Moses sagte: Wenn ihr undankbar seid, ihr und alle, die auf der Erde sind (tut das Gott keinen Abbruch). Gott ist reich (auf niemand angewiesen) und des Lobes würdig."

1 Hoffentlich handelt es sich hier um ein Versehen der Übersetzer oder einen Druckfehler, denn hier wird eine Aussage des Qur'ān - von großer Bedeutung - verneint. Laut dem Qur'ān war Abraham -a.s.- weder Jude noch Christ, sondern (Gott) ergebener (Hanīfan Muslimān) (d.h. wahrhaftiger Rechtgläubiger), und er war auf keinen Fall Heide. (Siehe Sura 3/67)!

Leben den „universellen Menschen" zu verwirklichen, wie ihn Ibn Arabis Schüler Abd al-Karim al-Jili (1365-1428) beschrieb, denn für ihn „vereinen sich alle widersprüchlichen Wahrheiten in der Wahrheit". Gott ist gleichzeitig alles und über allem. Gleichzeitig immanent und transzendent. „Der universelle Mensch", das ist nicht nur die Menschheit in der Gesamtheit ihrer Geschichte, Rassen und Kulturen, wie ein einziges Gedicht, ein einziges Epos, ein einzelner Mensch, dessen höchster Ausdruck der Prophet Muhammad ist. Er ist ein Mikrokosmos, der alle Stufen des Seins in sich trägt — ebenfalls ein Bild der göttlichen Einheit: „Wisse, der universelle Mensch trägt in sich die Entsprechungen zu allen Realitäten der Existenz. Er entspricht den höheren Realitäten durch seine eigene subtile Natur, und den niedrigen Realitäten durch seine ungeschlachte Natur." Andererseits „gibt es im ganzen Universum keinen Ort, an dem sich die Einheit vollkommener manifestierte, als dich selbst wenn du in dein eigenes Wesen eintauchst und alle Beziehung vergißt" (34).

Kann man dieser „universelle Mensch" werden, ohne die Tradition und die „Rechtsgelehrten"? Dieses Problem stellt sich — wenngleich in ganz anderem Bezug — im Christentum, wo man ein Mißtrauen der Kirchen gegenüber den Mystikern findet, das genauso kleinlich war wie das der „Rechtsgelehrten" gegenüber den moslemischen Sufis.

Im Islam wurde das Problem in seiner ganzen Schärfe von Ibn Tufail (zu Beginn des 12. Jahrhunderts in Cadiz geboren und 1185 in Marrakesch gestorben) in einem Gleichnisroman aufgeworfen: *Der lebende Sohn des Wachsamen* (35). [1] Der Held dieses pädagogischen Epos, Hayy, der auf einer verlassenen Insel aus der Fermentation des Lehms geboren wird, soll „der universelle Mensch" werden, indem er in sich Sufismus und Philosophie miteinander versöhnt und ohne Hilfe von Lehre und Tradition die höchste Wahrheit erreicht. Er integriert sich vollkommen in die Natur, wacht sogar über die Aufrechterhaltung ihrer Ordnung und ihrer Harmonie, denn er ist sich bewußt, daß er für sie verantwortlich ist. Er lebt nach dem Wort Gottes, und zwar ohne Anleitung durch die Tradition oder durch die Gesetze der Gemeinschaft! Es gelingt ihm, die Symbole, die Zeichen der Manifestation Gottes, zu entschlüsseln. Da schließt sich ihm eines Tages ein anderer Mann an, Asal, der die Stadt der Menschen, ihre Tradition und ihr Gesetz verlassen hat, um in der Einsamkeit über den Sinn des Lebens und der Welt zu meditieren. Als sich die beiden Männer treffen, da hat Asal schon lange der Natur, dem Einen, Gott, gegenüber Respekt geübt. Gemeinsam wird ihnen bewußt, was ihnen gemeinsam ist: Asal entdeckt, das Hayy ebenso weise ist wie er, und als er seinem Gefährten erklärt,

---

1 Richtig ist: „Der Lebende, Sohn des Wachsamen,,. (Abu Usama)

was der Islam ist, da ist Hayy bereit, ein Gesetz und seine Praxis zu respektieren, die bereits das tiefe Gesetz seines Lebens sind.

Dann beschließen die beiden Männer, in die Stadt zurückzukehren. Hayy stellt den Leuten seinen Weg zu Gott vor. So kollidiert er mit der Tradition: „Zwar waren sie Freunde des Guten und begehrten das Wahre; aber (...) sie trachteten nach dem Wahren nicht durch 'den erforderlichen Weg' (...), sie versuchten, es mittels der Autoritäten zu erkennen" (36).

Schließlich entschuldigt sich Hayy und räumt ihnen gegenüber ein, es sei recht, sich von jeder Neuerung fernzuhalten, um Gott nur mittels der Tradition zu hören. Er kehrt mit Asal auf seine Insel zurück, wo beide bis zu ihrem Tod Gott anbeten.

Dieses Gleichnis der verlassenen Insel hat nichts mit Robinson zu tun: Robinson nahm auf seine Insel seinen Individualismus mit, sein Gewehr, seinen Willen zur Macht über die Natur, die er bebaut, und über Freitag, den er unterwirft. Es handelt sich auch nicht um den „guten Wilden" noch gar um den „Emile" Rousseaus, der alles ohne Zwang aber nicht ohne Tradition lernt. Diese an Avicenna inspirierte symbolische Geschichte enthüllt ein Moment des Buchs in der Geschichte des Islam: wird er das sein, als was ihn der Prophet offenbarte? Nicht etwa eine neue Religion mit ihren Autoritäten, Dogmen, Ausschließlichkeitsansprüchen und Machtgelüsten, sondern der fundamentale Glaube an die Einheit und Transzendenz und an das Gesetz, das sich daraus für jede menschliche Gemeinschaft ergibt, die sich nicht auf den einzigen Willen zu Macht und Wachstum beschränkt?

Ein Jahrhundert nach dem Tod des Propheten schien der große Plan enden zu müssen: eine universelle Gemeinschaft zu verwirklichen, die durch einen gemeinamen Glauben geeint ist, die Glauben und Kultur aller aufnimmt, ob es sich nun um die abrahamitische Linie der großen Propheten — Moses, Jesus, Muhammad — handelt, oder um die Weisheiten des Hinduismus, Buddhas oder der Mazdäer.

Ibn Arabi hat diese menschliche Hoffnung in ihrer Gesamtheit beschrieben. Er sah in Adam den ersten Propheten, das heißt, er machte das Prophetentum zu einer fundamentalen Dimension des Menschen, und integrierte dadurch in seiner *Weisheit der Propheten* all jene, die dem Geschick der Menschen neues gebracht, die Menschheit erhöht hatten.

„Dem, der Mich anbetet, zeige ich mich nur in Form seines Glaubens" (37).

Ibn Arabi, der sich daran erinnert, daß der Koran auch lehrt, das wichtigste

Die prophetische Philosophie

sei nicht, was ein Mensch von seinem Glauben sagt, sondern das, was dieser Glaube diesen Menschen ausführen läßt, betet zu seinem Gott: „Mein Herz ist aller Formen fähig geworden: Es ist Weide für die Gazellen und Kloster für den Mönch, Tempel für die Götzen und Kaaba für den Pilger. Es ist die Schrifttafeln der Thora und das Buch des Koran" (38). [1]

[1] Dies sind zwei Verse eines berühmten Gedichtes des Ibn 'Arabi (Siehe: Dahā'ir Al-A'laq-Scharh Turguman Al-Aschwaq des Ibn 'Arabi, Seite 39) Das Gedicht und die folgenden Zeilen (7-10) auf Seite 114 haben nichts mit dem wahren Islam zu tun. Der Islam ist keine Mischung von Religionen, auch wenn Menschen immer wieder behaupten werden, Muhammad-a.s.s.- habe Elemente aus altarabischen Religionen, Judentum und Christentum zusammengefügt und behauptet, dies sei die vom Gott offenbarte Religion namens Islam! Diese Behauptung ist nicht neu, denn die Ungläubigen zur Zeit Muhammads-a.s.s.- behaupteten er habe den Qur'an erfunden oder gedichtet; Siehe: Sura 10/38; 11/13,35; 21/5; 25/4; 32/3...! Das heißt, die Gelehrten, die dies auch behaupten, sind nicht viel weiter als die Analphabeten z.Z. Muhammads! Trotzdem hat Gott die Araber damals und die größte der Gelehrten jeder Zeit herausgefordert, auch nur eine einzige Sura zu erfinden: „Und wenn ihr im Zweifel seid über das, was Wir hinabgesandt haben zu Unserem Diener (Muhammad), dann bringt eine Sura hervor wie diesen (Qur'ān) und ruft eure Helfer auf außer Allah, wenn ihr wahrhaft seid. Doch wenn ihr es nicht tut - und nie werdet ihr es vermögen-, dann hütet euch vor dem Feuer, dessen Nahrung Menschen und Steine sind, bereitet für die Ungläubigen" Sura 2/23,24 Ahmad. Übersetzung.
Dieser Qur'an - die Worte Gottes und das ewige Wunder Muhammads- behauptet Ibn 'Arabi seien sein Herz:
„Laqad sāra Qalbi qābilan kulla sūratin (1)
Famar'anli-ġizlānin wa-dairun li-ruhbāni
Wa baitun li-awtānin, wa ka'batun tā'ifin, (2)
Wa'alwāhu taurātin, wa mushafu Qur'āni"
(1) Mein Herz ist aller Formen fähig geworden: Es ist Weide für die Gazellen (und) Kloster für die Mönche;
(2) Und ein Haus (Tempel) für Götzen, (und) Ka'ba für den Pilger; (und) Schrifttafeln der Thora, und der Qur'ān (wörtlich: und Buch des Koran).
Als ich im Jahre 1960 dieses Gedicht las, war ich sehr begeistert von der Fähigkeit des Dichters Ibn 'Arabi! Einige Jahre später vertiefte ich mich in einige Schriften von ihm, und ich mußte feststellen, Ibn 'Arabi war kein Muslim! Der Leser braucht nur „Fusūs Al-Hukm (Al-Hikam) des Ibn Arabi, Teil I;S.111 ff -Al-Halabi-Kairo; vor allem Al-Fass Al-'Isawi und Al-Fass Al-Muhammadi zu lesen, um seine nichtislamische Haltung festzustellen!
Ich könnte sogar behaupten, daß Ibn Arabi einer der Urväter der, von den Muslimen nicht anerkannten Bahā'i Sekte ist. Baha-Ullah (= Glanz Gottes) ist der Ehrenname des abtrünnigen Gründers des Bahaismus Mirsa Husain Ali (1817-1892). Die Bahai-Sekte meint, der Bahaismus sei eine universale Religion. In der Tat ist der Baha:smus eine Mischung aus verschiedenen Religionen. Liest man Ibn 'Arabi's „Al-Futuh Al-Makiyya", seine Gedichte und sein Fusūs, dann erkennt er die Wurzeln des Bahaismus! Daher ist es nicht richtig, daß Roger Garaudy Ibn 'Arabi u.ä. zitiert, als wären sie wirklich Vertreter der reinen islamischen Glaubenslehre, die der Qur'ān verkündet. (Abu Usama)
Die verschiedenen Kulturen erlebten, schon bevor die großen Religionen den Menschen den Weg zu Gott zeigten, viele Versuche, um Gott und die Welt zu verstehen. Damals übernahmen die „Denker", Dichter, und schließlich die Philosophen diese Aufgabe. Seit der Renaissance beschränkte sich die Philosophie hauptsächlich auf theologische und humanistische Fragen. So entstanden der Materialismus und der Idealismus.
Diese Philosophien können bestenfalls die Existenz Gottes beweisen. Aber nur die Offenbarungen Gottes können eine richtige Vorstellung über Gott und über die Beziehung zwischen Ihm und der Welt geben. Deshalb ist es nicht verwunderlich, daß manche Philosophen wie Feuerbach den Tod Gottes verkündeten. (Abu Murad)

Diese Öffnung für das Universelle und dieses Schöpfen aus allen Religionen, deren jede als ein Moment des menschlichen Epos, der fortgesetzten Schöpfung des Menschen durch den Gott, der ihm innewohnt, betrachtet wurde, machten den Islam zur größten spirituellen Integrationskraft.

Das Gleichnis Ibn Tufails, das die Einheit von Philosophie und Sufismus, des Denkens und des Lebens in seiner Fülle, der Wissenschaft und des Glaubens verkörpert, gab der Philosophie, im Bewußtsein und der Schöpfung der Beziehungen zwischen Mensch, Natur und Gott, all jene Dimensionen zurück, die sie im Westen seit drei Jahrhunderten, seit Heraklit und Empedokles, verloren hatte.

Es hatte vier Jahrhunderte gebraucht, von al-Kindi bis al-Farabi und von Avicenna bis Suhrawardi und Ibn Arabi, um dem scholastischen Würgegriff Aristoteles' und der Griechen eine Philosopie zu entreißen, die authentisch islamisch geworden war: eine prophetische Philosopie. Dieser prophetische Windhauch begann den Westen aufzuwecken, vom Calabrien eines Joachim von Fiore bis zum Thüringen eines Meister Eckhart und den rheinischen Mystikern.

Und genau hier beginnt die große Weigerung und das große Zurückweichen.

Das große Zurückweichen ist mit äußeren Ursachen verknüpft: die beiden Leuchtfeuer des Strahlens des Islam, Bagdad im Orient und Cordoba im Okzident, werden von Eindringlingen ausgelöscht: 1258 erobern die Mongolen Bagdad, 1236 wird Cordoba von den Königen Kastiliens eingenommen, und aus war's mit seinem Strahlen.

Aber der innere Grund des Zurückweichens, in der Philosopie wie in den anderen Bereichen der islamischen Kultur, ist die der schöpferischen Entwicklung entgegengesetzte Weigerung.

Um uns auf die Philosophie zu beschränken: Ibn Tufail sieht sich gezwungen, nach Marokko ins Exil zu gehen, Suhrawardi wird wegen Ketzerei hingerichtet. Ibn Arabi wird von einem fundamentalistischen „Juristen" angezeigt und 1206 in Kairo eingekerkert; dem Tod entgeht er nur knapp. Dann gerät — im Namen der „Orthodoxie" — sein Werk in Verdacht. Mitten in ihrem Aufschwung wird die prophetische Philosophie von der Dogmatik ausgelöscht und gelähmt.

Lediglich das Persien der safawidischen Renaissance des 16. und 17. Jahrhunderts sollte noch — besonders mit der Philosophie des Mullah Sadr Shirazi (1572-1640), für den die Existenz ein Akt und und nicht eine Wesenheit ist — gegen die Philosophie des Seins an der Philosophie des Tuns, der prophetischen Philosophie Suhrawardis und Ibn Arabis, festhalten.

Die prophetische Philosophie

All jenen zum Trotz, die Gott und das Buch Seines Wortes in einem Zedernsarg einbalsamieren wollten, hat uns Ibn Arabi auf dem Höhepunkt des islamischen Denkens gelehrt, das Verb Gott zu konjugieren. [1]

Die Totengräber Gottes und des Menschen haben seither weder im Orient noch im Okzident gefehlt: eineinhalb Jahrhunderte vor den positivistischen Theologen hatte Feuerbach den Tod Gottes verkündet, und zwei Jahrhunderte vor den strukturalistischen und kybernetischen Versionen seines Werkes hatte La Mettrie den „Tod des Menschen" vollzogen.

Gegen alle Fundamentalismen und alle Technokratien (so billig mit der arabischen Halbinsel und der Halbinsel Asiens, Europa, zu verbinden) werden unsere Philosophien, die zu Philosophien des Todes Gottes und des Menschen geworden sind, ihre wahre Geschichte von Ibn Arabi ausgehend erneuern. Das ist der Preis für ihre Auferstehung, und es wird einer der größten Schätze des islamischen Erbes werden; entweder werden sie prophetisch, oder es wird sie nicht mehr geben. [2]

---

1 Der Verfasser schreibt: „Ibn Arabi hat uns auf dem Höhepunkt des islamischen Denkens gelehrt, das Verb Gott zu konjugieren: Das deutsche Wort „Gott" kenne ich als Substantiv, von dem es keine Verbform gibt. Substantivierung eines Verbes könnte ich mir vorstellen, jedoch hat diese Substantivierung mit dem Thema hier nicht zu tun!
Welche philosophische Bedeutung sollte wohl hinter diesem „Konjugieren" stecken. Wenn man das Verb des Substantives „GOTT" = Ilăh im Arabischen konjugiert, dann stellt man folgendes fest:

1. Das Verb: alaha (I. Stamm): dienen; beten; anbeten; vergöttern; in Schutz nehmen (veraltet);
2. Das Verb: aliha (I. Stamm): beten; anbeten; dienen; vergöttern; irre werden (veraltet);
3. Das Verb: allaha (II.Stamm): vergöttern; vergöttlichen; zum Gott erheben;
4. Das Verb: ta'allaha (V. Stamm): sich selbst vergöttern; sich selbst vergöttlichen.

Ist dem Leser damit geholfen?! Ich glaube es nicht.
Will R. Garaudy sagen, daß Ibn Arabi uns lehrte, dem Einzigen (Gott), dem Eigentlichen Wesen, allein zu dienen, dann ist ihm diese Formulierung mißlungen und er hat die Schriften des Ibn Arabi nicht richtig durchschaut; falls er sie gelesen hat. (Abu Usama)

2 Der Verfasser müßte als Muslim wissen, daß das Prophetentum nur von Allah allein verliehen sein kann, und daß Muhammad -a.s.s.- der letzte Prophet ist. Vielleicht meint er, die westlichen Philosophien müssen islamisch werden, indem sie mit dem Islam übereinstimmen, sonst werden sie sterben. (Abu Usama)

V
Alle Künste führen zur Moschee, und die Moschee führt zum Gebet

Die islamische Kunst, der immense Beitrag, den sie der Kunst der Welt geleistet hat, und der größere Beitrag, den sie zum Aufbau der gemeinsamen Zukunft der Menschen leisten kann, kann — wie die Wissenschaft, das soziale Leben oder die Philosophie — nur von ihrem Ordnungsprinzip her begriffen werden: dem islamischen Glauben.

Der Versuch, ein Ganzes von seinen Teilen aus zu erklären, war immer schon lächerlich, noch lächerlicher aber die Versuche, das Ganze von einem seiner Teile aus zu erklären. Und dennoch: was haben sich nicht die „Spezialisten" bemüht, um die islamische Kunst auf einen der „Einflüsse" zurückzuführen, denen sie „unterlag"!

Hat man im Bereich der islamischen Kunst nicht gesehen, genauso wie im Bereich der Wissenschaften und der Philosophie, mit welcher Verbissenheit das spezifisch Neue des Islam negiert wird: in einer der neuesten und prächtigsten Veröffentlichungen über die islamische Kunst, die gleichwohl wertvolle Analysen im Detail enthält, wird die Ansicht vertreten, daß das treibende Element der islamischen Kunst nicht die Moschee und ihre Architektur ist, sondern die Malerei, und weiterhin, daß ihre Miniaturen auf der platonischen Ästhetik beruhen und daß ihre Architektur nur eine simple Variante derer der byzantinischen Kunst ist, die ihrerseits ausschließlich auf den griechischen Ursprung zurückgeführt wird. Asien und Islam sind nur noch Auswüchse des Hellenismus. Unendlich eleganter und gelehrter ist der karikierende Ansatz des *Handbuchs der moslemischen Politik*, eine Art Katechismus für den perfekten Kolonisten, das ich 1945 in allen Bibliotheken Algiers fand, und in dem man diese „Definition" lesen konnte: „Die arabische Wissenschaft, unrettbar tot und veraltet, besteht aus Kompilationen griechischer Autoren, die im Mittelalter von Juden redigiert wurden;" Solche Beschneidungsoperationen haben als gemeinsamen Nenner den Versuch, der islamischen Kultur jede Eigenständigkeit und Zukunft abzusprechen.

Derselbe Ansatz ließ einen spanischen „Orientalisten" schreiben, der spanische Mensch („*homo hispanus*", wie er sagt) sei „das Ergebnis eines jahrhundertelangen Kampfes gegen den Islam" — als wäre die Kultur des Islam nicht eine der wichtigsten Komponenten der spanischen Kultur, sondern ein

Fremdköper! Als riefe die Ausstrahlung der islamischen Universität von Cordoba oder die paradiesische Kunst der Alhambra von Granada nur zu einer armseligen Reaktion der Ablehnung auf! Ein anderer führt die ganze islamische Kunst Spaniens auf die Kunst der Römer und der Westgoten zurück. Die Alhambra? „Ihre architektonischen Prinzipien sind seit der Zeit Roms und Byzanz' auf die Iberische Halbinsel gekommen"! Die große Moschee von Cordoba? Man gesteht ihre Pracht ein, aber sie ist vorab durch die Häresie des Arius inspiriert! Ein weiterer sieht in den Künsten des Islam nur ein Erbe des sassanidischen Persien.

Wir könnten diese traurige Reihung fortsetzen. Selbst wenn man diese Kunst bewundert, so ist es doch in jedem Fall wesentlich, die arabisch-islamische Eigenständigkeit nicht anzuerkennen und so gut wie möglich den eigenen Beitrag des Islam als solchem, als Glauben, zur Weltzivilisation zu vertuschen.

Selbst ein oberflächlicher Blick auf die Zeugnisse der islamischen Kunst in der Welt enthüllt ihre tiefe Einheit und ihre Originalität. Unabhängig von geographischem Standort und der Bestimmung des Bauwerks spürt man, daß in ihnen allen dieselbe geistige Erfahrung lebt. Von der großen Moschee von Cordoba bis zu den kleinen Schmuckkästchen der Moscheen von Tlemcen, der Karawiyin von Fes oder der al-Tulun von Kairo, unter den riesigen Moscheen Istanbuls, den paradiesischen Zwiebeln jener von Isfahan, oder dem nüchternen, schraubenförmigen Minarett von Samarra, vom Mausoleum Tamerlans in Samarkand bis zum schillernden Grabmal des Tadsch Mahal in Indien, von den Palästen der Alhambra in Granada bis zu denen von Ali Kapu und Tschehel Sutun in Isfahan — bei allen habe ich persönlich immer den Eindruck gehabt, all das sei von einem einzigen Menschen zur Anrufung eines einzigen Gottes gebaut worden. Die islamische Kunst drückt eine Weltsicht aus, die gleichzeitig ihre Bestimmung und Themen, ihr plastisches Vokabular und ihre Techniken bestimmt.

Im Islam führen alle Künste zur Moschee, und die Moschee führt zum Gebet, hat mal jemand gesagt. Die Moschee, Gebet aus Stein, Strahlungszentrum aller Aktivitäten der islamischen Gemeinschaft, ist der Konvergenzpunkt aller Künste.

Die grundlegende Struktur erinnert an das Haus des Propheten: ein Hof, wo man sich durch Waschungen reinigen kann, ein Windfang oder Arkaden, um sich vor der Sonne zu schützen, und besonders diese kleine, leere Nische, der *mihrab*, die den Gläubigen die Richtung nach Mekka weist. Die Achse jeder Moschee, wo immer sie auch steht, ist so auf die Kaaba ausgerichtet und ihre

Hauptwand (*qibla*), vor der sich die Gläubigen zum Gebet aufstellen, ist ein Segment eines jener Kreise, die bis ans Ende der Welt die Kaaba konzentrisch umgeben. Schon die Ausrichtung der Moschee bestimmt das Zentrum des Universums und konkretisiert gleichzeitig die Einheit der universellen Gemeinschaft (*umma*) des Islam.

Die Struktur der Moschee entspricht ihrer Funktion. Sie ähnelt weder der christlichen Kirche noch dem griechischen Tempel, denn sie dient nicht als Schrein für die Reliquien eines Heiligen (die Kaaba ist ein steinerner Kubus, der nichts beinhaltet), noch als Dekor für eine liturgische Zeremonie. Im Gegensatz zum griechischen Tempel oder zur christlichen Basilika, deren Grundriß sich in die Länge erstreckt, zieht sich die Moschee in die Breite, damit möglichst viele Gläubige in Richtung *qibla* und *mihrab* blicken können.

Charakteristikum der Kunst des Islam ist die „Leere": der *mihrab* beschirmt nicht nur keine Statue und kein Bild, sonder er versinnbildlicht Gott durch eben dieses Fehlen: Gott überall gegenwärtig, aber überall unsichtbar. Es wäre also Sakrileg und Götzendienerei, ihn lokalisieren oder abbilden zu wollen. Das ist der tiefere Grund dafür, daß die religiöse Kunst das Bild ausschließt: die anderen Religionen schaffen ganz im Gegenteil dichtere „Kerne" der Realität, die das Unsichtbare sichtbar machen, ob es sich nun um eine afrikanische Maske als Energiekondensator handelt, um eine Ikone oder ein Kreuz.

Keine Koranstelle verbannt Bilder, aber das grundlegende Gesetz des Islam impliziert, keinesfalls die Meditation des Gläubigen über die göttliche Einheit zu stören, sich von den Erscheinungen der Welt und ihren götzendienerischen Versuchungen loszusagen um den Geist auf den Einen zu lenken, indem man jede Teilrealität übersteigt. Die intransigente Einheit Gottes (*tauhid*) kann sich jenseits jeder irdischen Darstellung nur durch das ausdrücken, dessen Wahrnehmung den Geist zu einem Gefühl für die Gegenwart einer Ordnung zurückführt, die gleichzeitig mathematisch und rational, harmonisch und musikalisch ist.

Die einzig möglichen Ornamente sind daher geometrische Figuren, deren beschwörende Wiederholung für den Moslem dasselbe ist wie das „Gebet Jesu", der endlosen Litanei des einzigen Namens Gottes in den Klöstern der Christenheit im Orient. Die endlosen Geflechte von Sechsecken, Bögen und gleichschenkligen Winkeln, die mit der Spitze aneinanderstoßen, symbolisieren Ausdehnung und Rückzug, Ein- und Ausatmen Gottes, [1] des Atem jenes Gottes, von dem es im Koran heißt, daß alles von Gott kommt und „alles Gott

---

1 Eine anmaßende Formulierung, die Gott menschliche Züge verleiht!

gehört" (III, 109).

Dieselbe Mahnung an die Einheit in der Vielfalt und Wiederholung derselben Motive drückt sich in den „Stalaktiten" aus, jenen Stuckkristallen in unzähligen Formen, die die Wölbung eines *mihrab* in den Moscheen von Tlemcen zieren oder die ganze Kuppel, wie im Saal der Abencerrajes oder der beiden Schwestern in der Alhambra von Granada.

Das Licht spielt darin, bricht sich, nuanciert sich bis ins Unendliche, oder zerplatzt zu tausend Sonnen wie auf den azurblauen Keramikzwiebeln der Moscheen von Isfahan, und wechselt die Farbe mit jeder Stunde des Tages, als ob sie eine Hymne an das Licht sängen, denn „Gott ist das Licht des Himmels und der Erde"; „Sein Licht ist einer Nische zu vergleichen, mit einer Lampe darin. Die Lampe ist von Glas umgeben, das (so blank) ist, wie wenn es ein funkelnder Stern wäre (...) Licht über Licht" (XXIV, 35). Große Glaslüster oder kleine Kupferlampen mit vielfarbigem Glas erhellen so die Moscheen, wo sich ihnen die Sonne durch die Mosaikkuppeln anschließt, Kuppeln aus vergoldeter Keramik oder aus Stalaktiten von einem samtenen Grau, das alle prächtigen Spielarten eines Taubenhalses aufweist.

In diesem Licht, das eine andere, jenseitige Welt heraufbeschwört und in der diesseitigen strahlt, laufen an den Wänden „Arabesken" oder Bögen entlang, und geometrische Palmetten verschlingen sich mit bis zur Abstraktion stilisierten Blattmustern und Koranversen oder Gedichten. Denn mit den geometrischen Figuren der Arabeske ist die Kalligraphie das dritte Medium, die göttliche Gegenwart zu beschwören. [1] In Form des „kufischen" Schriftduktus, wo rechte Winkel vorherrschen und der den monumentalen Charakter der Architektur verstärkt, oder in Form der Kursivschrift (*naskhi*) wird das Wort Gottes, das sich bereits im Stein ausdrückte, direkte Mahnung zum Glauben. Die Verbindung der rechten Formen des Kufi oder das Netz der singenden Bögen des *naskhi* sind eine Art Sprungbrett, um uns ins Unendliche zu werfen, umso mehr als diese Texte, eingekerbt oder als Relief geschrieben, nicht als Form auf einem Untergrund erscheinen, sondern wie die Spur einer Bewegung, die sich im Leeren abspielt und mit der sich unser Blick und unser ganzer Körper wie in einen heiligen Tanz identifiziert.

So haben alle Elemente der islamischen Architektur diese symbolische Funktion, die ihre Struktur beherrscht: Die Wölbung des Himmels wird von den Kuppeln außen, in der Sonne, gespiegelt und von innen betrachtet eingeschlossen, um die Meditation zu konzentrieren; die ʿiwan, die — besonders im Iran

---

[1] Richtig wäre: „...die an die göttlichen Gegenwart erinnert" (Abu Murad)

und Irak (wo der große Bogen des sassanidischen Palastes von Ktesiphon die Baumeister jahrhundertelang inspiriert hat) — Kuppel-Rümpfe sind, die sich dem Licht darbieten und gleichzeitig ihren schützenden Schatten den Gläubigen bieten. Ihre Linien entwickeln alle möglichen Harmonien, von den keilförmigen Bögen mit der nüchternen Eleganz Persiens bis zu den überladenen oder viellappigen Bögen des Maghreb oder Andalusiens. Ihre Gewölbebögen — wie in der durch das düstere Gold der Alabasterplatten der Decke beleuchteten Krypta der Moschee des Scheich Lutfullah in Isfahan — können einen an die Zelte Tamerlans erinnern, oder, wie oft im Maghreb, an die Neigung der Palmen in der Oase, oder an die Krümmung des Wasserstrahls in den Patios Andalusiens, oder an das Gewoge übereinandergesetzter und sich kreuzender Bögen in der Symphonie einer Steinhymne im Säulenwald der Moschee von Cordoba.

Diese Steinkunst, die in den Stein und das Licht der Moscheen eingeschrieben ist, kennt keine Grenze zwischen Profanem und Sakralem. Die Stadt ist organisch um die Moschee herum entstanden, so wie die neue Gemeinschaft des Islam aus der geteilten Transzendenz geboren wurde. Das Wort des *imam*, der vor dem *mihrab* des Gebet leitet, ist auch das göttliche Wort, das der *muezzin* singt, wenn er hoch vom Minarett zum Gebet ruft.

Das göttliche Wort dringt so von innen nach außen, oder besser: vereint das Innere und das Äußere, die für den Moslem nichts anderes sind als das Eine und das Vielfache, das Sakrale und das Profane, die Transzendenz und die Gemeinschaft, zwei Sichtweisen der selben Einheit.

Das Äußere einer Moschee, das ist vorab die *madrasa*, wo man das Wort Gottes ebenso lehrt wie alle Wissenschaften und Künste, die es inspiriert, die es beinhaltet und in denen sie strahlt. Ihre Struktur und ihre Elemente, nicht die einer „Dekoration" sondern einer göttlichen Anrufung durch symbolische Formen, sind die gleichen: sie „reproduzieren" oder „imitieren" keine besondere Realität (sie ist nur profan, weil sie einfach besonders ist, von Allem, von dem Einen abgetrennt), sondern „bestimmen" — jenseits dieser Besonderheit, dieser Vielfalt — den Einen, der ihr ihren Sinn gibt, ihre Rolle als „Zeichen" und ihre Schönheit.

Allmählich sondert dieser Glaube seine Schale in den Stein ab und wird zur Polis. Die Bäder sind nicht nur Orte der körperlichen Reinheit, sie erhalten die Bedeutung der rituellen Reinigung. Auf dem Markt knüpfen alle physischen Aktivitäten, die Arbeit des Künstlers wie der Austausch der Dinge und auch der Ideen, die physischen Bande der Gemeinschaft.

Die Gärten, die der iranischen wie der spanischen Hochebene, sind der Traum des Beduinen, die Fata Morgana der Oase, die Realität wird, das Bild des Paradieses.

Von den persischen Gärten Shiraz' bis zu den andalusischen Gärten des Generalife von Granada finden wir die gleichen singenden Bäche, die gleichen Springbrunnen, die gleichen Zypressen (1) und die gleichen Rosen (diejenigen aus Saadis *Rosengarten*), den gleichen Jasmin (den *Jasmin der Getreuen der Liebe* des Ruzbehan aus Shiraz), die gleichen Glyzinienlauben.

Diese Besessenheit ist so stark, daß eines der bevorzugten Teppichmotive, insbesondere in Persien, der Garten ist: in die Wolle werden die Rechtecke der Bäche gezeichnet, die in der Mitte zu einem Bassin oder Becken mit seinen Fontänen zusammenfließen, und im Inneren sind vielfarbige Gärten mit stilisierten Blumen. Mit diesem Teppich voll magischer Beschwörungen trägt der Beduine bis in die Hölle der Sandstürme einen fernen Widerschein seines Paradieses.

Auch hier keine Grenze zwischen dem Sakralen und dem Profanen: die Borte des Teppichs ist im allgemeinen eine Arabeske oder ein geometrisches Band, das den Übergang von der göttlichen Welt in die alltägliche bildet, mit dem Gewoge ihrer Sanddünen, dem Gewinde ihrer Berge, oder dem Branden ihrer Wolken.

Umgekehrt kann der „Gebetsteppich", aus Wolle oder Seide, mit seinem Bogen, der an die Moschee gemahnt und den reservierten Raum begrenzt, für andere Zwecke verwendet werden. In Wahrheit, sagt der Koran, „umfaßt Gott alles" (II, 115) und „die ganze Erde ist eine Moschee". Deshalb wird jeder Gegenstand, und sei er ein reiner Gebrauchsgegenstand, ein Schwert oder eine Wasserkanne, ein Kupfertablett, ein Teppich oder ein Pferdesattel, ebenso wie die Kanzel (*minbar*) oder der *mihrab* einer Moschee geformt, ziseliert und gehämmert, um Zeugnis eines „Zeichens" der göttlichen Gegenwart abzulegen.

Diese Übertragung der gleichen Motive der Geometrie, der Arabeske oder der Kalligraphie und ihre rhythmische Wiederholung findet sich auf dem unterschiedlichsten Material: Stein oder Mosaik, Kupfer oder Stahl, Stoff oder Leder. Der Blick der Frömmigkeit entdeckt das Handzeichen Gottes selbst in den vom göttlichen Zentrum entferntesten Bereichen: in der Bebilderung der wissenschaftlichen Werke oder des menschlichen Epos, wie im Fall der persischen oder türkischen Miniaturmalerei, um beispielsweise Abhandlungen zu Astronomie, Botanik oder Zoologie zu illustrieren, wie *Das Buch der Darstellungen der Fixsterne* im 10. Jahrhundert, oder Szenen des täglichen Lebens wie im Buch der Tagungen des Hariri im 13. Jahrhundert, oder Episoden der mystischen Geschichte eines Volkes, wie im *Buch der Könige* (2) des Firdausi im 11. Jahrhundert. Diese Ästhetik läßt sich keinesfalls als Verneinung oder List definieren, wie etwa das Bemühen, die Verbote des Koran oder der Überlieferung (*hadith*) zu umgehen, sondern nur als Ausdruck der Weltsicht, die sich aus dem fundamentalen Glauben des Islam ergibt.

Wenn die Felsen manchmal wie Wellen zu wogen scheinen, so fordert uns der Koran, indem er uns lehrt, uns auf den Standpunkt des Ewigen zu stellen und die Veränderungen und Bewegungen, die auf der Stufe eines Menschenlebens feststellbar sind, mit dieser Elle zu messen, auf, ,,der Unbeweglichkeit der Berge zu mißtrauen". Lehrt uns denn nicht die Geologie, daß, wenn wir die Millionen von Jahren der Faltungen und Erosionen der Erdhülle auf wenige Sekunden zusammenzögen, die Gebirgsketten wie die Wogen eines Ozeans sich aufbäumen und einstürzen würden? Wenn die Personen, Bäume und Häuser in der islamischen Miniaturmalerei weder Plastizität noch Schatten haben, so deshalb, weil die Tiefe des Raums und der Dinge nur Sinn hat in Bezug auf unsere begrenzte und partielle Sichtweise parzellenartiger Individuen, aber keinen Sinn aus der Sicht eines Gottes, dessen sichtbare Manifestationen nur Erscheinungen, ,,Theophanien" sind. Wenn uns die Farben willkürlich vorkommen, weil sie ein Kamel oder Laubwerk rosa oder blau machen, so deshalb, weil die Färbung des Alltäglichen vom Rhythmus der Tage und Nächte abhängt, vom Sonnenstand und unseren fleischlichen Blicken, aber im Blick Gottes kommen Licht und Farbe der Dinge in ihrer Ewigkeit aus ihnen selbst (wie in den Fenstern unserer Kathedralen) und die Welt der Malerei, die sich bemüht, die Realität ,,an sich" und nicht ,,für uns" darzustellen, stellt uns die Welt nicht im Licht der Sonne und unserer Augen vor, sondern im göttlichen Licht.

Dieses Universum, durch das der Maler sich bemüht, eine göttliche und nicht eine menschliche Vision zu geben, hat mit der ,,Abstraktion" unserer westlichen Malerei nichts gemein. Unsere Abstraktion, vor einem Dreivierteljahrhundert durch Delaunay, Kadinsky und Mondrian eingeführt, selbst wenn sie (wie bei Kadinsky und Mondrian) dazu neigt, ,,das Geistige in die Kunst" wieder einzuführen, selbst wenn sie sich, vor dieser Erfahrung, von Manet bis Gaugin, an nicht-europäischer Malerei inspirierten (japanische Holzschnitte oder Fresken des pharaonischen Ägypten; bewußt mit Matisse und Klee auch islamische Kunst, deren Malerei sie auf der Münchener Ausstellung von 1910 kennenlernten und in der sie eine Bestätigung ihrer plastischen Spekulationen fanden), so hat doch die westliche Malerei, wenn sie sich von der ,,Nachah-

127

mung" abwendet, keinesfalls dasselbe „Programm" wie die islamische Kunst. Im Westen handelt es sich bald um eine Flucht („sich von der Welt abwenden, die keine Realitätsseele hat", wie einer von ihnen sagt), um nur noch „in einer bestimmten Ordnung angesammelte" Formen und Farben zu sehen, wie M. Denis sagte, bald um eine „Projektion der inneren Welt", zutiefst individualis-tisch, bald um ein Begreifen der Realität auf einem bestimmten Tiefenniveau. Keine dieser Sorgen berührt den moslemischen Maler: es geht nicht darum, der Realität zu entfliehen, sondern im Gegenteil darum, die einzig wahre, transzendente Realität klarzumachen; es geht nicht um eine individualistische Projektion, denn diese Realität des Einen läßt sich nur in der Gemeinschaft leben; es geht nicht darum, ein „Niveau" von Realität zu erreichen, sondern darum, die einzige Realität zu beschwören, die sich nicht von der täglichen Vorstellung ausgehend „erreichen" läßt. Es geht einfach darum, durch eine radikale Umkehrung Zeugnis von Gott abzulegen.

Diese Einheit von religiöser Inspiration, der Ästhetik des Stils und der Techniken, die sie belebt, macht den Zauber dieser Kunst aus. Der Zauber des Talisman wird gebrochen, sobald man mit Gewalt ein fremdes Element einführt. Zwei besonders ergreifende Beispiele sind einmal die große Moschee von Cordoba, die Karl V. entstellte, als er 1526 einen Teil davon zu einer Kathedrale machte, zum anderen die Alhambra von Granada, wo derselbe Haudegen inmitten der Gärten und luftigen Paläste der Alhambra einen dünsteren Palast von erdrückender Plumpheit bauen ließ, dessen Innenhof mit seinen grauen Säulen an einen Zirkuskäfig für riesige Gladiatorenkämpfe gemahnt.

Die Alhambra ist nur der letzte Sproß der andalusischen islamischen Kunst, aber in ihr lebt noch die „Gnade" in ihrem doppelten Sinn von göttlicher Gegenwart und erhabener Eleganz.

Die permanente Präsenz des Göttlichen liegt nicht nur im Leitmotiv „Es gibt keine Kraft und Macht außer bei Gott", das in tausendfarbigen Schriften wiederholt wird. Es liegt in der ständigen Beschwörung des Paradieses durch das endlose Spiel der symbolischen Formen, in denen sich die Grundrhythmen des Universums ausdrücken.

Jede Kuppel der großen Säle ist — mit unterschiedlichen Techniken — das kosmische Symbol einer himmlischen Polis. Im Saal der beiden Schwestern lassen die grauen Stalaktiten der Wölbung das Licht in ein unendliches Funkeln zersplittern und man lebt unter einem von Sternen knisternden Himmel. Im Myrtenhof zittern die schlanken Säulenreihen im Hauptbecken und das Wasser spiegelt noch die Rankenornamente der Wände wider, als würde sich die

Realität in ewiger Schönheit des Steins und vergänglicher Schönheit des Lichts verdoppeln. Im Löwenhof, der Umkehrung des Parthenon, ist die Fülle zur Leere geworden, und der Stein umschließt den offenen Raum des Patio, einer luftigen Leere, die auf einem Garten ruht, der sich wie ein persischer Teppich ausnimmt, durch die „vier Flüsse" des Paradieses zerschnitten, das in Bibel und Koran beschrieben wird. Die Säulenreihen, die die Decken der Seitengänge des Patio mit ihren schwindelerregenden Steinkanten tragen, lassen die Sonne durch eine immer gedämpftere Orchestrierung des Lichts in den Schatten eindringen. In diesen unendlichen Harmonien von Licht und Schatten scheint nichts genau das zu sein, was es ist: wir werden fortgetragen in einen anderen Raum und eine andere Zeit, deren Struktur und Rhythmus uns in Gleichklang mit einer anderen Welt bringen, einem deutlich anderen und höheren Leben. Eine solche Architektur, schreibt Oleg Grabar, ist „eine visuelle Übertragung der kosmischen Vision des islamischen Glaubens [3]".

Auf diesem steinernen Gedicht steht — meist in „kursiven" Buchstaben — ein Gedicht von Ibn Zamrak (1333-1392), dem Hofdichter, dessen unterwürfige und übertriebene Lobreden auf den regierenden Fürsten einen nicht die Anmut der Gedichte vergessen lassen können, die sich kontrapunktisch zu der des Steins gesellen. Nicht ohne Geziertheit beschwört er das Bild einer Alhambra als junger Braut des Greises mit der vom ewigen Schnee der Sierra Nevada, die sich am Horizont abzeichnet, gebleichten Stirn.

„Die Sabika ist eine Krone an der Stirn Granadas, und die Sterne lassen sich in sie einsetzen.
Und die Alhambra
ist ein Rubin auf ihrer Spitze."

Beim Anblick dieser „durch das Licht verzierten" Säulen, dieser Blumengärten, deren Blumen mit den hellen Flecken im Mondlicht den Sternen einen Spiegel zu reichen scheinen, dieser vieldeutigen Oszillation zwischen dem Wirklichen, seinen Manifestationen und seinem Erscheinen, hat der Reisende, selbst wenn er weder die Sprache dieser Gedichte entziffern noch den Glauben teilen kann, der ihnen Sinn verleiht, das Gefühl, Gefangener eines Liebeszaubers zu sein, der die Alhambra zwischen die Welten setzte, in der Luft schwebend, zwischen Himmel und Erde, und daß sie uns die höchste Botschaft der islamischen Kunst übermittelt: die des Glaubens an die Einheit einer Welt, in der das Unsichtbare nur durch die „Zeichen" des Sichtbaren entziffert werden kann, ohne daß es sich darauf reduziere.

VI

Die Verkündigungspoesie

Die islamische Literatur, die bis ins 20. Jahrhundert im wesentlichen Poesie war, ist in ihrem ureigensten Prinzip prophetische, koranische Poesie.

Es geht uns hier nicht um ihre Geschichte, sondern um ihren Sinn und das, was sie seit zehn Jahrhunderten unablässig zur Erfindung der Zukunft beigetragen hat und in ihrer neuen Blüte im 20. Jahrhundert noch beitragen wird.

Zweifellos findet man in der „vorislamischen" Dichtung der *mu'allaqat* (die Dichtung der Beduinen Arabiens bis zum 7. Jahrhundert, im wesentlichen mündlich tradiert, bis sie in der islamischen Epoche niedergeschrieben wurde) häufig die Themen und den Stil der späteren islamischen Poesie: Liebesgesänge, Leben und episches Lob der Stammesgemeinschaft, Wüstendichtung, aber vor allem die *Unwandelbarkeit* von Wüste und Himmel, ewiger Abschied und ewiges Wandern des Nomaden. [1] Ins Religiöse umgesetzt, wird diese fundamentale Dialektik zu der der ewigen göttlichen *Einheit* und der unendlichen *Vielfalt* der „Zeichen", durch die sich diese Einheit in Natur und Geschichte ausdrückt, in der Abgeschlossenheit des Menschen und in seinem Wort.

Der Islam, der „die Keime für eine radikale Mutation auf der Stufe der Menschheit [2]" in sich trägt, hat der breit überwiegenden Strömung dieser Poesie den prophetischen Glauben gegeben, der sie ständig inspirierte.

Heute wird in der wunderbaren Blüte der arabisch-islamischen Dichtung derselbe prophetische Sinn der Poesie entsprechend unserem Jahrhundert mit seinen Ängsten und Hoffnungen umgesetzt.

Zweifellos gab es auch andere Quellen der Inspitation: Bereits in der glanzvollen Morgendämmerung des abasidischen Reiches hat Abu Nuwas (757-815), einer der größten arabischen Dichter, die Freude besungen, an diesem glänzenden Hof Bagdads zu leben, dem er gleichzeitig Zierde und Skandal war: Wein und Trunkenheit, Liebe — besonders die zu jungen Knaben, aber auch zu Frauen — Jagd und Wind [3]. Dieser orientalische Francois Villon steht außerhalb der Hauptströmung der islamischen Poesie. Das gilt übrigens auch für Omar Khayyam [4] (starb 1132), der in seiner Heimat, dem Iran, lange Zeit als Mathematiker besser bekannt war denn als Dichter. Den Sufis schon näher, über deren Werke er meditiert, entfernt er sich doch von Ihnen — weniger durch seine Loblieder auf den Wein (in denen die Trunkenheit doch oft nur Metapher für göttliche Extase ist) — als vielmehr durch seinen Skeptizismus und Pessimismus. Just diese aber machte ihn nach der Übersetzung durch

Edward Fitzgerald im 19. Jahrhundert im Westen berühmt:
> „Ich bin der Häuptling der Stammgäste der Schenke,
> Ich befinde mich im Aufstand gegen das Gesetz.
> Während langer, mit reinem Wein getränkter Nächte
> Schreie ich Gott die Schmerzen meines blutenden
> Herzens entgegen."

Genauso steht es um die epische Inspiration bei Firdausi (934-1020), der die Versuche mehrerer Vorgänger aufnimmt und in seinem *Buch der Könige* (5) eine mythische Geschichte des Iran schreibt, vom Beginn der Welt bis zur arabischen Eroberung, mit lyrischen oder didaktischen Momenten, die die Seele eines ganzen Volkes ausdrücken. Sein Werk faszinierte die französischen Romantiker: in seinem *Fall eines Engels* (6) sieht Lamartine in Rustem, der zentralen Figur dieses Epos, das ewige Vorbild der Helden: „Sie sind mehr als Könige, denn die Könige herrschen nur über eine Zeit, aber diese Helden herrschen über die Zukunft". Und in seiner *Legende der Jahrhunderte* beschwört Victor Hugo, auch er in mythischer Weise, Glanz und Unglück des Firdausi, den er in einem romantischen Orient trifft.

Aber in der klassischen Zeit der islamischen Dichtung, vom 9. bis zum 15. Jahrhundert, ist im wesentlichen der Sufismus die Poesie des Islam und der Koran ist ihre Quelle.

„Sufi ist, wer in den beiden Welten nichts anderes sieht als Gott" (Shibli). Auf den Ruf des Koran, „Wir werden sie (draußen) in der weiten Welt und in ihnen selber unsere Zeichen sehen lassen" (XLI, 53), antwortet der Sufi mit Mahmud Shabestari (starb 1320): „Lies die Bücher Gottes: das Buch deiner Seele ist das des Himmels" (7)

Es gibt kaum ein islamisches Gedicht, in dem man nicht das Echo oder eine Reminiszenz des Koran vernehmen würde. Zuerst im Hauptthema: „Wohin ihr euch wenden möget, da habt ihr Gottes Antlitz vor euch" (II, 115). „Und der Donner lobpreist ihn" (XIII, 13). „Und vor Gott werfen sich (alle), die im Himmel und auf Erden sind — sei es freiwillig, sei es widerwillig — (in Anbetung) nieder, und (dazu) ihre Schatten, morgens und abends" (XIII, 15). „Hast du denn nicht gesehen, daß (den einen) Gott (alle Wesen) preisen, die im Himmel und auf Erden sind, ebenso die Vögel, (wenn sie) im Schwebeflug (die Flügel ausgebreitet halten)?" (XXIV, 41).

Die ganze Erde ist eine Moschee, lehrte der Prophet, und der Dichter entdeckt ihre kosmische Liturgie. Der größte Sufi-Dichter, Jalaluddin Rumi (1207-1273) (8) ist Gründer des Ordens der Tanzenden Derwische, die mit dem Wirbel

Die Verkündigungspoesie

ihres Tanzes das kosmische Kreisen der Planeten beschwören. Er schreibt:
„Ich sehe die Wasser, die aus ihrer Quelle entspringen... die Äste der Bäume, die wie Büßer tanzen, die Blätter, die wie Spielleute in die Hände klatschen."

„Sinn", das ist die unsichtbare Realität der sichtbaren Erscheinungen, und da er in ihnen Erscheinungen jenseits der Manifestationen sieht, Zeichen, Symbole, Theophanien, singt der Sufi-Dichter in jedem Gedicht den Anfang des islamischen Glaubensbekenntnisses (*Schahada*): „nichts Göttliches außer Gott".

Jami (1414-1492, der letzte der großen klassischen Dichter) schreibt: „Das Universum ist der äußere und sichtbare Ausdruck der Realität, und die Realität ist die innere und unsichtbare Realität des Universums" (9).

Die vorrangige Mission des Dichters ist diese prophetische Ankündigung:
„Wir sind wie die Flöte, unsere Musik kommt von Dir...
Wir sind Wappenlöwen auf wehenden Fahnen:
Dein Atem breitet uns über die Welt aus" (10).

Das Unsichtbare kann sich weder durch die Sinne zeigen noch sich durch die Ideen ausdrücken. Es kann nur durch das Gedicht und seine Symbole „bezeichnet" werden. Die Poesie ist keine Verzierung des Glaubens: sie ist seine unvermeidliche Sprache.

Deshalb sind alle Offenbarungsschriften Gedichte. [1] Die Theologie im wahren Sinne, jene, die von Gott spricht, kann nur „poetisch" sein, denn das Unsagbare läßt sich nicht auf Konzepte und Gründe reduzieren, erst recht nicht auf Sichtbares.

„Gott hat das Meer versteckt und die Gischt gezeigt;

---

1 Man soll vorsichtig sein, bevor man den Verfasser verurteilt:

  1. Meint er die Dichtung als Kunst, dann hat er sich geirrt.

  2. Meint er, die Sprache der echten Offenbarungen ist nicht von Menschen, sondern von Gott direkt offenbart, dann ist seine Aussage richtig.

  3. Viele Dichter hielten sich oder wurden für Halbgötter oder für Götter in menschlicher Gestalt gehalten. Der Qur'ān hat auch ausdrücklich betont, daß Muhammad kein Dichter und daß der Qur'ān keine Dichtung ist; Siehe Sura 21/5; 26/244; 37/36; 69/41; „Und wir haben ihn (d.h. Muhammad) weder die Kunst der Dichtung gelehrt, noch steht sie ihm an (ist seiner nicht würdig). Dies (die Offenbarung) ist einfach eine Ermahnung und ein Qur'ān, der, (alles) erklärt, damit er diejenigen warne, die lebendig (und geistig aufnahmefähig) sind, und das Urteil an den Ungläubigen in Erfüllung gehe" Sura 36/39-70.

Diese Äußerungen haben mit dem Titel des Buches „Verheißung Islam" nichts zu tun (Seite: 127, Z. 12: „Die vorrangige Mission des Dichters ist diese prophetische Ankündigung", denn „Verheißung Islam" oder „Promesses de l'Islam" ist nicht Uniomystica, wie sie die Kirche nennt, nicht Islam als geheimnisvolle Vereinigung der Seele mit Gott als Ziel der Gotteserkenntnis in der Mystik.

Der Verfasser betont die Lehre der „Uniomystica" bzw. der Einheit der Existenz und zitiert, um dies

Er hat den Wind versteckt und den Staub gezeigt...
Wie könnte sich der Staub von alleine erheben?...
Gleichwohl siehst du zwar den Staub, nicht aber den Wind.
Wie könnte sich die Gischt ohne das Meer bewegen;
Gleichwohl siehst du die Gischt, nicht aber das Meer.
Vor den Händlern messen die Zauberer die Strahlen des Mondes
und werden dafür mit Gold bezahlt...
Diese Welt ist ein Hexenmeister und wir sind Händler,
die ihr Mondstrahlen abkaufen" (11). [1]

Jahrhunderte später trägt Jami diesen Wechselgesang bei:

„Von Ewigkeit an enthüllte der Geliebte seine Schönheit
in der Einsamkeit des Unsichtbaren...
Kein Auge außer dem seinen hatte das Universum geschaut
Alles war EINS...
Die riesige Bahn des Himmels und die unendlichen Bewegungen
seiner Sphären waren in einem einzigen Punkt enthalten
und verborgen.

zu bestätigen, z.B: Goethes „West-östlichen Diwan": Wiederfinden
Als die Welt im tiefsten Grund
Lag an Gottes ewiger Brust,
Ordnet er die erste Stunde
Mit erhabener Schöpfungslust...
Stumm war alles, still und öde,
Einsam Gott zum erstenmal!....
Allah braucht nicht mehr zu schaffen,
Wir erschaffen seine Welt. ....(Siehe Seits 128 bei Garaudy)

Weiterhin zitiert der Verfasser 'Attār (Sprache der Vögel, Seite 129-133 in Verheißung Islam v. R. Garaudy) Hāfiz̧ u.a., um die Notwendigkeit der Uniommystica hervorzuheben. Hier hat der Verfasser nur vergessen, daß die islamische Glaubenslehre besagt, daß Allah (Gott) mit Seinen Geschöpfen ist, d.h. mit seiner Gnade aber nicht, daß Er in Seinen Geschöpfen sichtbar - inkarniert!!- ist. Er ist Al-Qahiru fauqa Ibadihi, wa Huwal-Hakimul-Chabir (6/18): (Er ist der Allmächtige (Der über Seine Diener Gewalt hat); der Allweise; der Allwissende.) Siehe auch: 6/61; 42/11; 112/4 (Abu Usama)

[1] Die vorhandenen Dichtungen und Äußerungen der Sufis sind irreführend und enthalten immer wieder Ansichten bzw. Theorien bezüglich der Inkarnation Gottes, welche der Islam ablehnt. Jeder Muslim ist der Überzeugung, daß die Schöpfung den Schöpfer (Allah -gepriesen sei Er-) anerkennt und lobpreist, wie es auch im Qur'ān steht (vergl. Sura 17,44): „Die sieben Himmel und die Erde und (alle) ihre Bewohner preisen Ihn. Es gibt nichts (kein Geschöpf), das Ihn nicht lobpreist, jedoch ihr (Menschen) versteht ihre Lobpreisung nicht". Dem Bruder R. Garaudy ist zu verzeihen, daß er nur solche Dichtung gelesen hat (bezüglich des Islams). Es ist ihm und vielen vielleicht nicht klar, daß manche Orientalisten bestrebt waren oder sind, die Werke jener Abtrünnigen zu übersetzen und loben. Solche Abtrünnige wurden als Denker des Islams dargestellt, wobei die Werke der echten islamischen Denker dieses Glück nicht haben. Die Vertreter des Islams sind bekannt, z.B. die vier berühmten orthodoxen islamischen Gelehrten und Begründer der islamischen Rechtsschulen: Asch-Schafi'i, Malik, Abu Hanifa und Ibn Hanbal. Andere Gelehrte sind z.B. Ibn Tamiyya, Ibn Qayyim Al-Gawziyya u.a., jedoch nicht Ibn Arabi, Al-Hallag u.ä. (Abu Murad)

> Die Schöpfung ruhte im Schlaf des Nichtseins, wie ein Kind
> vor seinem ersten Atemzug...
> Dann wünschte der Geliebte einen anderen Spiegel...
> und jedes Seiner ewigen Attribute sollte sich in
> einer anderen Form manifestieren.
> So schuf er die grünende Erde der Zeit und des Raums
> und den Garten der Welt, der Leben spendet;
> Immer, wenn die Schönheit erschien, war sie von der
> Liebe begleitet;
> Immer, wenn die Schönheit in der Rose einer Wange strahlte,
> entzündete die Liebe ihre Fackel an dieser Flamme;
> Immer, wenn die Schönheit in scharzen Zöpfen wohnte,
> kam die Liebe,
> und ein Herz wurde Gefangener ihrer Ketten" (12).

In seinem *West-östlichen Divan* drückt Goethe in seinem Gedicht „Wiederfinden" diese doppelte Schöpfungsbewegung der Vielfalt des Universums aus, indem er vom Einen ausgeht, und die Rückkehr zur Einheit durch die Liebe, indem er von der Hoffnung der Sufis ausgeht:

> „Als die Welt im tiefsten Grund
> Lag an Gottes ew'ger Brust,
> Ordnet'er die erste Stunde
> Mit erhabner Schöpfungslust,
> Und er sprach das Wort: Es werde!
> Da erklang ein schmerzlich Ach!
> Als das All mit Machtgebärde
> In die Wirklichkeiten brach.
>
> Auf tat sich das Licht: so trennte
> Scheu sich Finsternis von ihm,
> Und sogleich die Elemente
> Scheidend auseinander fliehn.
> Rasch, in wilden, wüsten Träumen,
> Jedes nach der Weite Rang
> Starr, in ungemeßnen Räumen,
> Ohne Sehnsucht, ohne Klang.
>
> Stumm war alles, still und öde,
> Einsam Gott zum erstenmal!
> Da erschuf er Morgenröte,

> Die erbarmte sich der Qual;
> Sie entwickelte dem Trüben
> Ein erklingend Farbenspiel,
> Und nun konnte wieder lieben,
> Was erst auseinander fiel.
>
> Und mit eiligem Bestreben
> Sucht sich, was sich angehört;
> Und zu ungemeßnem Leben
> Ist Gefühl und Blick gekehrt.
> Sei's Ergreifen, sei es Raffen,
> Wenn es sich nur faßt und hält!
> Allah braucht nicht mehr zu schaffen,
> Wir erschaffen seine Welt.
>
> So, mit morgenroten Flügeln,
> Riß es mich an deinen Mund,
> Und die Nacht mit tausend Siegeln
> Kräftigt sternenhell den Bund.
> Beide sind wir auf der Erde
> Musterhaft in Freud und Qual,
> Und ein zweites Wort: Es werde!
> Trennt uns nicht zum zweitenmal."

Als André Gide seine *Nourritures terrestres* schreibt, ruft er zuerst den persischen Dichter Hafiz (1319-1389) an und beginnt sein Buch mit einer Art Resümee der islamischen Weltsicht:

> „Hoffe nicht, Nathanael, Gott anderswo denn
> überall zu finden.
> Jede Kreatur zeigt Gott auf, keine offenbart ihn.
> Sobald unser Blick auf ihr verweilt,
> lenkt uns jede Kreatur von Gott ab" (13)

Daran erinnert schon Attar (1140-1230) in seiner *Sprache der Vögel*: „Die Welt ist nur ein Talisman... Gott ist alles, und die Dinge, die du sehen kannst, sind nur Zeichen und Sprache von ihm. Wisse, Er selbst ist die sichtbare und die unsichtbare Welt. Es gibt nur Ihn, und alles, was ist, ist Er. Aber die Augen sind blind, obwohl die Welt von einer blendenden Sonne erleuchtet wird. Gelingt es dir, sie zu sehen, so verlierst du die Weisheit; siehst du sie aber wirklich, so verlierst du dich selbst" (14).

Die oberste Berufung der islamischen Dichtung ist, uns das Auftauchen des

Göttlichen in unserem eigenen Leben bewußt zu machen:

> „Was bezeugt die Existenz einer anderen Welt?
> Die Metamorphose, das Auslöschen der Vergangenheit.
> Der neue Tag, der neue Abend,
> der neue Garten, die neue Falle,
> jeden Augenblick ein neuer Gedanke, eine neue Freude
> ein neuer Reichtum" (15).

Dieses Erwachen, zu dem die Dichtung der Sufis aufruft, erfordert den Verzicht auf das kleine egoistische Ich. Der Prophet hat gesagt: „Sterbt, bevor ihr sterbt", denn die Erhöhung des „Ich" der Kreatur ist bereits Polytheismus und Götzendienerei.

„Gott hat nicht zwei Herzen in die Brust der Menschen gelegt" sagt der Koran. Man hat nur ein Herz, um den anderen und Gott zu lieben.

Zwei direkt miteinander verbundene Themen beherrschen und inspirieren die Dichtung der Sufis: Wir können unser wahres Wesen nicht entdecken, ohne uns vorher von uns loszutrennen; diese Auslöschung des Ich (fana‘) ist die oberste und konstante Bedingung der geistigen Annäherung, und die Liebe — die des Geliebten und die Gottes — ist die oberste Kraft, die es ermöglicht, sich von sich selbst loszureißen, was uns befähigt, die Grenzen, Egoismen und die Ungeduld des Kleinen „Ich" zu überwinden.

Der Satan (*iblis*) sagte zu Abi Sa‘id: „Wenn du ‚ich' sagst, wirst du werden wie ich."

Diese doppelte Bewegung der Häutung des Ich und der Liebe, die uns an unser wahres Wesen und an Gott heranführt, ist im mystischen Epos Attars (starb 1230), der *Sprache der Vögel*, mit am erhabensten formuliert.

Dieses Epos gemahnt an unseren Zyklus der „Suche nach dem Gral", der Zauberschale, in der Joseph von Arimathia das Blut Christi auffing. Diese Geste und dieses Suchen entstammen übrigens einer iranischen Legende, wo der Gral der „Becher Jamschids" ist. Im Becher dieses mythischen Königs war das ganze Licht der Welt konzentriert, Vergangenheit, Gegenwart und Zukunft der ganzen Geschichte der Erde und der Menschen. Die Aufgabe der Ritter besteht — wie in der Gralsage — darin, diesen geheimnisvollen Becher zu erringen, nicht nur durch ihre kriegerischen Taten, sondern auch durch ihren Glauben und ihre Reinheit.

Ruzbehan von Shiraz sollte ihn so beschwören:

> „Auf der Suche nach dem Gral des Jamschid

durchstreifte ich die Welt.
Nicht einen Tage habe ich geruht, nicht eine Nacht geschlafen.
Dann hörte ich, wie der Meister den Gral des
Jamschid beschrieb,
diesen Gral, der das Universum in sich schließt,
und siehe: das war ich selbst.
Jahrelang begehrte mein Herz den Gral des Jamschid,
Dabei trug es in sich, was es anderswo suchte" (16).

Diese Reise des Menschen zu Gott, die über die Aufgabe des Ich führt, legt Attar in seiner Parabel dar:
Alle Vögel der Welt, die bekannten wie die unbekannten, versammelten sich, um ihren König, den Simurgh, zu suchen, einen Fabelvogel, der das Symbol Gottes ist. Durch tausenderlei Prüfungen, Schmerzen und Verzicht, und nachdem sie die sieben Täler durchmessen haben (das der Begierde, der Suche, der Liebe, der Erkenntnis, der Loslösung, der Einheit der Extase, der Auslöschung des Ich) gelangen sie ans Ziel ihrer Pilgerfahrt.

Viele hatten sich vor der Abreise davongestohlen, da jeder einer Leidenschaft anhing: Die Nachtigall der zur Rose; der Pfau zur Schönheit der Erde; die Ente zu ihrem Wasser; der Falke zur Hand des Königs, die ihn ernährte; der Reiher zu seinem Ufer und Ozean, die ihm genügen. Jeder dieser Vögel brachte eine andere armselige Ausrede vor, eine götzendienerische Ausrede, denn Götzendienerei heißt anzubeten, als ob das das Ganze wäre, was nicht das Ganze ist.

Der Initiator, der Wiedehopf (der bereits in der koranischen Tradition die Königin von Saba zu König Salomon führt), erinnert die anderen an die alten Geheimnisse: daß die Liebe den Schmerz und das Blut des Herzens braucht, daß die Liebe Schwieriges mag. Da sie Liebe in sich trugen verspürten sie den Wunsch, diese Reise zu unternehmen. Der Gedanke an den Simurgh nahm ihren Herzen die Ruhe. Seine einzigartige Liebe erfüllte das Herz von hunderttausend Vögeln, und der Himmel verfinsterte sich durch ihren Flügelschlag.

Ihr Weg ist lang und hart. Er erfordert, daß jeder in sich selbst stirbt. Die Eigenliebe ist das größte Hindernis für die Liebe. Der Selbstverzicht ist das Geheimnis der Auferstehung und des ewigen Lebens.

,,,Ich habe Angst vor dem Tod', sagten die Vögel. ,Kann es einen
Tod geben für den, dessen Herz mit Gott vereint ist?'
antwortete der Wiedehopf. ,Mein Herz ist ihm vereint, so gibt es
für mich weder Zeit noch Tod. Denn der Tod ist der Bruch der Zeit,
und die Zeit entsteht daraus, daß wir Dingen

anhangen, die vergehen'" (17).

Sie durchqueren das Tal der Liebe: „In diesem Tal wird die Liebe durch das Feuer dargestellt, und sein Rauch — das ist die Vernunft" (18).

Von all den Vögeln, die aufgebrochen waren, so zahlreich, daß der Himmel nicht mehr zu sehen war, erreichten nur dreißig das siebente Tal, ohne Federn, nackt, gebrochenen Herzens, an Leib und Seele verbrannt, wie Kohlenstaub geworden. (19) Dann aber, da sie alles gegeben hatten, wurde ihnen alles zuteil: hier wurden hundert Welten in einem einzigen Augenblick verbrannt. Sie sahen Tausende von Sonnen, Monden und Sternen.

> „‚Unsere Seelen', sagten sie zum frechen Türhüter, der ihnen das
> letzte Tor versperrte, ‚wurden durch das Feuer
> verschlungen.'
> ‚Wenn ihr euch nicht mit der Flamme vereinen könnt,
> verliert nicht euer Leben für etwas Unmögliches.'
> ‚Wie könnte der Schmetterling sich vor dem Feuer retten',
> sagten die Vögel, 'wenn es ihm als Bleibe gefällt?'"

Nach diesem letzten Opfer durften sie das Gesicht des Königs schauen, des Simurgh:

> „Sie baten ihn, ihnen das große Geheimnis zu enthüllen, ihnen die
> Lösung des Mysteriums der Vielfalt und Einheit der Wesen zu geben" (20).

Und da schauten diese dreißig Vögel plötzlich im Widerschein ihrer eigenen Gesichter das Gesicht des Simurgh, des Königs und des Gottes, den sie suchten. Er war nichts anderes als alle, und sie alle bildeten nur eines. Denn Gott ist nirgendwo anders als denn in allen, die durch den Verzicht auf sich selbst und auf alles verwandelt sind. Der Simurgh sagt ihnen:

> „Die Sonne meiner Erhabenheit ist ein Spiegel. Wer kommt,
> sieht sich ganz darin. Obwohl ihr euch grundlegend geändert
> habt, seht ihr euch selbst, wie ihr früher wart. (...)
> Da ihr die Täler des schrecklichen Weges durchquert habt, da ihr
> gelitten und gekämpft habt, um euch eurer selbst zu entledigen
> und den Überfluß zu erreichen, habt ihr nur durch mein Handeln
> gehandelt. Vergeht also ruhmvoll und köstlich in mir, um euch
> in mir wiederzufinden..." (21)

Sie und der Simurgh waren ein einziges Wesen.

Attar schließt: „Die Vögel gingen schließlich für immer im Simurgh auf; der Schatten verlor sich in der Sonne, das ist alles." Und er fügt hinzu: „Der hat den Stein der Weisen gefunden, der die Sprache der Vögel versteht" (22).

Hier erreichen wir den Höhepunkt der großen Botschaft des Islam über das Eine in der Vielfalt und die Vielfalt im Einen, über das Auslöschen des Ich in der Auferstehung des ewigen Lebens.
Das sollte die Botschaft Saadis (1184-1291) werden:

> „Ich erinnere mich an eine Nacht, da ich nicht schlafen
> konnte; da hörte ich den Schmetterling
> zur Kerze sagen: ‚Ich liebe dich! Und ich weiß,
> daß mich das verzehren wird.
> Du aber, warum seufzest und brennst du?'
> ‚Lächerlicher Verliebter', antwortete die Kerze,
> ‚Der Honig, mein süßer Freund, wurde von mir getrennt.
> Seit seine Süße weit von mir ist, verbrennt mich
> ein Feuer, wie Ferhad, den verletzten Liebenden.'
> Während sie so sprach, ergoß sich ein schmerzender
> Bach von Tränen über ihr bleiches Gesicht.
> Sie sagte zu mir: ‚Hochmütiger, nichts weißt du
> von der Liebe, du kannst weder leiden noch bewahren.
> Denn bei der geringsten Berührung mit der Flamme
> entfliehst du.
> Ich aber bleibe, um von ihr verzehrt zu werden.
> Wenn das Feuer der Liebe ein bißchen von
> deinem Flügel verbrennt, so wage wenigstens,
> ganz zu verbrennen.'
> Und die Nacht hatte noch nicht all ihre Stunden vergossen,
> Da löschte eine Frau plötzlich die Kerze aus.
> Als der Rauch aufstieg sagte sie:
> ‚Das ist das unerbittliche Gesetz der Liebe, oh mein Kind,
> hier also das Geheimnis, wenn du es erfahren willst:
> Vor ihrer Flamme rettet einen nur der Tod'" (23).

Das sollte die Botschaft Hafiz' (1319-1389) werden:

> „Wie die Kerze die Seele verbrennt,
> strahlend in der Flamme der Liebe,
> So opferte ich reinen Herzens meinen Leib,
> Solange du nicht wie die Schmetterlinge

> Von der Sehnsucht nach allem verzehrt wirst,
> Wirst du dich nie von deinem
> Liebesleid befreien können."

Vier Jahrhunderte später entdeckte Goethe die Größe dieses Dichters, von dem er sagte: „Hafis, dir sich gleich zu stellen, welch ein Wahn!", und wandelte das Thema der Kerze in einem seiner berühmtesten Gedichte ab, „Selige Sehnsucht":

> Sagt es niemand, nur den Weisen,
> Weil die Menge gleich verhöhnet,
> Das Lebend'ge will ich preisen,
> Das nach Flammentod sich sehnet.
>
> In der Liebesnächte Kühlung,
> Die dich zeugte, wo du zeugtest,
> Überfällt die fremde Fühlung,
> Wenn die stille Kerze leuchtet.
>
> Nicht mehr bleibest du umfangen
> In der Finsternis Beschattung,
> Und sich reißet neu Verlangen
> Auf zu höherer Begattung.
>
> Keine Ferne macht dich schwierig,
> Kommst geflogen und gebannt,
> Und zuletzt, des Lichts begierig,
> Bist du Schmetterling verbrannt.
>
> Und so lang du das nicht hast,
> Dieses: Stirb und werde!
> Bist du nur ein trüber Gast
> Auf der dunklen Erde.
>
> Tut ein Schilf sich doch hervor,
> Welten zu versüßen!
> Möge meinem Schreibe-Rohr
> Liebliches entfließen!

Diese göttliche Bedeutung der menschlichen Liebe ist eines der Themen, die die islamische Dichtung zu einem der höchsten Gipfelpunkte der Weltliteratur machten und die der christlichen Mystik, von Meister Eckart (der Avicenna und den Sufis tief verpflichtet war) bis zum Heiligen Johannes vom Kreuz (der sie in lateinischer Übersetzung in der Universität von Salamanca lesen konnte) den großen lyrischen Hauch verlieh, der noch bei den rheinisch-flämischen

Meistern nachklingt.

Die großen Roman-Gedichte eines Gurgani, der 1050 *Wis und Râmin* [24] schrieb, eines Nizami (starb 1203) über *Khusrau und Shirin* [25], eines Jami über *Laila und Madschnun*, haben die Literatur des Westens seit Tristan und Isolde verblüffend geprägt, das dem ein Jahrhundert zuvor geschriebenen *Wis und Râmin* so nahe ist, und dessen Autoren, die sich daran inspirierten, ein großes Echo fanden. [26]

Von Goethe, der in seinem *West-östlichen Divan* sagt, was er Hafiz verdankt, bis Marceline Desbordes-Valmore, die das Thema der *Rosen* Saadis wieder aufnimmt und es seiner mystischen Dimension entkleidet, von Novalis bis Hölderlin nährte sich die ganze Romantik von dieser Dichtung des Orients, und selbst noch Aragon wird in seinem *Fou d'Elsa* zum Echo des Gedichts Jamis, und erkennt seine Schuld gegen den persischen Dichter in seiner Vision des prophetischen Charakters der Liebe an:

> „Jami; Jami von dem ich nur der verlängert Gesang war!
> Deine geheime Schönheit machte mich zu dem, was ich bin
> Sie war das Wesen im Herz des Wortes
> Deine tiefe Musik ist Quelle meines Lärms
> Und was ist das für eine Liebe, wenn sie
> mir nicht aus deiner Schule kommt.
>
> Dein Spiegel wird zum riesigen Herzen, das das Licht ergriff
> Und es in allem zu Laila machte
> Hinter ihm breitet sich die Nacht der Menschen
> Was man Gott nennt, ist nichts anderes
> Als deine Poesie.
>
> Durch deine Worte verstand ich die Farbe der Türkise
> Die beim Berühren der Haut des Geliebten wechselt
> Deine Lampe in mir erlischt, nichts ist mir mehr gereimt
> Die Schritte meines Schmerzes kreuzen sich wie Hände.
>
> Oh schweigt, ihr Fontänen und Distelfinken
> Ah; wenn Jami nicht mehr ist, was bin dann ich,
> Der ich bleibe
> Meine Lippe ist bleich von Schweigen und meine Augen sterben
> Ah! wenn Jami nicht mehr ist
> Was sind mir da die Wälder" [27].

Den tiefgreifendsten Einfluß der islamischen Dichtung übten aber die moslemischen Vorläufer der „höfichen Liebe" auf die Troubodoure Okzitaniens aus. Am Hof von Wilhelm von Poitiers (der erste der großen Minnesänger, der Großvater von Alienor von Aquitanien) fehlt so „der Geist des Sufismus (...) nicht völlig" (28), auch nicht am Hof Friedrichs II. von Sizilien, dem zweiten Ort, über den islamische Kultur und Poesie einzogen, und die vielleicht eine der Quellen des Werks Dantes wurden. (29)

In seinem 1928 veröffentlichten Buch *Die geheime Sprache Dantes und der „Getreuen der Liebe"* erinnerte Luigi Valli daran, daß die Sufis in der Sprache der menschlichen Liebe die göttliche Liebe ausdrückten und daß Dante (wie auch Joachim von Fiore), der 1292 sein *Neues Leben* schrieb, bereits über ein Jahrhundert zuvor durch Ruzbehan von Shiraz mit seinem *Jasmin der Getreuen der Liebe* und durch Ibn Arabi mit seinem *Buch der nächtlichen Reise* und seinen *Offenbarungen Mekkas* vorweggenommen worden war.

Der Ursprung dieser Auffassung von Liebe, die mittels des Islam, seiner Sufis und Dichter den Westen verblüffte, ist das Werk des Ibn Da'ud von Bagdad (geboren 868), das von der doppelten Quelle des Koran und der vorislamischen arabischen Dichtung ausgeht. Ibn Da'ud (der nämliche, der al-Hallaj verfolgte und hinrichten ließ, weil er seine Theorie der „wesentlichen Begierde" verdammte, die von der menschlichen Liebe zu Gott führt) bekannte in seinem *Buch der Blume*, das mit der Beschwörung des mythischen arabischen Stammes der Banu Udhra (der im Nordwesten Medinas siedelte) beginnt, daß man vor Liebe nur sterben kann.

Die „udhritische" arabische Dichtung sieht in der Liebe nicht ein erotisches Pulsieren des Körpers, sondern eine göttliche Verkündigung. (30) Das geliebte Wesen ist eine „Ikone", die uns zur göttlichen Liebe führt, sofern wir durch eine beständige und tödliche Askese dem Bann, der dämonischen Besessenheit des „Bilds" entkommen; man muß lieben, keusch bleiben und an dieser Liebe und Entsagung sterben.

Für Dante, der im Koran wie in allem ein „Zeichen" der göttlichen Gegenwart sieht, ist Liebe die Fähigkeit, das Ewige in der vergehenden Schönheit zu entdecken, das Eine, jenseits aller Vielfalt der Begierden und irdischen Tuns. Beatrice ist — wie Christus — für ihn der Appell zur notwendigen Rücknahme des Ich und zur Rückkehr zum „einzig notwendigen". Sie ist der — stets unnahbare — erhabene Führer beim Aufstieg zu Gott.

Der Einfluß der Liebesdichtung der Sufis hat durch die Moslems Siziliens und Spaniens, sowie durch das Durcheinander der Kreuzzüge zu einer neuen Auffassung von den Beziehungen zwischen Mann und Frau geführt — abseits der feudalen Brutalität.

In seiner Abhandlung *Über die Liebe* schreibt Stendhal (Kapitel LIII): „Unter dem schwärzlichen Zelt des arabischen Beduinen muß man das Vorbild und Vaterland der wahren Liebe suchen." Und auf derselben Seite ergänzt er, woran wir schon erinnert haben: „Wir waren barbarisch zum Orient, als wir ihn durch unsere Kreuzzüge störten. Was es an Edlem in unseren Sitten gibt, verdanken wir somit diesen Kreuzzügen und den Mauren Spaniens."

Im Gegensatz zu einer Gesellschaft, in der eine Frau zuerst ihrem Vater untersteht und dann dem Gemahl, den ihr Vater für sie aussuchte, ist die *zarte Liebe*, die höfische Liebe ein Akt der Freiheit, der sich durch ein gegenseitiges freies Schenken verwirklicht. Selbst wenn sie sich auf einen sehr kleinen Teil der Gesellschaft beschränkt, so kündigt diese Veränderung doch eine radikale Umkehrung der Beziehung zwischen Mann und Frau an: Die Frau gilt als Herr des Mannes. Der höfische Dichter oder Ritter „schenkt sich" einer Dame wie ein Lehensmann seinem Souverän.

Schönheit und Liebe haben in der islamischen Poesie die prophetische Macht, uns zur Erkenntnis der erhabenen Realität zu führen, zu der Gottes. Beim Übergang von der Liebe zu einer Frau zu der Liebe zu Gott ändert sich nicht das, was wir lieben, sondern wir selbst ändern uns. Denn der königliche Weg zu Gott ist der Verzicht auf das auf sich selbst beschränkte Ich. In der Liebe zerbrechen wir diesen Egoismus, der uns in uns selbst einsperrt, um den anderen zu akzeptieren, ihn so zu lieben, wie er ist; wir öffnen uns dem anderen, allem anderen. Diese Selbstaufgabe ist das Geheimnis der großen orientalischen Poesie.

Im Vorwort, das er zur spanischen Übersetzung von Ibn Hazms *Halsband der Taube* schrieb, vergleicht José Ortega y Gasset die „Beduinenliebe" der Wüstenstämme Arabiens mit der „andalusischen Liebe". Was war diese „Bagdader Liebe", deren Botschafter in Spanien und für den ganzen Westen Ibn Hazm (994-1063) war? Nach diesem ersten Pionier der vergleichenden Religionswissenschaft steht nicht nur die menschliche Liebe nicht in Gegensatz zum Glauben, sondern die Schönheit ist eine „Theophanie", Verkünder und Zeuge der Gegenwart Gottes. [31]

Für ihn wie für Ibn Da'ud führt die Liebe zu Gott — vom Standpunkt der strengen islamischen Orthodoxie — zur Vermenschlichung, zur Götzendienerei; sie ist nur mit der Form der Liebe der Banu Udhri (Söhne der Jungfräulichkeit) vereinbar, die in einer Keuschheit lebten, die ein krankhaftes Fortbestehen des Begehrens bis zum Tod ist: „Wer liebt und keusch bleibt und daran stirbt, stirbt als Märtyrer."

Diese Haltung ist eine echte Mutation — wenn schon nicht des Lebens (was wir nicht wissen können), so doch zumindest in der Liebesdichtung. Niemals hat eine solche Art, die Liebe zu begreifen und zu leben, den Menschen so bereichert, und schon gar nicht — weil man sie oft damit verglichen hat — die platonische Liebe des *Gastmahls* oder des *Phaidros*, die eine Liebe zur Liebe ist und nicht eine Liebe zum anderen, die dieser Sicht Gottes und mehr noch diesem Asketentum völlig fremd ist.

Jemandem, der sich an die armseligen mechanistischen Schemata der Beziehungen von „Basis" und „Überbau" hält, mag es paradox erscheinen, daß diese neue Sicht der Liebe dreimal und unter unterschiedlichsten Bedingungen entstanden sein soll: zuerst bei den ärmsten Stämmen der Beduinen Arabiens, dann auf dem Höhepunkt der Macht und Pracht des abbasidischen Reichs von Bagdad, und mit Ibn Hazm — in der Zeit der Krise, wo das strahlende omajjadische Kalifat von Cordoba zerbarst, bevor sie jahrhundertelang die Kultur des Abendlands heimsuchte, wo diese Liebe — die höchste und verfeinertste, die die menschliche Kultur je kannte — zur tiefgründigsten Mahnung des Islam an das Christentum und die Weltzivilisation wurde.

Nach der letzten, von der Poesie Jamis und dem riesigen und enzyklopädischen Werk Ibn Khalduns getragenen Blüte herrschte in der arabischen Kultur fast fünf Jahrhunderte lang das Schweigen der Unterdrückung (unter dem bleiernen Verschluß der türkischen Herrschaft und dann unter der noch erstickenden europäischen Kolonialherrschaft).

Mit einer Ausnahme: Das safawidische Persien des 16. und 18. Jahrhunderts, wo noch einige Philosophen erstanden, wie Mullah Sadr, der entfernte Schüler von Suhrawardi und Ibn Arabi, und die — vielleicht größten — Miniaturmaler wie Behzad (1450-1536), Sultan Muhammad zu Beginn des 16. Jahrhunderts, Agha Mirak und Mir Mussavir Mitte des 16. Jahrhunderts bis Muhammad Zaman (starb 1697).

Erst Mitte des 19. Jahrhunderts zeichnete sich für die islamische Welt in Ägypten eine Renaissance-Bewegung ab, wo es einigen Schriftstellern in relativer Unabhängigkeit gelang, dem Joch des Osmanischen Reiches zu entkommen, und weiter, im Fall der Dichtkunst, zu Beginn des 20. Jahrhunderts in den Vereinigten Staaten, wo die Schöpfer der zeitgenössischen arabischen Poesie, vorab der Vater dieser ganzen Poesie, Khalil Gibran, außerhalb des englischen und französischen Kolonialismus leben konnten.

Nach der Unabhängigkeit konnte sich die neue poetische Blüte des Islam entfalten und vorab im Libanon ein erstes Heim finden (bevor es den alten Kolonialherren und ihren Komplizen im Nahen Osten wieder gelang, diesen in Brand zu stecken), dann lebte sie intensiv in der „Diaspora", wo die Seele der poetischen Regung und der Erneuerung des Lebens von den Palästinensern verkörpert wird, dem Christus-Volk dieser letzten Jahrhunderthälfte, an das ewige Kreuz Jerusalems geschlagen, einem zukunftsträchtigen Volk, da sich in ihm die Lebenskraft aller Elemente der abrahamitischen Linie (der jüdischen, christlichen und islamischen) gemäß der höchsten und schönsten Tradition des Islam vereint, der von Anbeginn an ohne Ausschließlichkeitsanspruch die Gesamtheit dieses menschlichen Erbes beansprucht und auf sich vereinigt hat.

Wir werden hier keinesfalls versuchen, die Literaturgeschichte des islamischen Renaissance des 20. Jahrhunderts nachzuzeichnen, ihrer Schulen, Regungen und Schriftsteller; wir wollen nur das Hauptproblem herausschälen, das sie sich und uns stellt: Die Poesie, die wahrer ist als die Geschichte, als innere Geschichte des Menschen, als menschliches Vorhaben, das einer Epoche ihren Sinn in Funktion einer Zukunft gibt, die gerade entsteht.

Die Diwan-Gruppe, die 1921 unter spürbar englischem Einfluß in Ägypten entstand, verwirft Stil und Thesen der arabischen Poesie; vom westlichen Virus des Nationalismus heimgesucht, machen die Pioniere der Bewegung die Gemeinschaft nicht mehr am Glauben fest, sondern am Boden. Mehr Ägypter als Moslems, huldigen sie ohne es zu wollen dem Traum der Besatzer: die islamische Gemeinschaft (*umma*) in Nationen aufzuteilen, nach dem im Westfälischen Frieden geschaffenen europäischen Vorbild, das seither die ganze Welt ansteckte und heute alle politischen Probleme unlösbar macht. Der typischste Vertreter dieser Gruppe, der Dichter al-Aqqad (1889-1964) findet letztlich — über einen Nationalismus, der sich als laizistisch und liberal begreift — zu einer gewissen Sympathie für die Ideologien Deutschlands und Italiens der 30er Jahre. (32) [1]

Die 1932 vom Dichter Ahmad Zaki Abu Shadi begründete Gruppe *Apollo*, allen Strömungen (auch der al-Aqqads) aufgeschlossen, findet — besonders unter dem Einfluß von Khalil Mutran — zu einer reicheren Konzeption der Erneuerung zurück und vertritt die Ansicht, daß eine neue Dichtkunst nicht ohne Wurzeln auskommt: wie könnte sie abseits der Vergangenheit, also: der Geschichte, eine Zukunft haben? Über die vier dunklen Jahrhunderte hinweg [2]

---

1 Dies geschah als der ʿAqqad (Akkad) noch jung war. Später entwickelte er sich zu einem großen Denker. (Abu Murad)
2 Nicht nur Bruder R. Garaudy ist in dieser Hinsicht Opfer der Verfälschung der Geschichte, sondern viele Araber auch! Jene vier (dunklen) Jahrhunderte waren und werden für alle Feinde des Islams im-

versucht Khalil Mutran, die Verbindung zwischen der großen islamischen Tradition und der Gegenwart herzustellen. [1] Die Probleme der Literatur führen so zu einem tiefschürfenden Nachdenken über das Leben, das Khalil Mutran und seine Bewegung ins Herz aller Widersprüche einführt: die Gruppe Apollo zeigt einen großen Geist der Aufgeschlossenheit gegenüber der westlichen Poesie, vorab der englischen: Thomas S. Elliot offenbart ihnen — besonders mit Waste Land 1921-1922 — eine große Dichtkunst und eine sich auflösende Welt.

„Ein Haufen zerborstener Bilder, auf den die Sonne prallt...
Ich werde dir dein Entsetzen in einer
Handvoll Staub zeigen...
und diesen Massen, die ständig kreisen..." (33).

Aber wie soll man die Kultur eines Okzidents aufnehmen, der einen verwüstet hat? Ist es möglich, ist es wahr, daß man seine Art der Expansion von der ihn tragenden Kultur trennen kann? Gibt es zwei „Okzidente": einen imperialistischen, den man bekämpfen muß, und einen „humanistischen", den zu lieben man versucht ist, aber dessen Kultur vielleicht entweder die Rechtfertigung oder das Alibi seiner wirtschaftlichen oder politischen Verwüstungen ist?

Wie können sich diese Dichter eines Orients, der auf der Suche nach einem neuen Leben ist, selbst mit jenen Abendländern treffen, die — wie T.S. Elliot oder die Surrealisten — den Verfall dieser Zivilisation anprangern? Worin liegt die Hoffnung: im Konflikt mit der Verzweiflung und der Revolte, oder in der Wiederbelebung einer geliebten aber begrabenen Tradition?

In Eine Rose ist gestorben schreibt Khalil Mutran:

„‚Was sucht ihr in eurem Umherirren,
oh zaudernde Vögel?'
Sie antworteten:
‚Wir sind die Hoffnung und die Jugend;
Wir hatten hier eine Liebende,
Die lebte und litt.
Sie war die Rose unseres Paradieses.
Sie herrschte mit Gerechtigkeit,

---

mer ein Würgen in der Kehle und ein Dorn im Auge bleiben. Während jener dunklen Jahrhundert gelang es den Türken, die Agressionen der Feinde des Islams, z.B. die Kreuzzüge, aufzuhalten oder sogar zurückzuschlagen. Es ist kein Wunder, daß ungerechte Orientalisten gezielt versuchten, die negativen Seiten jener Epoche — die sicherlich negative Seiten neben den vielen positiven Seiten hatte — zu zeigen. Über die positiven Seiten schreiben sie, wie auch die Ignoranten unserer arabischen Völker, nichts. (Abu Murad)

[1] Über jene Versuche des anerkannten christlichen Dichters bin ich nicht unterrichtet. (Abu Usama)

> Und das Paradies war ihr Königreich.
> Kaum sahen wir sie von ihrem Thron herabsteigen,
> Da verschwand sie.
> So siehst du uns, ewig auf der Suche nach ihrer Spur,
> Wo du siehst, wie wir uns dort versammeln,
> Wo sie war.'"

Mit *Kadmos*, der Tragödie des Sa'id Akl (1913 im Libanon geboren), die an den Mythos vom phönizischen Helden Kadmos anknüpfte, Gründer der Stadt Sidon (dem heutigen Saida im Libanon), dessen Schwester, Europa, die vom Stier Baals entführt wurde, ihren Namen einem Kontinent — oder besser: einem Subkontinent — Asiens gab, begann ein neuer Versuch. Akl versuchte, die gemeinsamen Wurzeln der Zivilisation des Orients und des Okzidents wieder an den Tag zu legen:

> „Das Schicksal war der Herr des Menschen. Dann hat der Mensch das Schicksal herausgefordert, indem er das sinnlich Wahrnehmbare durch Kunst und Wissenschaft erforschte. Dies geschah in Sidon. Ein Mensch noch wandelt auf dem Weg der Entzifferung der Wahrheit der Dinge (...). Der Mensch, der ein Licht und eine Quelle entdeckt hat, wird der Bahn der Sonne vom Aufgang bis zum Untergang folgen (...). Dieser Mensch folgt dem Weg, der von Sidon nach Jerusalem führt, wo eine Seite umgeblättert wurde (...). Eine Stimme erklingt, die die Liebe zum Gesetz zwischen den Menschen macht; da erbeben die Beziehungen zwischen den Menschen bis in ihren Grund, und sie sehen sich gezwungen, neue Lebensregeln aufzustellen, andere als jene, die vorschreiben, den Nachbarn zu überfallen und seinen Boden als Lebensraum zu nehmen...
> Dieser Mann war Jesus, Sohn der Erde des Orients...
> Das geschah in Jerusalem.
> Der Mensch sollte in seiner Jagd nach dem Unbekannten nicht mehr einhalten; dies ist sein Schicksal...
> Der Mensch muß vorwärts wie die Wellen, die sich wenig um den Strand bekümmern. In dem Maße, wie er neue Lebensreiche kennenlernt, stellt sich der Mensch neue Fragen...
> Das Denken wurde Aktion, das geschah in Antiochia...
> Dann wurde das Denken von der Wissenschaft und der Politik der Menschen geschwängert: Die Spekulation der Griechen und die römische Erfahrung.
> Wenn der Orient dem Okzident seinen Sohn gegeben hat, so ist es

natürlich, daß er von diesem Okzident nimmt und empfängt.
Das ist nur ein Tausch in der Familie.
Diese Wanderung sollte durch das Erreichen einer entscheidenden Etappe der Reise gekrönt werden. Die Quelle breitet sich über das Universum.
Diese Quelle, in der alle Ströme der ersten Quelle zusammenfließen, ist der Islam.
Ein Grund, der sich das Feuer des Glaubens zur Heimstatt nimmt, und so dem Mittelalter den Stempel des regierenden Menschen aufdrückt.
Das geschah in Damaskus.
Er sollte auf den drei Kontinenten seine Banner pflanzen, die unaufhörlich — ein ganzes Zeitalter lang — die Erkenntnis farbig zu gestalten...
So muß denn dieser Orient, der Ausgangspunkt des Menschen, wenn er zu seinen Kindern gehen soll, um ihnen das Gedächtnis aufzufrischen und ihre Nacht zu erleuchten, umgekehrt seine Söhne und ihre Erfahrung aufnehmen, die er zur seinen machen muß, denn sie ist die seine, da sie Tochter seiner Söhne ist. Mit weit ausgebreiteten Armen wird er sich auf die Denker des Okzidents stützen, aber nicht, um ihnen Waffen für den Krieg gegen den Okzident zu nehmen, sondern um ihrem Schmuck ein weites Herz hinzuzufügen, das im Lauf der Geschichte einzigartiges geleistet hat, und das dem Westen den Haß aufreißen wird" (34).

Wir haben diesen Text ausführlich zitiert, weil mit ihm zum erstenmal seit Ibn Arabi der große Dialog der Zivilisationen wieder aufgenommen wurde: der Dialog, der die Menschen sich ihrer gemeinsamen Geschichte gegen alle provinziellen Anmaßungen von Nationalismen bewußt werden läßt, die Anmassungen religiösen Sektierertums, der albernen Anmaßung, das auserwählte Volk oder die überlegene Kultur zu sein. Dieser Dialog erlaubt es, durch die sich gegenseitig befruchtenden Beiträge eines jeden ein einziges Volk zu bilden: das der ganzen Erde.

Auch wenn er es nicht mehr ist, so war doch Sa'id Akl eines Tages Träger dieser Vision des ganzen Menschen. Nur das verdient zu leben, was Herz und Sicht des Menschen vergrößert hat.

Kadmos hat einem Menschen den Weg geöffnet, der von Dionysos bis Christus gehen wird. Den Weg jener Götter, die nur sterben, um wiedergeboren zu werden.

Künftig ist das Hauptthema, der Verkünder aller Auferstehungen — der des Islam wie der der gesamten Menschheit —, daß das Epos des Islam nur ein ruhmreiches Moment des Epos der Menschheit ist.

Das sollte 1954 die beherrschende Idee der Gruppe *Tammuz* des Badr Shakir al-Sayyab (1926-1963) werden, die sich aus Bibel, Evangelien und Koran nährte und in der Tiefe der Jahrhunderte wurzelte. Das Werk Badr Shakir al-Sayyabs ist ein Gesang der Rückkehr, der Verwurzelung in der Erde Palästinas, das für ihn Mutter, Frau und Quelle ist...

> „Zwanzig Jahre sind vergangen, zwanzig Ewigkeiten...
> Wie eine Wunde verspüre ich Blut und Tränen,
> durch die Welt des Unglücks vergossen.
> In meinen Adern schlägt die Totenglocke.
> Oh, meinen Kampf mit dem der Kämpfer zu vereinen.
> Die Hände auszustrecken und
> das Schicksal zu erdrosseln.
> Meine Liebe: mich in meinem Blut zu ertränken,
> die Last des Menschen zu tragen,
> und das Leben aufzuerwecken,
> denn mein Tod ist ein Sieg."

1954 nimmt ein anderer Dichter, Ali Ahmad Sa'id, den Mytos von Tammuz wieder auf. Er nimmt sogar den Namen des alten Gottes an, nennt sich fürderhin Adonis, und sagt: „Ich bin Adonis ... ich bin meine eigene Quelle." Damit wird in Beirut die Zeitschrift *Schi'ir* (Poesie) zum Herzen der zeitgenössischen arabischen Dichtkunst.[1]

Adonis schreibt: „Derzeit ist unsere Erde die Erde des Widerspruchs. Wir predigen Freiheit, praktizieren sie aber nicht; wir befreien uns von der äußeren Sklaverei, um einer inneren zu verfallen... Unsere Erde ist nicht ‚Wasteland', die Erde der Wüste, wie der englische Dichter T.S. Elliot von Europa gesagt

---

[1] Sa'id Akl ('Aql) und Adonis sind bekannte Feinde des Islam, der arabischen Sprache und der arabischen Einheit!
Hätte R. Garaudy dies gewußt, dann hätte er sicherlich seine Meinung als Muslim geändert! Solche, meistens kleine, unbedeutende Dichter wären ja nicht bekannt, wenn die Feinde des Islams und der arabischen Sache sie nicht mit allen möglichen Mitteln unterstützt hätten.
R. Garaudy hätte die Dissertation des Herrn Adonis lesen sollen, um den Dichter etwas näher kennenzulernen; Der Titel der Dissertation lautet:
„At-Tabit Wal-Mutahawil = Der Konstante und die Metamorphose". Jener Adonis gab bekannt, daß er als Sezessionist überzeugt ist, daß die traditionelle Kultur nicht nur religiös ist, sondern auch schuld an dem Haß und der Ablehnung der Araber jeglicher Kunst. Um die arabische Kultur zu retten, müßten die Dichter u.a. folgende Maßnahmen unternehmen: 1. Vollkommene Ablehnung jeder Zugehörigkeit und jedes Engagements. (Sezessionismus sei das Wesen des Künstlers!) 2. Ablehnung aller Fixa, vor

Die Verkündigungspoesie

hat, sie ist mehr als das: Chaos und Unordnung. Aber gleichzeitig sehen wir auf ihr das Zeichen des Feuers scheinen... Wir sind — eben wegen unserer Existenz — ein Teil des großen Abenteuers, das Geschichte und Ruhm des Menschen baut... Wenn Saint-John Perse seine Situation mit der Formel Heraklits beschreibt, ‚ich wohne im Schein', so kann der Dichter bei uns sagen, ‚ich wohne in der Vision'."

Der Dichter hat seine Quellen, seine Wurzeln wiedergefunden. Er betritt eine andere Wirklichkeit, das heißt, andere Möglichkeiten. Der Welt der Technokraten eröffnet er einen anderen Horizont: den der Prophetie.

> „Ich trage den Abgrund in mir, und ich marschiere
> Ich lösche die Wege aus, die nicht unendlich sind
> Ich eröffne lange Strecken
> Endlos wie die Luft und die Erde
> Meine Schritte gebären Feinde
> Die sich mit mir messen
> Der Abgrund ist mein Kopfkissen
> Und die Trümmer meine Fürsprecher,
> In Wahrheit bin ich der Tod.
> Das Totengebet ist meine Formel, ich lösche aus und erwarte
> Was mich auslöschen wird.
> Zauberer ohne Zauberkunst, so lebe ich
> Im Gedächnis des Winds.
> Ich habe den Klang unserer Epoche entdeckt
> Und ihren Gesang offenbart.
> Eine Epoche, die man wie Sand zerkrümelt und wie Zink lötet,
> Epoche der Herden genannten Wolken, der Hirn genannten
> getriebenen Bleche, Epoche der Unterwerfung und Täuschung,
> Epoche der Marionetten und Vogelscheuchen.

allem der Religion und der Sittlichkeit. 3. Absichtlich falsche Verwendung der arabischen Grammatik! 4. Keine Verwendung islamischer Quellen, stattdessen die Schöpfen aus den Sagen und Mythen der Völker der arabischen Welt vor dem Islam. Deshalb nannte sich dieser Vertreter jener Gruppe von Dichtern Adonis statt seinem islamischen Namen Ali Ahmad Said zugebrauchen, den wenige Leute kennen. Sprechen die Vertreter dieser Gruppe vom Absoluten oder greifen sie es an, dann meinen sie damit Gott, jedoch trauen sie sich nicht, Allah offen nennen! Sie geben zu, daß der Qur'ān und die Sunna Zielscheibe der Literatur sein sollen! Wenn die Literatur den Qur'ān und die Sunna nicht angreift, dann sei sie keine reife Literatur! Es ist bekannt, daß diese Gruppe will, daß der Kommunismus oder der westliche Laizismus in den arabischen Ländern Fuß fassen... Der persönliche Kontakt mit Vertretern dieser Gruppe erlaubt mir hier, solche Äußerungen machen. Sicher kennt R. Garaudy diese Gruppe nicht richtig, sonst hätte er sie entlarvt, denn er entlarvte vorher schon den Kommunismus u.a. (Abu Murad)

> Epoche des verschlingenden Augenblicks,
> Epoche der unergründlichen Zerfalls.
> Dennoch habe ich nichts mit ihr gemein,
> Ich bin verstreut und nichts kann mich wieder versammeln.
> Das Begehren, das ich schaffe, ist wie der entflammte
> Atem des Drachen.
> Ich lebe verborgen im Busen einer Sonne
> Die hervorbrechen wird
> Ich flüchte mich in die Kindheit der Nacht
> Und mein Haupt ruht auf dem Knie des Morgens.
> Ich stehe auf und mein Abschied schreibt
> Einen neuen Exodus
> Keine Verheißung wartet auf mich.
> Ich bin ein Prophet
> Der alles bezweifelt" (35).

Aber im Herzen all der Dichter dieses Jahrhunderts gibt es ein Werk, das den Geist der Prophetie wiederbelebte, dieser Prophetie, die nicht bezweifelt, sondern verkündet, die aufruft, anruft und schöpft, die Prophetie hoher islamischer Tradition. Es handelt sich um das Werk Khalil Gibrans (1883-1931). Als christlicher Araber hat er immer geglaubt, wie er 1929 an Marie Haskell schrieb, daß „das wesentliche Bestreben eines authentischen Orientalen darin liegt, Prophet zu werden".[1]

Er setzt die visionäre Poesie Ibn Arabis fort, der vor achthundert Jahren schrieb: „Wie umfassend doch die Gegenwart des Traums ist! In ihr manifestiert sich das Unmögliche, und genau betrachtet manifestiert sich in ihr n u r das Unmögliche" (36).

---

[1] Der Verfasser verstand dies wörtlich, meinte danach, daß Gibran die visionäre Poesie Ibn Arabis fortsetzte.. und daß ihn (d.h. Gibran) alle arabische Dichter unserer Zeit für ihren geistigen Vater halten... Er hat der Dichtung ihre prophetische Dimension verliehen, wie in Europa Saint-John Perse oder Kazantzakis, in den Vereinigte Staaten Walt Whitman, in Indien Tagore, in Chile Neruda oder in Pakistan Muhammad Iqbal... Im riesigen Ozean seines „Wahns" hat er die Einheit von Mensch und Gott erlebt wie Ibn Arabi... Siehe S.145:
In der Tat bin ich z.Z. nicht in der Lage, diese Vergleiche zu prüfen, jedoch kann ich mit Sicherheit sagen, daß die arabischen Dichter den Khalil Gibran nicht für ihren geistigen Vater halten. (Abu Usama)

Wenn ein arabischer Dichter das sagt, dann meint er, daß der Araber nicht hilflos stehen möchte, wobei er sieht, wie die Welt verrückt spielt. Er fühlt sich für die Führung der Menschen zum richtigen Weg verantwortlich. Er glaubt nicht, daß die Ungläubigen in der Lage sind, die Welt zu führen. Dies betonte Al-Gahiz als er sagte, „die Byzantiner sind Handwerker. Sie sind auf keinen Fall Leute des Wissens". Er meinte, daß sie sich für materielle Sachen mehr interessieren als für die Wissenschaft. Mit der Sprache unserer Zeit hätte er gesagt, die Technik ist das Wesen der westlichen Welt, aber auf keinen Fall die Seele. (Abu Murad)

Die Verkündigungspoesie

Daß ihn alle arabischen Dichter unserer Zeit für ihren geistigen Vater halten rührt daher, daß er der Dichtung ihre prophetische Dimension verliehen hat, wie in Europa Saint-John Perse oder Kazantzakis, in den Vereinigten Staaten Walt Whitman, in Indien Tagore, in Chile Neruda oder in Pakistan Muhammad Iqbal.

Im riesigen Ozean seines „Wahns" hat er die Einheit von Mensch und Gott erlebt: „Wie Ibn Arabi aus seinem Leben einen Traum nachte und aus dem Traum' einen Traum im Traum', so lebte Gibran in seinem amerikanischen Exil ein anderes Exil, ein Exil im Exil. (...) Stengel-Mensch und Blüten-Gott, und beide wachsen gemeinsam im Angesicht der Sonne" (37).

Die Vision, die der Saft der Poesie ist, trägt in sich den Keim der Revolution — im vollen Sinne des Wortes — der totalen Änderung des Menschen. Der große Aufbruch des Sufismus setzt sich mit Gibran fort. Er entziffert, wie der Koran es lehrt, die „Zeichen" Gottes in sich und in der weiten Welt.

In seiner *Hymne an die Erde* schreibt er: „Ich habe das Geheimnis deines Traums in den Prärien entdeckt, deine Heiterkeit in den Tälern, deinen Willen in den Felsen, und dein tiefes und geheimnisvolles Schweigen in den Höhlen...Du bist Zunge und Lippen der Ewigkeit, du bist Lautensaite und Finger der Jahrhunderte, du bist Idee und Symbol des Lebens" (38)

Vom Libanon Khalil Gibrans bis zum Pakistan Muhammad Iqbals weht der selbe prophetische Hauch, mit dem selben Befehl an den Menschen, „Kalif Gottes auf Erden" zu sein:

> „Du schufst die Nacht, ich machte die Lampe.
> Du schufst den Lehm, ich machte die Schale.
> Du schufst den Wald, das Gebirge, die Wüste,
> Ich machte die Allee, den Garten, den Obstgarten" (39).

Im Bemühen, auf Goethes *West-östlichen Divan* zu antworten, schreibt Iqbal in seiner *Botschaft des Ostens*: „Der *Divan* bestätigt, daß der von seiner schwachen und kalten Spiritualität abgestoßene Westen die Wärme der Brust des Orients sucht" (40).

Für Iqbal besteht die Mission des Dichters darin, die schlafenden Völker wachzurütteln. Der Dichter ist ein Wachrüttler — von Rumi, für den das Leben — vom Tier bis zum Menschen und vom Menschen bis zu Gott — ein unsterbliches Aufsteigen ist, bis zu Nietzsche, für den der Mensch, der an der Schöpfung teilhat, berufen ist, über sich hinauszuwachsen...

Dieses Erwachen des Orients entsteigt dem Anfang der Zeiten. Es wird zum Erwachen aller Welten werden. Die Meditation Iqbals über „Die Moschee von Cordoba" resümiert die islamische Sicht der Zeit, die Vermählung des Vergänglichen und des Ewigen:

> „Was sind deine Tage und Nächte anderes
> Als Lauf der Zeit ohne Tag und Nacht...
> Das Werk Gottes, das der Mensch vollendet,
> Hat die Farben des Bleibenden und des Ewigen.
> O Moschee von Cordoba, deine Existenz ist Liebe...
> Niemals kann der Moslem veerschwinden, denn
> Sein Ruf offenbart das Geheimnis Moses und Abrahams.
> Ohne Grenze ist seine Erde, sein Horizont,
> Tigris, Donau und Nil: eine Welle seines Meeres" (41)

Unter Anlehnung an Rumi träumt Iqbal davon, alle Kräfte des Lebens von einem Ufer an das andere zu karren und schreibt: „Der Orient hat seine Augen auf Gott gerichtet und dabei die Welt nicht gesehen; der Okzident hat die materielle Welt durchdrungen und Gott geflohen. Gott zu schauen, das ist der Glaube; sich ohne Hülle zu betrachten, das ist das Leben" (42). Islam und Christentum finden so die Kontinuität ihrer Geschichte wieder, die Einheit ihrer Quelle, ihres Strebens, ihres Sinns.

Von da her wird es symbolisch, daß die Welt nach dem Sechstagekrieg die palästinensische Dichtung entdeckte, präziser: die galiläische, denn einer ihrer edelsten Vertreter, Mahmud Darwish (1941 geboren), ist auf demselben Boden großgeworden, auf dem Jesus all seine Träume gelebt hat; dort schreibt er heute seine Kalvarien und Passionsdichtung, nachdem er im Gefängnis „An meine Mutter" verfaßt hatte:

> „Ich sehne mich nach dem Brot meiner Mutter,
> ihrem Kaffee
> und ihrer Zärtlichkeit.
> Die Kindheit wächst in mir
> Tag für Tag.
> Und ich liebe mich rasend
> Denn wenn ich sterbe
> Würde ich mich der Tränen meiner Mutter schämen.
> Mache mich, wenn ich eines Tages zurückkomme,
> Zu einem Schleier für deine Wimpern.
> Bedecke meine Knochen mit Gras,

Die Verkündigungspoesie

> Denn das Paradies ist unter den Füßen der Mütter.
>
> Gib mir die Sterne der Kindheit,
> Damit ich mit den kleinen Vögeln ziehen kann
> Auf dem Heimweg
> Zum Nest, wo du wartest" (43).

Die ganze zeitgenössische islamische Dichtung ist eine Suche nach dem Erlösungsgedicht, das Gott und die Geschichte aussöhnt, den Augenblick und die Ewigkeit, das Wirkliche und den Traum, die Tradition und die „Modernität". Sie ist sich bewußt geworden, daß, wenn die Tradition nur zu oft den Charakter einer Erwiderung hat — und manchmal einer Erwiderung auf Fragen, die sich heute niemand stellt — Glaube und Prophetie den Charakter einer Frage haben.

Diese Dichtkunst eilt Geschichte und Politik voraus und hilft uns so, uns bewußt zu werden, daß Orient und Okzident nur zwei Teile eines gleichen Wesens sind und daß ihre Hauptaufgabe darin besteht, sich darauf vorzubereiten, dieselbe Zukunft zu bewohnen. Slimane Zeghidour sagt uns gar: „Die beiden Zivilisationen sind Wogen desselben Ozeans; beide sind von ihren Wurzeln, ihrem Saft, dem gischtenden Ozean abgetrennt (...). Der Islam hat dies verneint und hält sich für einen Beginn. Europa verneint den Islam, der es gezeugt hat. (...) Der arabische Dichter schließt sein christliches Erbe ein, (...) der Okzident aber sollte wissen, daß es zwischen seinem christlichen Ursprung und seiner Gegenwart tausend Jahre Islam zu integrieren gilt, um den Abgrund zuzuschütten, an dessen Rand er seine Angst hinausschreit"(44).

Die zeitgenössische arabisch-islamische Dichtung hat vor Geschichte und Politik die Hauptprobleme der Geschichte und der Politik aufgeworfen. Sie ist vor allem eine prophetische Dichtung.

Schlußbetrachtung

Es geht um unsere Zukunft. Um die Zukunft aller. Dieses Buch ist kein Geschichtsbuch, sondern eine neue Annäherung an den Islam und darüberhinaus an das, was man gemeinhin die Dritte Welt nennt, wo sich das Geschick der Welt abspielt.

Wir haben versucht, den Islam als Lebenskraft zu beschreiben, nicht nur in seiner Vergangenheit, sondern in all dem, was er heute zur Gestaltung der Zukunft beitragen kann.

Um dies zu erkennen, darf man den Islam nicht auf seine Verkalkungen, Verhärtungen und seine Abkapselungen reduzieren, die seinen Geist nur verhüllen. [1]

Das Grundhindernis ist die „Einstellung", die seit mehr als einem Jahrtausend der „Okzident" zum Islam hatte. Am Anfang stand die Angst, die, wie man sagt, ein schlechter Ratgeber ist.

Jüngere Arbeiten [2] lassen uns mit ganz anderen Gesichspunkten diese „Einstellung" definieren und abschätzen, wie sehr sie immer noch unser Urteil entstellt.

Der Kreuzzug, bemerkt Rodinson, schuf die Möglichkeit, für eine breite Öffentlichkeit ein abschreckendes Bild des Islam zu geben und dies bereits seit Guibert de Nogent (starb 1124). Schon der Titel des Werks, *Gesta Dei per Francos* (die Franzosen — die Kreuzfahrer — führen das Werk Gottes aus) zeigt bereits das Programm spätererer Chauvinismen. Der Autor des Werks, ein Mönch, definiert offen das Prinzip seiner Karikatur: nachdem er gesteht, die „Fakten", über die er handelt, nur vom Hörensagen zu kennen, formuliert er seine „These": „Man kann, ohne Zögern das Übel beschreiben, dessen unselige Natur alles übersteigt, was man an Üblem sagen kann" [3]. Wenigstens ein offenes Wort.

Die Kreuzzüge wurden nach ihrem totalen Scheitern von den Missionaren abgelöst, den Pionieren der Orientalistik. Auf Vorschlag von Raimundus Lullus (1234-1316), einem katalanischen Mönch, der Nordafrika und Vorderasien bereist hatte und sich dabei der Bedeutung der arabischen Kultur bewußt geworden war, beschloß 1312 das Konzil von Vienne, eine Reihe von Lehrstühlen für arabische Sprache in Paris, Oxford, Bologna, Avignon und Salamanca einzurichten. Die Orientalistik war geboren. Bei diesem Akt ging es nicht um rein wissenschaftliche Interesen sondern darum, ein missionarisches Bekehrungsunternehmen zu ermöglichen.

Schlußbetrachtung

Nebenbei sei hier betont, daß — von wenigen Ausnahmen abgesehen — die „Orientalistik" gemäß den Wünschen und Bedürfnissen der westlichen Vorherrschaft diese zweideutige Rolle im Dienste der Kirche, der Politik, des Kolonialismus und der Schaffung eines „Orients" spielen sollte. Um nur berühmte Beispiele anzuführen: der Nestor der „wissenschaftlichen Orientalistik" nicht nur Frankreichs sondern Europas (vorab: über ihn kam Goethe zur persischen Poesie), Sylvestre de Sacy (1757-1838), erster Professor für Arabisch der Ecole des Langues Orientales (deren Direktor er 1824 wurde) und Professor am College de France, war im Zweitberuf als Berater für Frankreichs Orientpolitik im Außenministerium tätig, wo er die Berichte der Großen Armee Napoleons redigierte [4] und später — 1830 — den Invasionsappell der französischen Armee in Algerien.

Oder Max Muller (1823-1900), der in Oxford als Meister des Sanskrit und der Religionen des Orients herrschte, hielt 1882 in Cambidge Seminare für die Kolonialbeamten Indiens ab.

Ruth Benedict (1887-1948) schrieb 1946 im Auftrage und Sold des Dienstes von General Mac Arthur [5] an der Columbia University das berühmte Werk *Der Säbel und die Chrysantheme*, um die Einbeziehung Japans in die Pläne der amerikanischen Politik zu erleichtern.

Da sie so häufig im Dienst missionarischer, imperialer, kolonialistischer oder politischer Unternehmen gegen die Dritte Welt stand, trug die „Orientalistik" viel dazu bei, zum Gebrauch der Abendländer eine „wissenschaftliche" Rechtfertigung ihrer Vorurteile zu schaffen, ihrer hegemonistischen Ansprüche und letztlich ihrer Vorherrschaft. Zuerst durch eine bestimmte Art, „den anderen" zu sehen. Nicht durch den Versuch, seinen Glauben und seine Kultur, die dieser von innen lebt, von ihm zu erfahren, sondern im Gegenteil, durch eine Beobachtung „von außen", von unseren eigenen Kriterien ausgehend, als wäre die Entwicklungsbahn der westlichen Kultur die einzig mögliche und exemplarische. Bestenfalls „wissen" sie, ohne aber zu lieben.

Der Westen hat das Universale konfisziert.

Von da ab hielt er sich für berechtigt, alle „anderen" in Funktion seiner eigenen Geschichte, ihrer Ziele und Werte zu lokalisieren und zu beurteilen.

Es sollte wenig bedeuten, daß im 16. und 17. Jahrhundert der Orient westlich eingekleidet wurde — bei Ariosto (1474-1533), bei Tasso (1544-1595), 1587 in Marlowe's *Tamerlan* oder Shakespeare's *Othello*, daß Moliere in seinem *Der Bürger als Edelmann* 1670 echte türkische Sätze suchte, oder daß Racine 1672 im Vorwort zu seinem *Bayezit* gegen Corneille polemisierte: „Ich habe mich bemüht, in meiner Komödie das auszudrücken, was wir von Sitten und Maximen der Türken wissen". Bedeutsam ist nur, daß die abendländische Zivilisation sich für die einzige hält, die fähig ist, das Universelle auszudrücken.

Ganz im Gegensatz dazu versuchen im 18. Jahrhundert jene, die sich dem Regime widersetzen, dieses zu relativieren, indem sie, von ihm ausgehend, sein Gegenteil schaffen, den „Orient". So existiert der Orient nicht an sich, sondern er ist das Negative, von dem aus man die Herrschaft Ludwigs XV. be- und verurteilen kann. Ob es sich um die „*Huronen*" des Baron La Hontan handelt, um den „Anhang zu den Reisen von Monsieur Bougainville" Diderot's oder 1721 um Montesquieu's „Lettres persanes": „der Orient" sollte nur „der andere" der französischen Realität sein, ihr Gegenbild, ihr kritischer Gesichtspunkt. Er ist der westlichen und französischen Realität immer übergeordnet: ob man in ihm — mit Pierre Bayle in seinem *Dictionnaire critique* von 1697 durch eine ernsthafte Biographie Muhammads der religiösen Repression in Frankreich ein Beispiel der Toleranz entgegensetzt, oder mit Voltaire's *Mahomet* das Beispiel des religiösen Schwindels im Dienst des politischen Despotismus sieht, nie wird der Islam (und — allgemeiner — „der Orient") um seiner selbst willen betrachtet, sondern nur in Bezug auf die ideologischen Auseinandersetzungen, die dem Westen eignen.

Mit dem 19. Jahrhundert verändert sich die Landschaft der Orientalistik. Die Ägypteninvasion Bonapartes bedeutet ein neues Verhältnis des Okzidents zum Orient. Zuerst ein Verhältnis von Herrschaft und List. Bonaparte (der Volney mitgenommen hatte, dessen *Reise nach Ägypten und Syrien* 1787 veröffentlicht worden war) zögerte nicht, am 2. Juli 1798 in einer Ansprache an das Volk Alexandrias zu bekräftigen: „Wir sind die wahren Moslems" [6], und mit der Verachtung, die er für jedwede Religion hegte, versuchte er zu beweisen, daß er „für den Islam kämpft" [7].

Aus dieser Expedition, dem ersten konkreten politischen und militärischen Zusammenstoß von Orient und Okzident, sollte einerseits in Ägypten ein islamischer „Reformismus" entstehen, der „Modernität" mit Verwestlichung verwechselt, und andererseits in Europa (besonders in Frankreich) ein perverser Geschmack am romantischen „Exotismus", der untrennbar mit dem Überlegenheitskomplex des Okzidents verbunden war. Im Vorwort zu „Les Orientales" jubelt Victor Hugo 1829: „Die orientalischen Studien sind noch nie so vorangetrieben worden. Im Jahrhundert Ludwigs XIV. war man Hellenist, jetzt ist man Orientalist. (...) Noch nie haben so viele Geister gleichzeitig diesen großen Abgrund Asiens durchwühlt." Was ihn übrigens nicht hindert, sich rundweg einen kitschigen Orient vorzustellen.

Chateaubriand sieht in seiner *Reise von Paris nach Jerusalem* (1811) im Orient nur sich selbst. Stendhal sollte von ihm sagen: „Ich habe noch nichts getroffen, was so nach Egoismus und Selbstsucht stank", was Chateaubriand, Träger eines Jahrtausends von Vorurteilen, nicht hinderte, über die Kreuzzüge zu schreiben: „Es ging nicht nur um die Befreiung dieses heiligen Grabs, sondern auch darum, festzustellen, wer auf Erden gewinnen sollte — ein der Zivilisation feindlicher Kult, der vom System her der Ignoranz, dem Despotismus und der Sklaverei zuneigt, oder aber ein Kult, der bei den heute Lebenden den Kult des gelehrten Altertums wiederbelebte und die Knechtschaft abschaffte. (...) Freiheit kennen sie nicht, Güter haben sie kaum, die Gewalt ist ihr Gott" (8).

Lamartine seinerseits hat in seiner *Reise in den Orient* (1833) bereits seinen Plan: „Sollte das Osmanische Reich fallen (...), so wird jede europäische Macht jenen Reichsteil als Protektorat nehmen, der ihr durch die Vereinbarungen des Kongresses zugeteilt wird. (...) Diese als europäisches Recht verankerte Oberhoheit (...) wird vorab das Recht bedeuten, bestimmte Teile des Landes oder der Küsten zu besetzen, um dort freie Städte zu gründen, seien es europäische Kolonien oder Häfen und Handelsstationen. (...) Jede Macht wird über ihr Protektorat nur eine bewaffnete und zivilisatorische Vormundschaft ausüben."

Selbst der große Nerval findet 1842-1843 im Orient nichts als Leere und das bißchen Wissen, das er Wort für Wort dem englischen Orientalisten Lane entnimmt. Abgesehen von seinen Erinnerungen an eine Kairoer Prostituierte widmet sich Flaubert von 1849 bis 1851 der Aufgabe, mit Salammbô den Orient seiner Einbildung wiederzubeleben.

Immer wird der Orient vom Okzident wiedergeschaffen, der oft glaubt, es sei seine Berufung, ihn wieder geboren werden zu lassen, auf die Art des überheblichen Lawrence von Arabien, der allen Ernstes schreibt: „Ich hatte den Eindruck, eine Nation zu schaffen (...), zwanzig Millionen Semiten die Grundfesten zu geben, auf die sie sich das Luftschloß ihrer nationalen Gedanken bauen konnten. (...) Keine der Provinzen des Reichs war für mich so viel wert wie ein toter Engländer. Wenn ich dem Orient ein bißchen Selbstachtung, ein Ziel, ein Ideal gegeben habe (...), so habe ich diese Völkerschaften dem neuen Regierungstyp angepaßt, in dem die *überlegenen Rassen* (sic!) ihre grobschlächtigen Aktivitäten vergessen werden".(9)

Lediglich in Deutschland, das im Gegensatz zu England und Frankreich den Orient nicht kolonisiert hatte, versuchte man, den Islam zu verstehen: von Herder (1744-1803), der in den Arabern die „Lehrmeister Europas" erkannte, bis Friedrich Schlegel, der bereits 1800 die Allianz der Gotik mit dem Orient gegen den Klassizismus forderte, und besonders durch Goethe, der bereits 1774 ein Gedicht zum Ruhme Muhammads schrieb und 1819 in seinem *West-östlichen Divan* zu einer ,,hidschra" in den Orient aufrief, um dort eine neue Jugend zu schöpfen — durch sie wurde versucht, das spezifische Gesicht des Islam zu entdecken.

Goethe, der mit dem Koran Gottes Ruhe am siebten Tag bestritt, sieht im Islam einen Glauben und eine Gesellschaft, die sich nicht auf Resignation sondern auf Aktion stützen. Durch die *Arabische Chrestomatie* von Sylvestre de Sacy zum Bewunderer der Sufidichter Persiens, von Rumi, Saadi, Hafiz und Jami geworden, schreibt er: ,,Orient und Okzident sind nicht mehr zu trennen", um zu dem Schluß zu kommen: ,,Wenn Islam Gott ergeben heißt, im Islam leben und sterben wir alle."

Wie Leibniz in seiner *Theodizee* denkt er, daß der Prophet sich nie von der ursprünglichen Religion entfernt hat, und er schreibt:

,,Ob der Koran geschaffen sei?
Das weiß ich nicht;
Daß er das Buch der Bücher sei,
Glaub ich aus Mosleminenpflicht" (10).

Hegel hingegen, der in den wenigen Seiten, die er dem Islam widmet (im Abschnitt über die germanische Welt!), anerkennt, daß das islamische Eine jede Unterscheidung von Rasse, Kaste oder Besitz ausschließt und die Strenge des Fastens und des Gebens fordert, führt in seinen Aufsatz alle Gemeinplätze des Eurozentrismus ein — und nennt sogar den Islam ,,Mohammedanertum", was sein abgrundtiefes Unwissen über die Besonderheit des Islam enthüllt. (11)

Andere haben beispielsweise festgestellt, daß ,,die militärische Macht der Sassaniden in einer einzigen Schlacht gebrochen wurde" (12), 637 bei Nihawend, oder daß ,,das westgotische Reich in einer einzigen Schlacht zusammenbrach" (13), 711 am Rio Barbate. (Der letztgenannte Autor versteigt sich sogar zu der Lächerlichkeit zu sagen, was man tun ,,gekonnt" und ,,gesollt" hätte, da ihm das Fehlen eines Widerstands ,,ungeklärt" erscheint; (14))

1917 entwarf in Deutschland Oswald Spengler in *Der Untergang des Abendlandes* eine Geschichte, die ohne europäischen Ethnozentrismus eine Einheitsweltgeschichte werden sollte. Ohne sich außerhalb der Weltgeschichte in ein westliches und christliches ideologisches Ghetto einzusperren, faßt er alle Gemeinsamkeiten der Juden, arianischen, nestorianischen und monophysitischen Christen und der Mazdäer zu einem Bündel zusammen und erklärt, daß im Falle des Islam ,,das Rätsel seines glänzenden Erfolgs nicht in seiner kriegerischen Wut liegt (...). Er hat schon sehr früh und fast vollständig Judentum und Mazdäertum ebenso wie die Kirchen des Südens und des Orients absorbiert. Der ‚Catholicos' von Seleukia, Jesujabh III., beklagt, daß seit dem ersten Auftreten des Islam sich zehntausende von Christen zu diesem bekehrten; in Nordafrika, der Heimat des Heiligen Augustinus, kniete die ganze Bevölkerung des Landes vor Allah nieder" (15). Spengler kommt zu dem Schluß: „Das Christentum kannte zwei Perioden großer Geistesbewegung: vom Jahre 0 bis 500 im Orient, von 1000 bis 1500 im Okzident. Das sind zwei Kulturfrühlinge, die auch die religiöse Entwicklung nichtchristlicher Formen umfassen, die ihnen angehören" (16).

Um so die Geschichte mit einem Blick zu erfassen muß man auf unseren immer „provinzieller" werdenden Okzidentalismus verzichten, und — indem man die abrahamitische Linie in einem Stück begreift — verstehen, warum das versteinerte Judentum zur Zeit Jesu die historische „Ablösung" durch das Christentum erleben mußte; warum später das Christentum, mit Konstantin romanisiert und unterwandert, bis es in sein Gegenteil umschlug: die imperiale römische Hierarchie, durch die Theologie von Nicäa hellenisiert und dogmentisiert, bis es in ein Gewimmel von Sekten zerplatzte, der „historischen Ablösung" durch den Islam nicht widerstehen konnte. Auf die Grenzen Europas beschränkt, schlummerte der Okzident intellektuell und sozial in den Jahrhunderten der Christenheit.

Dann war der Islam an der Reihe: als 1258 Bagdad von den Mongolen, den Nachkommen Dschingis-Khans, und 1262 Cordoba von den späten Erben der Kreuzfahrer erobert wurde, da trat auch der Islam, der schon gelähmt war vom juristischen Formalismus und vom Dogmatismus auf Kosten seiner Spiritualität, in den Winterschlaf, während Europa ab dem 15. Jahrhundert seine Apostasie vollzog, indem es sich den falschen Göttern des Willens nach Macht und Wachstum hingab.

So nachhaltig, daß, wenn sie sich nicht zusammen ihrer gemeinsamen Geschichte bewußt werden, wenn sie unfähig sind, sich jeder als Teil des anderen und der eine wie der andere als Teil eines Ganzen zu begreifen, der Dialog zwischen Christentum und Islam, zwischen Orient und Okzident nur ein Dialog zwischen zwei Kranken sein kann.

Kriege haben es noch nie erlaubt, ein Problem zu lösen. Als Rache passiert es ihnen, welche zu schaffen; auf falschen Gegebenheiten fußend, sind sie folglich unlösbar. Im Falle des Islam hat die Invasion Bonapartes 1798 in Ägypten in schlimmster Weise das Problem der Beziehungen zwischen Tradition und „Modernität" aufgeworden.

Es ist ein Gemeinplatz unserer eigenartigen Geschichte, den Einfall Bonapartes in Ägypten für den Beginn der „Renaissance" der arabisch-islamischen Welt zu halten: in einen Islam, der seit Jahrhunderten unter dem osmanischen Joch zerquetscht worden war, was in der Tat Denken und Handeln gelähmt hatte, wäre damals eine Bresche geschlagen worden, eine Aussicht auf Erneuerung, auf „Modernisierung".

Zur Spieleröffnung wurde eine tödliche Verquickung (deren Folgen noch heute schrecklich wiegen) von *Modernisierung* und *Verwestlichung* geschaffen. Die „Modernisierung" war nicht einfach der Okzident als solcher, sondern in seiner schlimmsten Form, der Macht, ja sogar der militärischen Macht.

Ab da zeichnet sich — zuerst in Ägypten, dann in der ganzen arabisch-islamischen Welt und, nach und nach, in allen anderen Kontinenten und anderen Bereichen der Zivilisation — zwei Denkströmungen ab: „Modernismus" und „Traditionalismus".

1. Für die Modernisten war die Zukunft Nachahmung Europas. Zuallererst importierte man seine Krankheiten, vorab den Nationalismus. Man übertrug die Streitigkeiten, Kriege und Auseinandersetzungen der Kolonialnationen Europas auf die kolonisierte Welt, ob es nun Lateinamerika, Schwarzafrika oder der Islam ist: die „Grenzen" der „Nationalstaaten" sind ein Erbe dieser kolonialen Aufteilung, besonders derer zwischen Spanien und Portugal, und später zwischen Holland, England und Frankreich.

Auf politischer Ebene war „Modernität" das parlamentarische System, das heißt, in Länder mit radikal anderen Strukturen und einer radikal anderen Kultur wurden Herrschaftsformen exportiert, die aus spezifischen historischen Bedingungen Englands und Frankreichs entstanden waren, die die Regeln des (im Prinzip „freien") Marktes der Anfangszeit des Kapitalismus auf die Ebene politischer Institutionen verlagerten. Auf wirtschaftlicher Ebene war „Modernität" die Einbindung in den Markt des Westens. Emsig darauf bedacht, sich keine Konkurrenten sondern Kunden zu schaffen, hütete man sich anfangs sehr wohl, den Transfer seiner Produktionsmethoden (Industrialisierung) zu fördern, sondern man ermutigte lebhaft zur Nachahmung seiner Konsummethoden, was (für die Länder, die zuerst kolonisiert und dann ungleichen Terms of trade unterworfen wurden) zur Folge hatte, sie zu verpflichten, ihre Rohstoffe und ihre Arbeitskraft zur Verfügung zu stellen, um einer als „Elite" bezeichneten Minderheit (das heißt: einigen Mittelsmännern und Kollaborateuren des Besatzers oder Herrschenden) die Teilhabe an dieser Konsummethode zu ermöglichen.

Auf der Ebene der Kultur war „Modernität" die Annahme der „impliziten Philosophie" des Wachstums nach Art des Westens, das heißt, der „Fortschritt", der nicht anderes ist als das Wachstum der Macht über die Natur und die Menschen. Daraus resultieren die Ablehnung jeder Transzendenz (ihren Platz und ihre Funktion übernimmt der „Selbstzweck" der technokratischen Macht), die Begeisterung für den Individualismus (wobei die Konkurrenz der Märkte, wie Hobbes es während der ersten Etappen des Kapitalismus sehr gut erkannt hatte, „den Menschen zum Wolf des Menschen" machen) und die Einschränkung des Geistes auf eine Suche nach den *Mitteln* (nachdem die *Ziele* bereits durch den Machtzuwachs festgelegt sind).

Ab da waren Modernität, Modernismus und Modernisierung nur noch die Übernahme einer Lebensweise, die von anderen Völkern geschaffen worden war, um (gut oder schlecht) deren eigenen Bedürfnissen zu entsprechen. Dieses Aufpropfen fremder Bedürfnisse führte also dazu, daß der Moslem sich selbst, den seinen, seiner Geschichte, seiner Kultur und seiner eigenen Zukunft fremd wurde. Was der arabisch-islamischen Welt zu ihrer Modernisierung vorgeschlagen wurde, war, all die Stufen zu wiederholen, die Europa seit vier Jahrhunderten hinter sich gebracht hatte. Die Vergangenheit der anderen wie seine eigene zu betrachten.

2. Eine radikale entgegengesetzte Antwort verlangt für die „Traditionalisten" die Frage: „Wie kann die arabisch-islamische Welt ihr Existenzrecht behaupten?" Statt wie die „Modernisten" zu sagen: „indem wir die imitieren, die uns töten, und indem wir wie sie werden", meinen sie vorab, daß der Niedergang der arabisch-islamischen Welt daher rührt, daß sich der Moslem von seiner Religion entfernte, von der Lehre der Altvordern, daß er sich von seiner „Tradition" abgeschnitten hat, um sich den Versuchungen des europäischen Satans hinzugeben.

Von diesem Ausgangspunkt haben sie beschlossen, den Islam in eine Festung einzuschließen, die weder Fenster noch Türen nach außen hat, nicht einmal eine Öffnung zum Himmel, und die Tradition „en bloc" zu verteidigen, ohne die koranische Lehre von den Anschwemmungen und Ablagerungen unterscheiden zu wollen, die sie oft überschwemmten durch den Beitrag der diversen Gesellschaften, in denen er sich einnistete. So entstehen alle „Fundamentalismen", das heißt, der Dogmatismus und die Verkrustung in allen Religionen, die darin bestehen, daß man den Glauben mit seiner kulturellen oder institutionellen Form verwechselt, die er im Verlauf seiner langen Geschichte angenommen haben mag, wobei sich dann jeder aus der Vergangenheit jene Periode auswählt, die am besten sein heutiges Betragen rechtfertigt.

Nun, der Islam impliziert keinesfalls diesen geronnenen Fundamentalismus. Mehrfach wiederholt der Koran, daß Gott jedem Volk seine Propheten geschickt hat, sodaß jedes die Botschaft verstehen könne. Ebenso wurde klar, daß seit den ersten „Interpretationen" der „rechtgeleiteten Kalifen" (jener, die Prophetengenossen waren) und nach ihnen der verschiedenen „Juristenschulen" das dem Propheten diktierte Wort, selbst wenn es die letzte *gesetzgeberische* Prophetie ist, es keineswegs die „*Interpretation*" (itschtihad) ausschließt, die nötig ist, um — von der Uroffenbarung ausgehend — auf die neuen Probleme zu antworten, die sich mit der Ausbreitung des Islam Gesellschaften stellen würden, die sich von der Gemeinde von Medina unterschieden. Die „Schließung des *itschtihad*, das heißt, das Verbot, sein eigenes Urteil zur Lösung von Problemen anzuwenden, die im Geist der koranischen Offenbarung nicht behandelt sind, wurde von den politischen Führern zu einem ganz bestimmten Zeitpunkt der imperialen Entwicklung beschlossen.

Dieser Geist der Schließung steht übrigens in radikalem Gegensatz zu Geist und Buchstaben der koranischen Lehre: der Prophet gibt sich nicht als Gründer einer neuen Religion aus, sondern als Erneuerer des Urglaubens Abrahams, und er integriert den Beitrag des Juden- und des Christentums. Man muß also diese aufeinanderfolgenden Beiträge [17] vertiefen und die Defirmationen und Schlacken wegräumen, indem man diese früheren Prophezeiungen als Momente der umfassenden Prophetie betrachtet; jenseits der „Schriftbesitzer" nährt sich diese Suche von allen Weisheiten der Welt. Man muß, sagt der Prophet, „das Wissen selbst in China" suchen.

Wenn ein iranischer Ayatollah erklärt: „Der Islam ist sich selbst genug", so versteht man vollkommen, daß er den Plunder und die Perversionen des Westens insgesamt verwirft, aber dieses „Genügen" wäre der islamischen Lehre entgegengesetzt, wenn damit gemeint wäre, daß er von anderen nichts lernen könnte, wo es doch — von seinem Anfang bis zu seinem Höhepunkt — die Größe des Islam ausmachte, daß er die früheren großen Glaubensäußerungen und dann die beste aller Kulturen zu integrieren verstand, um daraus eine neue Synthese zu machen und sie zu erhöhen. Sein Niedergang begann erst, als er dies ablehnte.

Zudem wurde die „Tradition" systematisch mit Brauchtum verwechselt, was weder im Koran noch in den Worten und Taten des Propheten begründet ist. Beispielsweise ist die Verpflichtung für die Frauen, den Schleier zu tragen, nur ein vorislamischer und zufälliger Brauch einiger Völker des Vorderen Orients.

Dieser „Fundamentalismus" führt zu einer Vergewaltigung dessen, was die Seele des islamischen Glaubens ist, des *tauhid*, der Einheit, denn er würde den Dualismus einführen, den T.S. Elliot als „die Westlichste aller Sünden" bezichtigt hat. Nun, gibt es eine schlimmere Zweiteilung, als in ein und derselben Gesellschaft zu behaupten, man halte in privaten Dingen unter wüstest fundamentalistischer Form eine Religion aufrecht, um gleichzeitig im sozialen Leben allen Plunder des Westens anzunehmen, angefangen von seinen wahnwitzigen Konsumgewohnheiten bis hin zu seinen Formen der Arbeitsteilung, von Hierarchie und wüstem Individualismus, der die zivile und politische Gesellschaft zerstört? Für den Islam sind Transzendenz und Gemeinschaft untrennbar. Befindet man sich so auf dem Weg zur Synthese, oder aber im Gegenteile zu einem Aneinanderreihen des Schlimmsten der „Modernität" der einen und der „Tradition" der anderen?

Der englische Historiker Toynbee hat einmal gesagt, daß die „orientalische Frage" zuerst eine „europäische Frage" ist. Wenn man von der heutigen Welle des Fundamentalismus in einigen arabisch-islamischen Ländern spricht, darf man die Verantwortlichkeit des Westens nicht außer acht lassen: Während der gesamten Periode der Kolonial — oder Protektoratsherrschaft und heute durch den Neokolonialismus und die Multis — lagen und liegen die Entscheidungs- und Machtzentren zu einem großen Teil im Ausland. Die erste Verteidigungsreaktion ist daher, sich von der Außenwelt abzukapseln, sich auf sich selbst zurückzuziehen. Der zweite und in den letzten zehn Jahren noch offensichtlichere Grund ist das Scheitern des angeblichen „Fortschritts" nach Art des Westens, der nicht nur unfähig ist, dem Leben Sinn und Ziel zu geben, sondern auch die Ungleichheit in der Welt und innerhalb jedes Landes zu verringern. Daher diese Reaktion der Ablehnung und diese Hoffnung auf die Entdeckung eines spezifisch islamischen Lebens, das weder das seelenlose Chaos des Kapitalismus noch der sowjetische Gulag wäre. Die „Lösungen" des Westens sind gescheitert — aus dieser unwiderlegbaren Feststellung nährt sich jeder Fundamentalismus.

Der Dialog ist dazu verurteilt, in einer Sackgasse zu enden, wenn nicht der Glaube der einen vom Rost der Jahrhunderte der Herrschaft und Unterdrückung befreit wird, und wenn sich die Technokratie der anderen nicht der fundamentalen Perversität eines Systems bewußt wird, das sich nie die Frage nach Bedeutung und Sinn des Menschen stellt.[1]

Die Verantwortung des Westens — das heißt ganz konkret: die der OECD

---

1 Dank dieser schlimmen Lage begann der Islam sich zu erneuern und neue Dimensionen und Kapazitäten

(Organisation für wirtschaftliche Zusammenarbeit und Entwicklung), in der die am meisten industrialisierten Ländern zusammengeschlossen sind (die europäischen, die Vereinigten Staaten und Japan, die dasselbe Wachstumssystem praktizieren) ist viel allgemeiner: dem, der die Welt als ein einziges Ganzes betrachtet und der nicht nur den westlichen Standpunkt vor Augen hat, tut sich diese fundamentale Wahrheit auf, die der Schlüssel all unserer vitalen Probleme ist: *Wachstum der einen und Unterentwicklung der anderen sind nur die zwei untrennbaren Seiten einer selben weltweiten „Fehlentwicklung".*

Was wir im Westen Wachstum nennen, ist in den Augen des Universums nur das Wachstum der Unterentwicklung („die Entwicklung der Unterentwicklung", wie Gunther Franck sagte), da das Wachstum einiger Länder nur möglich ist durch die Plünderung der materiellen und menschlichen Ressourcen von Dreiviertel der Welt.

Als erste Konsequenz dieser Annahme eines weltweiten Wachstums muß man die tödliche Lüge demaskieren, die darin besteht, den Entwicklungsländern (19) vorzuschlagen, unserem Lauf der Entwicklung zu folgen, da — schon von seinem Prinzip her — ein System, in dem das „Wachstum" einiger die Plünderung und Unterentwicklung von drei Vierteln der Welt erfordert, nicht universalisierbar ist (wörtlich: sich nicht auf das ganze Universum anwenden läßt).

Die zweite Konsequenz dieses Bewußtwerdens zeigt eine andere Lüge nicht nur unserer Theorie des Wachstums auf, sondern der *Praxis* unserer Beziehungen zu den unterentwickelten Ländern: wenn unser „Wachstum" die Unterentwicklung geschaffen hat und verschlimmert, ist das einzig mögliche Heilmittel, unser Wachstumsmodell zu ändern. Dies ist die Vorbedingung für eine „neue Weltwirtschaftsordnung", um das Wort des Präsidenten Boumedienne von 1974 aufzugreifen.

Jede andere Form von „Hilfe für die Dritte Welt" ist illusorisch und tödlich. Tödlich nicht nur für die unterentwickelten Länder die es als erste trifft, sondern zuletzt auch für die entwickelten Länder, wegen dessen, das Ahmed Ben Bella den „zerstörerischen Umgang mit der Erde" (20) nennt. Daß das „westliche Modell" von Wachstum geändert werden soll, ist kein Thema einer Moralpredigt: es ist eine unerbittliche Notwendigkeit. Die Strafe wäre ein weltumspannender Selbstmord durch Erschöpfung der Rohstoffe und Zerstörung der „Biosphäre" (Gesamtheit der Bedingungen, die das Leben ermögli-

zu gewinnen, ohne Missionäre sogar im Westen wie R. Garaudy. Die gesunde, friedliche, islamische Weltanschauung ist sogar in Amerika eine Hoffnung für den positiven Dialog mit dem Westen. (Abu Murad)

chen: Luft, Wasser, Erde).

Sowenig, wie sich die Frage nach Fortsetzung der Ausbeutung der Dritten Welt nicht nur in moralischer Hinsicht stellt (sondern als unerbittlich notwendig und tödlich unaufschiebbar), stellt sie sich auch nicht als Frage der „Nächstenliebe", heuchlerisch „Hilfe" genannt, sondern als Überlebensfrage der gesamten Menschheit. Es ist eine mörderische Illusion, von entwickelten und unterentwickelten Ländern zu sprechen: es gibt in der Welt nur *kranke* Länder (die westlichen Länder, die an ihrem wirtschaftlichen Wachstum und der Unterentwicklung ihrer Kultur und ihres Glaubens kranken, und die unfähig sind, menschliche Zielsetzungen vorzuschlagen und zu verwirklichen) und betrogene Länder (die Länder, denen man einreden wollte, daß ihnen das Wachstumsmodell des Westens und seine „Hilfe" das Heil brächte, während man mit diesem Betrug schlicht und einfach ihre Strukturen und ihre Kultur zerstört).

Der Schlußstein der Probleme der heutigen Welt (vom Problem des Hungers bis zu dem der Rüstung — zwei Seiten desselben Problems vom Fehlen einer Bedeutung und eines Ziels des Lebens im Westen, da West und Ost dasselbe Wachstumssystem übernommen haben und sich so einem „Gleichgewicht des Schreckens" verschreiben — bis zur Gewaltanwendung einzelner, von Gruppen oder durch innere Repressionen) ist das westliche Wachstumsmodell. Es besteht darin, immer mehr und immer schneller egal was zu produzieren, sei es nützlich, unnütz, schädlich oder tödlich (die Rüstung, nuklear oder konventionell), und (durch Reklame und Marketing und mehr noch durch „schäbigen Wetteifer", der soziale Ungleichheiten erzeugt) allen den „Konsum" dieser Dinge aufzudrängen. Im Westen redet es einem ein, daß Glück und „Entwicklung" mit „Lebensstandard" und der Menge der konsumierten Produkte gleichzusetzen wäre. Es beutet das Elend und die Hirngespinste der Hungernden der Welt aus, um ihnen die Illusion einzuschärfen, es sei ihnen möglich und notwendig, diesen Weg zu beschreiben, um aus ihrem Elend herauszukommen und ihre Hirngespinste zu verwirklichen.

Einige Zahlen machen das Versagen dieser weltweiten „Fehlentwicklung", des „zerstörerischen Umgangs mit der Erde" und das Ausmaß der Katastrophe deutlich. Zuerst die fundamentale Ungleichheit: 3o % der Weltbevölkerung (Industrieländer Europas einschließlich der UDSSR, Nordamerikas, Japans und Australiens) verfügen über 82 % der Weltproduktion und geben 82 % der Gesamtkosten für Rüstung aus. Eine halbe Milliarde menschlicher Wesen lebt (oder stirbt) unterhalb der Schwelle der absoluten Unterernährung (2.000 Kalorien pro Tag); eine andere halbe Milliarde lebt unterhalb der Schwelle der absoluten Armut (weniger als 70 Centimes pro Tag). Die Rüstungsausgaben der Industrieländer betragen 380 Milliarden Dollar (bei 450 Milliarden auf der ganzen Welt) und ihre „Hilfe für die Dritte Welt" beläuft sich im selben Jahr auf 22 Milliarden, ein Drittel davon in Waffen.

Zweite Bemerkung: diese Ungleichheit — und die damit untrennbar verbundene Abhängigkeit — nimmt zu. Die Verschuldung der unterentwickelten Länder ist so hoch, daß sie 1980 an Zins- und Schuldtilgung 13,2 Milliarden Dollar aufbringen mußte, also fast die Hälfte des Gesamtbetrags der „Hilfe". In diesem System werden die Reichen immer reicher und die Armen immer ärmer. Die Herrschenden immer herrschender und die alten Ausgebeuteten immer ausgebeuteter. Und zwar just durch das Spiel der Organe, die mit der Hilfe beauftragt sind und die alle dazu beitragen, wie Ahmed Ben Bella in dem schon angeführten Interview betonte, „die ungleichen Terms of trade und die Abhängigkeit fortzuschreiben".

Um nur ein Beispiel zu nennen: Die Weltbank und ihre Filiale UNIDO (UN-Organisation für Internationale Entwicklung) und der IWF (Internationaler Währungsfonds) — in diesen Organen ist die Anzahl der Stimmen dem eingelegten Kapital proportional — gewähren den armen Ländern Kredite nur zu drakonischen Bedingungen:

— Steigerung der Ausfuhrbilanz (was die Bevölkerung der Produkte beraubt, die sie für ihre Grundbedürfnisse braucht);
— Erleichterung ausländischer Investitionen (was den ausländischen Investoren erlaubt, den größten Teil des in diesen Ländern gemachten Gewinns zu exportieren);
— Senkung der Staatsausgaben (auf Kosten der Sozialpolitik);
— Kontrolle der Löhne (was Millionen Arbeiter unter das Existenzminimum drückt). Dies ist nur eins von vielen finanziellen Mitteln politischer Domination und wirtschaftlicher Ausbeutung.

Die Industrialisierung und der „Technologietransfer" sind eine weitere Falle: „Jede Zivilisation", sagt wiederum Ahmed Ben Bella, „gibt sich die Wissenschaft und die Technologie, die sie braucht, um ihre eigenen Bedürfnisse zu befriedigen" (21). Nun unterscheiden sich aber die Bedürfnisse der Dritten Welt ganz offensichtlich „von den Zielen, die der militärisch-industrielle Komplex fortgesetzt hat." Aus dieser Sicht analysiert er den „Technologietransfer" einerseits als neues Herrschaftsinstrument, und andererseits als Mittel, „Lebens- und Denkweisen" einzuschleusen. Er kommt zu dem Schluß: „Es gibt keine Zukunft, wenn man nicht diese Technologie in Frage stellt."

Schlußbetrachtung

Es wäre also ein — für die arabisch-islamischen Länder tödlicher — Selbstbetrug zu glauben, es würde genügen, Rohöl zu exportieren und den Gewinn zu verwenden, sei es durch Einlagen bei westlichen Banken (man hat gesehen, welche Garantie dies im Falle politischer Krisen darstellt, als die Regierung der Vereinigten Staaten iranisches Kapital sperrte), sei es durch Investitionen bei den Multis (die heute eine der wichtigsten Kräfte zur Ausbeutung der Dritten Welt sind), sei es zum Kauf „schlüsselfertiger" europäischer Fabriken (die durch die Herrschaft ihrer Patente, Techniker und Technokraten den Ländern, in denen sie aufgestellt werden, ihre Sozialbeziehungen, ihre Lebens- und Konsumgewohnheiten aufzwingen, ihre lokalen „Kollaborateure" korrumpieren und sich überhaupt nicht um die Grundbedürfnisse des Volkes kümmern, bei dem sie sich einrichten).

So ist es in allen Industriezweigen. Auf dem Industriesektor haben die großen westlichen Ölgesellschaften in den arabischen Ländern eine außergewöhnliche Beute gefunden. Im Fall der Förderländer kann man sich durch einen einfachen Vergleich ihre Zukunft vorstellen: wie sähe die „Entwicklung" Europas aus, wenn dieses im 18. und 19. Jahrhundert praktisch die Gesamtheit seiner Kohleförderung exportiert hätte?

Das heißt keineswegs, daß die Lösung in einer Art Autarkie der Förderländer liegt, mit der Weigerung, Öl zu verkaufen oder im Ausland Ausrüstung zu bestellen. Es geht darum, über die Probleme nicht vom westlichen Standpunkt aus nachzudenken und sie von dort aus zu lösen (durch reine Integration in den Weltmarkt zu den von den ehemaligen Kolonialherren und den Vereinigten Staaten aufgestellten Regeln), oder vom Sonderstandpunkt der durch ihre Vorkommen privilegierten Förderländer, sondern gleichzeitig vom arabisch-islamischen Standpunkt und dem des universellen Überlebens — vorab des wirtschaftlichen, sozialen und kulturellen Überlebens der Dritten Welt.

Ich beziehe mich hier so oft auf Ahmed Ben Bella, weil er — von den fundamentalen arabisch-islamischen Werten ausgehend — dieses globale Problem der internationalen Beziehung aufwirft, dabei aber Partikularismus und Provinzialismus vermeidet. Für eine echte „Entwicklung" der Menschen — und nicht der Dinge — hat er verschiedene Prioritäten vorgeschlagen und dabei gezeigt, welchen Beitrag der Islam zu der Lösung der Probleme unserer Entwicklung — und vorab der der Dritten Welt leisten könnte.

Betrachten wir zuerst die Landwirtschaft. Rudolf Strahm hat aufgezeigt, durch welche Mechanismen „die Nahrung der Armen dem Vieh der Reichen gegeben wird" (22). Die Industrieländer, deren Anteil an der Weltbevölkerung ein Sechstel ausmacht, eignen sich 60 % der Feldfrüchte der Welt an, wovon sie ein

Drittel zur Ernährung ihres Viehbestandes verwenden (ohne Soja mitzuzählen oder Erdnußkuchen oder Fischmehl), wodurch sie den Hunger in der Dritten Welt verschlimmern. Umgekehrt besaßen die Länder des Gemeinsamen Marktes 1974 einen Lagerbestand von 130 Millionen Tonnen Rindfleisch, das entspricht 500 kg pro Person oder dem Verbrauch von fünf Jahren. Diese Lagerhaltung kostete dem Agrarfonds des Gemeinsramen Marktes über 28 Milliarden alter Francs.

Man könnte die Beispiele fortsetzen: 1 kg Soja gibt dem Menschen soviel Protein wie 3 kg Rindfleisch, 10 Liter Milch oder 60 Eier. Nun, lediglich 3 % der Weltproduktion an Soja wird für die menschliche Ernährung verwendet; der Rest wird an Tiere verfüttert oder zu synthetischen Fasern verarbeitet.

Betrachten wir uns nun die „westlichen Techniken" in der Landwirtschaft und ihren Einfluß auf die Dritte Welt: eine Düngemittelfabrik in Bangladesh, die 140 Millionen Dollar kostet, Ströme von Petroleum verbraucht und 1000 Arbeitsplätze schafft, erzeugt eine bestimmte Menge Dünger. Die gleiche Menge kann von 26.000 Dörfern in Methangärbottichen hergestellt werden, wobei außerdem Brennstoff und Beleuchtung abfallen, und 130.000 Arbeitsplätze entstehen — das ganze für 125 (statt 140) Millionen Dollar. Das ist ein typisches Beispiel für „Technologietransfer". Zu wessen Gunsten?

Oder, eine andere Priorität der Landwirtschaft: die Bewässerung. Auch hier würde die Übernahme des Bewässerungssystems der amerikanischen Farmer (die — Dünger, Insektizide und hydraulische Ausstattung eingerechnet — 905 Liter Öl pro bebautem Hektar verbrauchen) den Ruin der Länder bedeuten, die dieser „Hilfe" zum Opfer fallen, wohingegen die wahre Erneuerung darin bestünde, das Netz unterirdischer Kanäle (kanats) wieder zu errichten, das die iranische Hochebene bewässern könnte, wobei die Verdunstung des Wassers vermieden würde, oder die Wiederindiensnahme der Aquädukte, die im Tunesien der Zeit der Aghlabiden (im 9. Jahrhundert) jene Landstriche bewässerten, die nach der türkischen und französischen Besatzung zu Wüste geworden sind, oder in der „Modernisierung" jener Wasserleitungssysteme, die die Gärten Murcias zur Legende machten.

Dasselbe Problem stellt sich für die Nahrungsmittelindustrie: man könnte für Export bestimmten Kaffe oder Milch vor Ort zu Pulver machen, statt dies den Multis wie Nestlé zu überlassen, was zum Preis der Ermordung tausender Kinder geschieht, die mit Muttermilch überlebt hätten.

Auf der Ebene der Kommerzialisierung stößt man auf dieselbe „Inkohärenz". Bis heute ist die Organisation eines Kartells nur im Falle der ölproduzierenden Länder gelungen (durch die OPEC), denn eine solche Operation ist nur unter bestimmten Bedingungen möglich und wirksam:

— wenn die Nachfrage stark und das Produkt (das Öl) unersetzbar ist;
— wenn die Herstellerländer gering an Zahl und solidarisch sind;
— wenn das Produkt nicht verderblich ist und folglich einen längeren Boykott der Hersteller überdauert.

Ist nur eine der Bedingungen nicht erfüllt (beispielsweise die dritte), so scheitert die ganze Operation, wie im Falle der Union bananenexportierender Länder, in der immerhin fünf mittelamerikanische Länder zusammengeschlossen sind, die 44 % des Weltexports abdecken. Ebenso erging es den Versuchen beim Kupfer, da Kupfer — insbesondere in der Elektroindustrie — durch andere Metalle, vorab Aluminium, ersetzbar ist.

Aus all dem folgt, daß nur die arabischen Länder, wegen ihrer entscheidenden Rolle in der OPEC, die Avantgarde der gesamten Dritten Welt sein können. Zuerst und vor allem, weil sie allein seit 1973 den materiellen Beweis dessen erbringen konnten, was 1968 nur Ausnahme war: dem Wachstum sind physische Grenzen gesetzt. Nie zuvor hatte sich ein Problem, das eigentlich ein kulturelles ist — nämlich die Wahl eines Entwicklungsmodells — so evident auf der wirtschaftlichen Ebene gestellt. Hier findet der Isalm wieder eine historische Chance zu beweisen, daß sein Glaube und seine Finalität eine Antwort auf die Ängste einer Welt sind, die das westliche Wachstumsmodell zur wirtschaftlichen, politischen und moralischen Zersetzung geführt hat; ebenso, wie zur Zeit seiner Entstehung und dann seiner Ausdehnung der Islam eine Antwort auf den Zerfall der Reiche hatte.

Heute kann nur die OPEC und ihre wichtige arabische Komponente im Namen der gesamten Dritten Welt eine „Spielregel" durchdrücken, die fähig ist, den Okzident (zu seinem größten Besten) zu einer Änderung seines Wachstumsmodells zu zwingen. Wenn sie sich mit den anderen Erzeugerkartellen der Dritten Welt solidarisierten, würde es genügen, den Index der anderen Rohstoffe aus der Dritten Welt an die Preise der aus dem Westen kommenden Industriegüter zu binden.

Sie allein können heute, statt ihr Geld bei westlichen Banken anzulegen, eine Bank der Zukunft gründen, die (im Unterschied zur Weltbank) ohne politische Vorbedingungen das Geld zur Verfügung stellen könnte, mit dem die Dritte Welt ihren Grundbedürfnissen nachkommen könnte, mit besonderem Schwerpunkt auf der Renaissance des Ackerbaus, den man zugunsten der Monokulturen aufgegeben hatte, was das Joch des Okzidents noch verstärkte.

Sie allein können heute, statt in die Multis zu investieren, die zur Speerspitze der westlichen Überlegenheit wurden, in alteingesessene, modernisierte Unternehmen investieren, die eine „endogene" Entwicklung sicherstellen können. So könnten sich diese Länder vom Weltmarkt losreißen und von einer „internationalen Arbeitsteilung", die sie dazu verurteilen, folgendes zu sein: 1) Lieferanten von Rohstoffen und billiger Arbeitskraft, 2) Kunden westlicher Unternehmen, deren Ziel es nicht ist, den wirklichen Bedürfnissen der breiten Bevölkerung zu entsprechen, sondern mittels der verwestlichten angeblichen „Eliten" der Städte sich einen Wurmfortsatz für ihren Markt zu schaffen, um ihren Überschuß abzuladen.

In neue Energien investieren, in der Landwirtschaft, der Biomasse und organischen Dünger, Bewässerung, in lokale Industrien zu Verarbeitung der natürlichen Reichtümer gegen die Multis der Agroernährung und der Chemie, in der Modernisierung traditioneller Techniken, von der Textilbranche bis zur Pharmazeutik.

Sie allein können heute, statt ihren Handel ganz auf den Okzident auszurichten (Rohöl gegen Überschallflugzeuge, Luxusautos oder anderen Plunder), einen gemeinsamen Markt der arabisch-islamischen Länder und darüberhinaus der Dritten Welt gründen, der es erlaubt, selbst das Modell der Entwicklung und Kultur zu ändern.

Diese Idee gemeinsamer arabischer Einrichtungen wurde ansatzweise schon verwirklicht: 1953 empfahl ein interarabisches Abkommen die progressive Senkung der Zollgebühren; 1957 nahm der Wirtschaftsrat der Arabischen Liga ein Abkommen über den freien Verkehr von Personen, Kapital und Handelsgütern an; da es erst 1962 und nur von einem Teil ihrer Mitglieder unterzeichnet wurde, bleibt seine Anwendung begrenzt. Es wurde 1964 durch den Beschluß ersetzt, einen gemeinsamen arabischen Markt, eine Freihandelszone und eine Zollunion zu gründen. In der Tat sind diese Versuche einer Wirtschaftsunion nie recht verwirklicht worden. Die Integratiion wurde selbst auf der Ebene des Handels kaum in Angriff genommen, so daß man heute — selbst auf der simplen Ebene des Handels — weit weniger eine Ausweitung des innerarabischen Handels als vielmehr eine wachsende Integration in den Weltmarkt verzeichnet.

Algerien hat — wie Libyen — seit der Unabhängigkeit eine Reihe von Initiativen ergriffen, um den Würgegriff des Weltmarktes in Afrika zu lockern. Schon Ahmed Ben Bella sah in der arabisch- islamischen Welt eine mögliche Avantgarde der Dritten Welt. 1974 hat Houari Boumedienne die Idee und Formel einer „neuen Wirtschaftsordnung" gegen die Überlegenheit des Westens geschaffen. Heute betont Präsident Chadli Benjedid die afrikanische Dimension seines Landes: er schlägt der OPEC die Gründung einer Entwicklungsbank für die dritte Welt vor, und beteiligt Algerien an konkreten Projekten in Mali, Niger, Benin und Moçambique. Er macht sich zum Fürsprecher einer „Süd-Süd"-Zusammenarbeit, die den afrikanischen Ländern erlauben soll, einen Teil ihrer eigenen Probleme selbst zu lösen und sich aus der Abhängigkeit vom Westen zu befreien. (23)

Das Geschick der Welt kann so kippen. In Richtung des Lebens kippen. Die arabisch-islamischen Länder haben für dreißig Jahre Öl, um dies zu erreichen. Das wäre der höchste Beitrag des Islam zum Aufbau unserer gemeinsamen Zukunft.

In diesem Moment des Bruchs der Geschichte wird schlagartig die Verbindung der Probleme der Wirtschaft und der Kultur deutlich, der Politik und des Glaubens; und gleichzeitig die Blindheit des Westens und seine Ohnmacht, die wahren Probleme aufzuwerfen.

1979 konnte der Westen in der Veränderung des Iran das wesentliche Faktum nicht erkennen: trotz der hervorragenden Ausrüstung seiner Armee und der Unterstützung der größten Militärmacht der Welt wurde ein politisches Regime, das einem Volk den Wachstums- und Lebensmodus des Westens aufzwingen wollte, von einem Volk mit leeren Händen, allein mit seinem Glauben bewaffnet, geschlagen. Dann kam eine lächerliche Episode der Mollahs, die nach einer Macht hungerten, die auszuüben sie unfähig sind, und die die islamische Revolution diskreditieren (ähnlich wie Stalin die Oktoberrevolution entehrte oder die Thermidorianer die von 1789). Eine Journalistin einer sogenannten „linken" Wochenzeitschrift schreibt — in der Verquickung Modernisation = Verwestlichung befangen — über den Islam: „Können weltweit über sechshundert Millionen Menschen urplötzlich die Modernität ablehnen, die wirtschaftliche Entwicklung und die Verwestlichung der Sitten, die damit unvermeidlich einhergeht?"

Zehn Jahre zuvor veröffentlichte eine katholische Zeitschrift — im selben falschen Dilemma und den gleichen Vorurteilen gefangen — einen Artikel, der erklärte, „Islam, der Resignation bedeutet, ist unvereinbar mit Entwicklung, die einen Geist starker Kreativität erfordert".

Dieser Aufsatz hat nur das einzige Ziel, diese Art „Gemeinplätze" zu beseitigen, die allen Zugang zur Zukunft versperren.

Wir haben eben auf wirtschaftlicher Ebene gezeigt, inwiefern die praktischen Probleme nur von einer globalen Sicht ausgehend gelöst werden können, innerhalb derer Wachstum und Unterentwicklung nur zwei Apekte derselben Realität sind: Die Fehlentwicklung eines Planeten, mit dem zerstörerisch umgegangen wird.

Die Fragen stellen sich auf der Ebene des Glaubens (und können gelöst werden) unter der Bedingung, daß man einerseits auf den schrecklichen Manichäismus einer „Christenheit" reagiert, die im Islam nur das Gegenteil und den Feind des Christentums sieht, jene Kraft, die ihr Streben nach Universalität, der „Katholizität", behindert, und andererseits gegen einen islamischen Fundamentalismus, der manchmal die koranische Lehre vergißt, die das Christentum zu einem Moment und einer Komponente des Glaubens macht. [1]

Es ist Zeit, eine unitarische Vision der Geschichte zu konzipieren und zu leben, in der Abraham, Moses, Jesus und Muhammad Momente des Erwachens und des Weckens sind.

Zwischen dem Urchristentum — dem vor der Hellenisierung und Romanisierung von Nicäa — und uns liegen nicht nur der Kampf gegen Häresien, die Rivalitäten zwischen Priester und Reich, die Scholastik, die Kreuzzüge und die Inquisitionen, sondern auch der Koran, Ibn Arabi, der Sufismus und die große islamische Kultur, die während unserer dunklen Jahrhunderte die Welt erleuchtet haben, und der Strahl eines prophetischen und mystischen Lichts, das einige erkannten und uns übermittelten, wie Joachim von Fiore, der Heilige Franz von Assisi, Meister Eckart und der Heilige Johannes vom Kreuz.

Es ist wahr, daß dieses Licht nach Jami und Ibn Khaldun verdunkelt wurde. Aber waren unsere Kirchen denn besser mit ihren Rückzugsgefechten, die sie seit der Renaissance der Wissenschaft, dem sozialen Aufbruch und den Revolutionen lieferten?

Stehen wir heute nicht innerhalb des Glaubens vor denselben religiösen Fundamentalismen, und außerhalb vor denselben szientistischen und technokrati-

---

[1] Hier irrt R. Garaudy, denn die heute existiernden Formen von Christentum, in denen Jesus Gott selbst oder Gottessohn sein soll, sind nicht das ursprüngliche Christentum, welches Jesus verkündete und Muhammad auch bestätigte.
Ich möchte daher die Aussage des österreichischen Kardinals König zitieren, die die italienische Zeitung „ La Stampa" in ihrer Ausgabe vom 15. November 1964 veröffentlichte:
„Vieles, was sich als Christentum ausgibt, hat nichts mit der Religion Christi zu tun. Selbstsucht, Nationalismus und Kolonialismus haben in der Vergangenheit (nur) viel Unheil angerichtet, indem sie ein verderbtes Christentum als Mittel zum Zweck benutzen..." (in: Ist die Bibel wirklich das Wort Gottes, Wiesbaden 1969, Seite 70F) Das heißt aber nicht, daß dieses Buch auch die Wahrheit schreibt!
Auf Seite 71 finden wir folgende Aussage:
„(Der Inder) Ghandi pflegte zu sagen, das europäische Christentum sei eine Verneinung der Religion Jesu." (Abu Usama)

schen Positivismen, denselben perversen Faszinationen eines Wachstums ohne menschliche oder göttliche Finalität? Wäre es denn nicht Zeit, „den Islam zu treffen", wie es Pater Lelong machte, der zu einer gemeinsamen Suche aufrief und feststellt, daß „die Trennlinie zwischen Moslems und Christen vielleicht viel kleiner ist als die zwischen ‚traditionellen Gläubigen' — der einen wie der anderen Gemeinschaft —, die einer säkularen Ausformung der offenbarten Wahrheit anhängen, und den ‚Gläubigen auf der Suche', die sich bemühen, die Schrift wieder zu lesen und sie mit dem Leben zu konfrontieren" (24)

Nur so könne man gemeinsam — jenseits jedes historischen Streits und aller doktrinaler Abweichungen — die wahren Probleme angehen: Glaube und Politik, Königreich Gottes und Verwandlung der Welt.

Denn dies sind heute die „wahren Probleme", auf deren Aufzählung wir uns in dieser Schlußbetrachtung beschränken werden, da wir im Verlauf dieser Reflexion über den lebenden Islam aufgezeigt haben, welchen Beitrag er zu ihrer Lösung leisten könnte.

Gründet eine Gesellschaft nur auf den Machtverhältnissen zwischen den Individuen und Gruppen, aus denen sie besteht, was zu unterdrückter Gewalt führt, zu Gleichgewichten des Schreckens, zu „Ausreden", was nur ein anderes Wort für Erpressung oder den Bluff beim Poker ist?

Oder wird sie durch einen Vertrag menschlich?

Oder ist sie authentisch menschlich (das heißt, vom Göttlichen bewohnt) nur durch einen gemeinsamen Glaubensakt, der die privaten oder sogar kollektiven Interessen übersteigt, um eine Ordnung zu schaffen, die nur deshalb menschlich ist, weil sie über den Menschen hinausgeht?

Vielleicht können wir wirklich nur so — abseits der Dschungel der Nationen und der Individuen — zu einer wahren Gemeinschaft gelangen, die nicht ohne Transzendenz und den Glauben an diese Tanszendenz existieren kann. Dann muß unser Erziehungssystem vollständig umgekrempelt werden, um das Nachdenken über die Finalität und den möglichen Einbruch der Transzendenz und des Glaubens hervortreten zu lassen, statt sie zu bekämpfen. Doch nicht nur Nation, Gesellschaft und Gemeinschaft müssen wir aus der islamischen Perspektive überdenken, sondern auch die Revolution.

Die islamische Revolution ist in ihrem tiefen Streben (aber welche Revolution — und welcher Konservatismus — können anders als durch ihr Streben beurteilt werden?) radikal anders als unsere westlichen Revolutionen, sei es die bürgerliche von 1789 oder die sozialistische von Oktober 1917. In beiden Fällen nußte man Produktionskräfte freisetzen, um ein Wachstum zu ermöglichen, das die materiellen Bedürfnisse des Menschen befriedigen würde. Aber 1789 bestand die französische Revolution darin, die politischen Strukturen mit einer Wirtschaftsordnung in Einklang zu bringen, die bereits von der Klasse dominiert war, die die Produktionsmittel besaß. Bei der russischen Revolution von 1917 hingegen existierten weder diese Produktionsmittel noch eine Klasse, die fähig gewesen wäre, sie in den Dienst aller zu stellen. Also geht es darum, die politische Macht im Namen einer Klasse zu erringen, die noch nicht oder aber in embryonaler Form besteht (1917 machten die Arbeiter nur 3% der Berufstätigen aus). Dann muß man die ökonomischen Bedingungen des Sozialismus schaffen, seine Techniken, seine Produktionsverhältnisse, und die Entstehung eines Proletariats erlauben, das ihn in Gang setzen kann. Dies ist zumindest das Bestreben von Lenin und Trotzki.

Die islamische Revolution im Iran enthält vorab ein Moment der Negation[1]: die Negation des westlichen Wachstumsmodells, des Despotismus im Inneren und des Imperialismus im Äußeren, die ihm dieses Modell zugunsten einer winzigen Minderheit aufgezwungen haben: die islamische Revolution, schrieb Bani Sadr, ,,ist eine Ablehung des Westens, weil er für ein Scheitern auf allen Ebenen steht" (25).

In ihrer positiven Seite ist sie nicht nur ein Wechsel in den Beziehungen zwischen den Klassen, sondern ein Wechsel des Ziels selbst der Gesellschaft, der Versuch, in einem neuen historischen Abschnitt den Prinzipien von Transzendenz und Gemeinschaft der prophetischen Gesellschaft Leben zu verleihen.

Es handelt sich — im Geist Bani Sadrs genauso wenig als bei Muammar Qadafi — keinesfalls darum, ,,zur Vergangenheit zurückzukehren", sondern im Gegenteil darum, der Zukunft im Namen der Vision einer Welt entgegenzutreten, die von der Schlacke der Jahrhunderte befreit ist. So ist es beispielsweise bezeichnend, daß Oberst Qadafi mit einigen traditionalistischen libyschen Juristen aneinandergeriet, weil er meinte, die *Sunna* (also die Überlieferung der Worte und Taten des Propheten) könne nicht für eine Quelle des Rechts gehalten werden. Noch bezeichnender ist, daß er in seinen politischen Schriften — die alle vom Glauben an und Treue zu den Prinzipien von Transzendenz und Gemeinschaft geprägt sind, — nie vom Argument der Autorität Gebrauch macht: in den drei Bänden des *Grünen Buches* findet sich kein einziges Koranzitat.

Die Reflexion über die islamische Revolution läßt uns ein umfassendes Konzept von Revolution wiederfinden, das nicht nur Umsturz der Strukturen bedeutet, sondern im gleichen Zug auch Veränderung des Menschen. Der

---

1 Die Anfänge dieser Revolution waren zur Zeit des iranischen Bani Sadr positiv. Die weitere Entwicklung jener Revolution war für die Muslime aber eine Enttäuschung (Abu Murad).

Schlußbetrachtung

Ursprung jeder revolutionären Idee in Europa ist eine prophetische Vision. Die des Joachim von Fiore: eine Gesellschaft ohne Besitz, ohne Klassen, ohne Stadt, ohne Kirche — die Verwirklichung des Reichs Gottes auf Erden ist für ihn die letzte Station einer historischen Vollendung der Trinität, wo nach der Herrschaft des Vaters und des Gesetzes, nach der Herrschaft des Sohnes und der Gebote der Liebe die Herrschaft des Geistes kommen wird, der alles in allen sein wird. Diese prophetische Vision der Revolution sollte Jan Hus teilen, dann Thomas Münzer im 16. Jahrhundert, in dem Engels (in *Der deutsche Bauernkrieg*) und Marx selbst die vollkommenste Form des Kommunismus sahen, die Europa bis in die Mitte des 19. Jahrhunderts (das heißt: bis zum *Kommunistischen Manifest* von 1848) gekannt hatte.

Was haben wir heute auf der Ebene der Kultur, vom Islam zu lernen, mit ihm zu teilen?

Wie in jedem anderen Bereich auch: vor allem den Islam selbst. Seinen Glauben, der diese Kultur inspiriert, animiert und eint.

Auch müssen wir sie kennenlernen, was voraussetzt, mit unserem intellektuellen und religiösen Mittelalter aufzuhören, das den Islam als Antichrist hinstellt, und auch mit diesem szientistischen und positivistischen Aberglauben der Zeit der Aufklärung, der Realität und Denken um ihre tanszendente Dimension verstümmelt, und für den der Islam — wie jeder Glaube — eines der Gesichter des Obskurantismus war.

Diese — christlichen oder antichristlichen — Vorbehalte gegen den Islam haben in der Haltung des Islam zum Christentum keine einzige Entsprechung: von Anfang an wird von Jesus und Maria mit dem größten Respekt gesprochen. Im Koran heißt es: „Und wir ließen hinter ihnen her Jesus, den Sohn der Maria, folgen, daß er bestätige, was von der Thora vor ihm da war. Und wir gaben ihm das Evangelium, das (in sich) Rechtleitung und Licht enthält" (V, 46). Und auch dies: „Christus Jesus, der Sohn der Maria, ist nur der Gesandte Gottes und sein Wort, das er der Maria entboten hat, und Geist von ihm" (IV, 171).

Die spätere Tradition der höchsten Geister des Islam (selbst bei al-Ghazzali, der gleichwohl eine *höfliche Widerlegung* des Christentums verfaßte, und besonders bei Ibn Arabi, der in seiner *Weisheit der Propheten* Jesus als „Siegel der Heiligkeit" betrachtet, und der Jesu Wiederkehr für ein zweites Zeitalter ankündigt) drückt diesen Respekt und diese Liebe aus.

Das Christentum, gegen das der Prophet manchmal polemisiert, ist das der Christen seiner Zeit. Pater Michel Hayek präzisiert das: „Eine historische Studie über den Zustand des syrisch-arabischen Christentums, besonders nach dem Konzil von Ephesus, würde die Haltung des Propheten des Islam erklären und ihn von den niederdrückenden Aussagen reinwaschen, mit denen die Nach-

fahren der Christen seiner Zeit sein Gedenken belasten sollten" (26).
Diese Mahnung enthält keinerlei religiöse Verquickung noch Eklektizismus. Für einen Dialog der gegenseitigen Befruchtung ist nichts schlimmer als „der ungesunde Traum gewisser westlicher Diplomaten im Orient: alle Religionen in einem einzigen Credo zu fusionieren" (27). Es geht nicht darum, die Unterschiede zu verhüllen oder zu verwischen — sie sind tiefgreifend:

— Der Islam verwirft den Kreuzestod. Dieser stellt für einen Christen eine Revolution der Gottesvorstellung dar, die nicht mehr wie das Abbild eines Monarchen ist.

— Der Islam verwirft die Inkarnation: in seiner intransigentesten Beharrung auf der Transzendenz kann er es nicht zulassen, daß man von einem „Sohn Gottes" spricht, und noch weniger von einer „Mutter Gottes" (obwohl der Koran die Jungfräulichkeit Mariens erklärt).

— Der Islam verwirft die Trinität. Selbst wenn es wahr ist, daß die hellenisierenden Formen dieses Dogmas diese Ablehnung erklären, so bleibt doch — jenseits der Formulierung und der Form — ein grundlegender Unterschied: im Islam hat die Liebe nicht denselben Stellenwert und Sinn wie im Christentum. Liebe ist im Koran kein „Name" Gottes (wie z.B. „der Barmherzige", als erster der Namen). Deshalb ist Gott anfangs nicht eine „Gemeinschaft", die „den anderen" in Sich trägt wie ein anderes Selbst.

Diese tiefen und radikalen Unterschiede, mit all dem, was sie in der Art, Gott in unserem eigenen Leben zu erleben, enthalten, können uns doch nicht den Blick auf das Zentrum und die lebende Seele des Islam verstellen: den *tauhid*, die Einheit, in deren Namen jede Vielgötterei ausgeschlossen wird, die für einen Moslem die Ursünde und die schlimmste Sünde ist. „Nichts Göttliches außer Gott", diese fundamentale Aussage des islamischen Glaubensbekenntnisses bannt die Fetischismen, die unsere Gesellschaft beschmutzen: den Fetisch des Wachstums und des „Fortschritts", den szientistischen Fetisch der Technik, den Fetisch des Individualismus und den der Nation, den Fetisch der Macht der Waffen und der Armeen, alle mit ihren Tabus, „heiligen" Symbolen und ihren Liturgien. Nein, gemahnt der Islam, „nichts Göttliches außer Gott". Gott ist größer (*Allahu akbar*). Und man kennt die Macht zu Umsturz und Befreiung, die diese Sicherheit des Glaubens hat, die Armeen sich zurückziehen ließ, während sich seit langem schon vor unserem Glauben nichts besonderes mehr zurückzieht, schon gar nicht die mörderischen Fetische der Waffen und der Nationen, die unsere Kirchen eher zu segnen geneigt sind. Der Dialog mit dem Islam kann uns also helfen, das lebende Ferment unseres eigenen Glaubens wiederzubeleben, jenes Glaubens, der Berge versetzen kann. Uns helfen, seinen Geschmack nicht im Schauspiel oder dem leeren Wort zu verlieren: das Wort, das der Gewalt nur einen blökenden Moralismus entgegensetzt, anstatt die Kraft der aktiven, militanten Gewaltlosigkeit zu erheben, die allein imstande ist, den Arm des Gewalttäters zu lähmen.

Ab dann kann alles kippen: unsere ganze selbstmörderische Wachstumswirtschaft, all der Tand unserer illusorischen „Ausreden", alles, was die Zukunft dem Hunger und der Gewalt, einer der Bedeutung beraubten Geschichte ausliefert.

Von einer wirklichen kulturellen Veränderung ausgehend, die durch einen Dialog der Zivilisationen ermöglicht wurde, werden wir indem wir unsere westliche Kultur relativieren und in den nicht-westlichen Kulturen wiederfinden, was sie an Lebendigem enthalten — lernen, neue Beziehungen zur Natur, den anderen Menschen, der Zukunft und dem Glauben zu entwerfen und zu leben.

Wir wollen einen großen Traum träumen: den Traum, daß die großen westlichen Nationen — und vorab die, deren Genie durch Kultur und Geist des islamischen Glaubens befruchtet worden war — an den selben Orten, wo sie einst blühten — Cordoba, Palermo, Paris — Zentren errichten zur Begegnung, Forschung, Bildung und massiver Verbreitung dessen, was uns der Islam heute bringen kann, was er uns zu sagen hat, und was wir ihm zu sagen haben.

In den Beziehungen des Menschen zur Natur muß man die Einstellung umkehren, die uns seit der Renaissance die Natur mit einem Geist von Krieg und Eroberung angehen ließ, wodurch zwischen ihr und uns ein Verhältnis von Besitz und Besitzer entstand, von Herr und Sklave; ein gieriger Besitzer, unersättlich in seinem Willen, sein Eigentum maßlos auszubeuten; ein grausamer Herr ohne Weitblick, der nicht zögert, den Sklaven an seiner Arbeit sterben zu lassen.

Die Koranische Lehre ist ganz anders: sie kann uns helfen, im Menschen wieder seine kosmische Dimension zu entdecken. Dem Islam zufolge trägt der Mensch alle Seinsstufen des Universums in sich, und dieser Mikrokosmos ist nur der, der die höchste Verantwortung akzeptiert hat, die des Gewissens und des Glaubens: „Wir haben (nach Beendigung des Schöpfungswerkes) das Gut, das (der Welt) anvertraut werden sollte, (zuerst) dem Himmel, der Erde und den Bergen angetragen. Sie aber weigerten sich, es auf sich zu nehmen, und hatten Angst davor. Doch der Mensch nahm es (ohne Bedenken) auf sich" (XXXIII, 72). Deshalb wurde er, auch wenn er sich in der Folgezeit als ungerecht und unwissend herausstellte, in die Rolle des „Kalifen Gottes auf Erden" eingesetzt, des verantwortlichen Statthalters, mit der Aufgabe betraut, das Gleichgewicht der Welt zu bewahren und jedes Wesen an seinen Ursprung und sein Ende zu binden, in einer Natur, in der jede Teilrealität ein „Zeichen" des Einen, ein „Zeichen" Gottes ist.

Konkret würde uns diese allgemeine Reflexion beispielsweise erlauben, das Energieproblem als Frage einer Wahl zwischen Zivilisation und Bedeutung aufzuwerfen: statt unüberlegt aus dem Vorrat fossiler Energien zu schöpfen, chne uns groß um spätere Generationen oder letzte Ziele zu kümmern, sollten wir lernen, uns in die unerschöpflichen Ströme von Energie einzupassen, der Energie der Wasser, der Meere, der Sonne, der Erde und der Winde.

Auch in der Medizin müssen wir, statt uns an ein technokratisches und mechanistisches Konzept zu halten, die Einheit von Mensch und Natur wiederfinden, das Gleichgewicht ihres Austauschs in der Ernährung, den Kontakt mit Erde, Wasser und Luft, und auch — im Geist von Rases oder Avicenna — zur Einheit des Menschen mit sich selbst zurückzufinden, die Einheit des ganzen Menschen, der nicht, wie man ihn sich seit Descartes vorstellt, ein mechanischer Körper und eine davon losgetrennte Seele ist, sondern eine Ganzheit, wo die psychosomatische Medizin und einige Forscher der Psychiatrie nun wieder die ersten Schritte auf einem Weg machen, den andere Weisheiten und Mystiken schon vor langer Zeit erforschten. In Cordoba, Palermo und Montpellier könnte diese neue Art, die Wissenschaften anzugehen, nicht mehr durch Verzettelung in Spezialistentum illustriert werden, sondern in der Einheit des tauhid, der gegenseitige Befruchtung ermöglicht.

Und abseits hiervon muß man die Philosophie dieser Einheit wiederentdecken, dieser Einheit der Weisheit mit den Wissenschaften, dieser Einheit der Reflexion über die Ziele und die Organisation der Mittel. In einem neuen Abschnitt des Lebens und des Menschen, der es denkt, den umfassenden Gebrauch des Verstandes widererlernen: nicht einfach von Grund zu Grund oder Bedingung zu Bedingung fortschreiten, sondern von Zweck zu Zweck, von untergeordneten zu höheren Zielen, bis zu jenem Punkt dieses Aufstiegs, wo man bewußt wird, daß er endlos ist und daß nichts den Menschen von der Verantwortung und der erdrückenden — und erregenden — Freiheit entbinden kann, sich sein letztes Ziel selbst zu suchen.

Denn im Islam teilt Gott nicht sich mit, sondern nur Sein Wort, und der Mensch hat die erhabene Freiheit, es zurückzuweisen oder aber zum Schöpfungsprinzip seines Handelns zu machen.

Andererseits müßte man in Poitiers dem Gedicht eine neue Heimstatt gründen; nicht wegen der Erinnerung an eine lächerliche Schlacht, die man zum Symbol des Aufeinanderprallens von Orient und Okzident machen wollte, sondern weil der Herzog von Aquitanien, Wilhelm von Poitiers, der erste unserer okzitanischen Troubadoure, von seinem Kreuzzug an seinen dortigen Hof die Sehnsucht nach den Dichtern des Islam mitgebracht hatte; weil sich bei den ,,cours d'amour" seiner Enkelin, Alienor von Aquitanien, beim Dichterwettstreit zu den Gedichten Okzitaniens die des moslemischen Andalusien gesellten (und darüberhinaus die Arabiens und Persiens, die der ,,Udhri-Liebe", der ,,Liebe von Bagdad", die der „höfischen Liebe", deren Themen Ibn Hazm von Cordoba — nach Ibn Daʿud von Bagdad — über die Pyrenäen eingeführt hatte). In Poitiers also, wo die prophetische Dichtung palästinensischer Dichter und von Dichtern aus der gesamten islamischen und der Dritten Welt mit jenen zusammentreffen würde, die in Frankreich und im ganzen Westen in der Hoffnung auf eine Kunst leben, die der menschlichen Form wieder einmal etwas Neues beisteuert. Um alle Hindernisse zu überwinden, die unser westliches Wachstumsmodell und unsere positivistische und technische Kultur, die ihm zugrunde liegen, der Liebe, der Schöpfung und dem Glauben entgegenstellen, kann dieses Zusammentreffen mit dem prophetischen Geist einen neuen Glauben an die Schöpfung und die Liebe hervorbringen, denn, so schrieb der größte moslemische Dichter unseres Jahrhunderts, Muhammad Iqbal, „das vorrangige Ziel des Koran ist, im Menschen ein höheres Bewußtsein seiner vielfältigen Beziehungen zu Gott und dem Universum zu wecken" (28).

ANMERKUNGEN

Einleitung: Das dritte Erbe

1. Vgl. Vassilis Vitsaxis: Plato and the Upanishads. New Delhi 1977.
2. Vgl. Gilbert Durand: „Le statut du symbole et l'imaginaire aujourd'hui" in: Lumière et Vie, Mai 1967.
3. Koran II, 135: „Sag: Nein! (Für uns gibt es nur) die Religion Abrahams". Dies wiederholt der Koran mehrfach: III, 67; III, 95; VI, 161; XVI, 120; XVI, 123.
4. Ignacio Olague: Les Arabes n'ont jamais envahi l'Espagne. Paris 1969, S. 280 f.
5. Reinhardt Dozy: Histoire des musulmans d'Espagne jusqu'à la conquète de l'Andalousie par les Almoravides (711-1110). 1932, Band II, S. 43.
6. Hier reißt Garaudy selbst eine Stelle aus dem Kontext. Vollständig lauten Vers 4 und 5: „Ausgenommen diejenigen von den Heiden, mit denen ihr eine bindende Abmachung eingegangen habt, und die euch hierauf in nichts (von euren vertraglichen Rechten) haben zu kurz kommen lassen und niemanden gegen euch unterstützt haben. Ihnen gegenüber müßt ihr die mit ihnen getroffene Abmachung vollständig einhalten, bis die ihnen zugestandene Frist abgelaufen ist (!). Gott liebt die, die (ihn) fürchten. (5:) Und wenn nun die heiligen Monate abgelaufen sind (!), dann tötet die Heiden, wo (immer) ihr sie findet, greift sie, umzingelt sie und lauert ihnen überall auf! Wenn sie sich aber bekehren, das Gebet verrichten und die Almosensteuer geben, dann laßt sie ihres Weges ziehen! Gott ist barmherzig und bereit zu vergeben". (Anm.d.Übs.)
7. Michel Chodkiewicz war so freundlich, mir vor ihrer Veröffentlichung einige geistige Schreiben des Emir Abd el-Kadir zu übersenden. Die Texte sollen 1982 bei Editions du Seuil, Paris, erscheinen.
8. Bei Paul Vieille zitiert, dem ich diese Analyse der islamischen Tradition des „Märtyrers" verdanke.
9. „Wir waren die Barbaren für den Orient, als wir ihn mit unseren Kreuzzügen störten. Auch verdanken wir alles, was es in unseren Sitten an Edlem gibt, diesen Kreuzzügen und den Mauren Spaniens" (Stendhal: De l'amour. Paris 1965, s. 196).
10. Ibn Khaldun: Abhandlungen über die Weltgeschichte (al- muqaddima). Übs. Vincent Monteil, Beirut 1968, Band II, S. 521 f.

I. Ein Epos des Glaubens : Der Sufismus

1. Umsomehr, als es nicht nur einen Sufismus gibt, sondern mehrere Schulen und Traditionen, fast ebenso viele Sufismen wie geistige Meister.
2. Louis Massignon: La Passion de Hallaj, martyr mystique de l'Islam. Paris 1975.
3. Vgl. das Buch des Franziskanerpaters Jean-Mohammed Abd el- Jalil: L'Islam et nous. Paris 1981, S.22 f.
4. Stendal huldigt in De l'amour den „edlen Sitten" der Araber, die vor Liebe gestorben sind" und der „Liebes-Divane", aus denen er Auszüge bringt: op. cit. S. 197-204.
5. Paris (Maisonneuve) 1958.
6. Henry Corbin: En Islam iranien. Aspects spirituels et philosophiques, Band III, Les fidèles d'amour, Paris 1973, S. IX.
7. Vgl. die vollständige Analyse in der Übersetzung von Vincent Monteil, op. cit., Band III, S. 1004-1012.
8. Vgl. Seyyed Hossein Nasr: Sufi Essays. London 1972, S. 43-49.
9. Etymologisch impliziert das Wort „zakat" durch seine Wurzel die Vorstellung der Reinheit. Durch sie „reinigt man sich vom Besitz".
10. Vgl. Eva de Vitray-Meyerovitch: Anthologie du soufisme. Paris 1978, S. 198.
11. Abd al-Karim al-Jili: De l'homme universel. Übs. Titus Burckhardt, Paris 1975, S. 28.
12. Ibn Arabi (1165-1241): La Sagesse des prophètes. Übs. Titus Burckhardt, Paris 1955, S. 27.
13. Ibid., S. 48.
14. Ibid., S. 64 f.
15. Al-Ghazzali (1059-1111): Erreur et Délivrance. Übs. J.Fabre, Beirut 1959, S. 61.

II: Glaube und Politik

1. Vgl. Sigrid Hunke: Le soleil d'Allah brille sur l'Occident [1]. Paris 1963, S. 285.
2. Siehe zu diesem Thema Marcel Boisard: „On the probable influence of Islam on western public and international law", in: Middle East Studies, II, 1980, USA.
3. Vgl. Marcel Boisard: L'Humanisme de l'Islam. Paris 1979, S. 104-110.
4. Koran LI, 49 und IV, 1.
5. Koran XX, 121.

---

[1] Der deutsche Titel des Buches lautet: „Allahs Sonne über dem Abendland".

6. Koran II, 229 spricht davon, die Frau könne sich „loskaufen" (Anm. d. Übs.)
7. Zitiert bei Maulana Muhammed Ali: The Religion of Islam. Kairo, S. 675 f.
8. Schon in der Thora und im Neuen Testament.
9. Weder Paret noch Sadr ud-Din haben diesen Vers. Bei beiden lautet XIII, 38: „Wir schickten schon vor dir Gesandte und gaben ihnen Gattinnen und Kinder." (Anm. d. Übs.)
10. Koran XIII, 11: Gott verändert nichts an einem Volk, solange sie nicht (ihrerseits) verändern, was sie an sich haben".

III. Wissenschaft und Weisheit

1. Vgl. Claude Alvarez: Homo faber. La Haye 1980, und ferner: La Fin des outils (Sammelband des Universitätsinstituts für Entwicklungsstudien Genf), Paris 1977.
2. Vgl. Seyyed Hossein Nasr: Islamic Science, in World of Islam, London 1976 und: Science et Savoir en Islam, Paris 1979.
3. André Bonnard: Civilisation grecque. Paris 10/18. 1964. Band III, S. 261.
4. Vgl. Sigrid Hunke, op. cit., fünftes Buch.
5. Vgl. Seyyed Hossein Nasr: Sciences et Savoir; Islamic Science; ferner: L'Homme et la Nature.
6. Zitiert nach Seyyed Hossein Nasr, Sciences, S. 143.
7. Koran XXXII, 9.
8. Ibn Khaldun, Discours.
9. Ibid., Band I, S. 5-63.
10. Ibid., S. 62.
11. Vgl. Hichem Djait: L'Europe et l'Islam. Paris 1978, S. 114- 117.
12. Ignacio Olague, op. cit. S. 77.
13. Karl Marx: Oevres philosophiques. Paris 1927, Band II, La Sainte Famille, S. 229-231.
14. Henry Corbin: Historie de la philosophie islamique. Paris 1964, S. 18.
15. Op. cit. S. 198.

IV. Die prophetische Philosophie

1. Saint-John Perse: Amers. Paris 1960, Band II, S. 161.
2. Moncef Chelli: La parole arabe. Paris 1980, S. 92.
3. Ibid., S. 91 und 74.
4. Descartes, Deuxième Méditation, Paris, S. 277.
5. Descartes, Cinquième Méditation, op. cit., S. 310.
6. Zitiert nach Ibn Arabi: Profession de foi. Übs. R. Deladière, Paris 1978,

S. 55.
7. Proclus: Eléments de théologie. Paris 1965.
8. Catalogue des manuscrits alchimiques grecs. Brüssel 1928, Band VI, S. 148 f. Zitiert nach henry Corbin: L'Imagination créatrice dans le soufisme d'Ibn Arabi. Paris 1958, S. 219 f.
9. Vgl. Abd el-Kader, op. cit.
10. Avicenne: Le Livre de la science. Übs. Mohammed Achena und Henri Massé, Paris 1955.
11. Ibid., Band I, S. 166.
12. Ibid., Band II, S. 89 f.
13. Al- Ghazzali: Al-munqid min adalal (Erreur et Délivrance). S.69.
14. Ibid., S. 73.
15. Ibid., S. 115.
16. Koran LXV, 3.
17. Al-Gazzali: O jeune homme. Paris 1951, S. 34.
18. Ernest Renan: Oevres complètes. Paris 1949, Band III.
19. Zitiert bei Henry Corbin: En Islam iranien. Band III, S. 79. Henry Corbin ist der westliche Schriftsteller, der am meisten dazu beigetragen hat, in Frankreich das Werk Suhrawardis und seine Bedeutung bekanntzumachen, sowohl durch das Studium, das er ihm gewidmet hat (Band II des Werk En Islam iranien), als auch durch seine Übersetzungen, besonders L'Archange empourpré, Paris 1976. Wir entlehnen viel aus ihm, aber mit zwei Einschränkungen:
a) es scheint mir schwierig, Suhrawardi unter die „Platoniker" Persiens „einzuordnen": selbst nach der so starken Analyse von Henrry Corbin zeigt sich, daß Suhrawardi Aristoteles nicht aus der Sicht des platonischen Dualismus angreift, sondern im wesentlichen aus der Sicht des islamischen Prophetentums;
b) ich habe nicht die tiefreichende Kenntnis Henry Corbins von der Philosophie des antiken (vorislamischen) Persien, der des Mazdäismus und Zarathustras, es scheint aber schwierig einzuräumen, daß sein wesentliches Vorhaben „die Wiederbelebung der Philosophie des Lichts der Weisen des antiken Persien" gewesen sein soll. Schon das Werk, auf das Corbin diese Behauptung stützt, trägt den Titel: Das Buch des Wortes des Sufismus, und selbst wenn — im Kapitel XXII — Suhrawardi daran erinnert, was er dem antiken Persien verdankt (und gleichzeitig Plato), so erinnert er doch in den vorangehenden Kapiteln daran, was er dem Judentum und Christentum wie auch den Mazdäern verdankt (deren Dualismus er kritisiert). Von vorne bis hinten versucht er, einen reinen Ausdruck der prophetischen Philosophie des Islam mit der Philosophie des Sufismus zu verbinden.

20. Vgl. Henry Corbin, L'imagination.
21. Ruzbehan von Shiraz, op. cit., S. 108.
22. Ibid., S. 113.
23. Um den Einflluß dieser prophetischen Philosophie und dieser Vision der Liebe auf das Abendland ermessen zu können, genügt der Hinweis (wie wir es auch im Falle der islamischen Dichtkunst machen werden) auf die Rolle, die der Sufismus im Konzept Arnaud Daniels spielte, in der „höfischen Liebe", in den „Getreuen der Liebe" von Dante und der Rolle von Beatrice, in der Mystik von Meister Eckart (dem großen Leser von Avicenna), der von diesem prophetischen Geist des Islam durchdrungen war und beispielsweise schrieb: „Der Blick, mit dem ich Gott schaue, und der, mit Gott mich schaut, ist ein und derselbe Blick". Das ist Sufiwort.
24. Suhrawardi, L'Archange, S. 302-318.
25. Ibn Arabi, Profession, S. 158.
26. Ibn Arabi, La Sagesse, S. 49.
27. Ibid., S.201 f.
28. Ibn Arabi, Révélations.
29. Angelus Silesius: L'Errant chéubinique [1]. Paris 1970, S. 134.
30. Ibn Arabi, La sagesse, S. 33. Pater Chenu schreibt in seiner „Theologie der Arbeit": „Je mehr ich arbeite, umso mehr wird Gott zum Schöpfer."
31. Vgl. Henry Corbin, L'Imagination, S. 103.
32. Ibn Arabi, La Sagesse, S. 33 und 221.
33. Ibid., S. 65.
34. Abd al-Karim al-Jili, De l'homme universal, S. 48.
35. Ibn Toufail: Le Fils du vigilant. Übs. Léon Gauthier.
36. Ibid.
37. Ibn Arabi, La Sagesse, S. 221.
38. Ibid.

V. Alle Künste führen zur Moschee, und die Moschee führt zum Gebet

1. Einer der Gemeinplätze der persischen Poesie ist der Vergleich der Schönheit einer Frau mit der einer „schlanke Zypresse".
2. Firdousi: Le Livre des rois. Paris 1976.
3. Oleg Grabar: L'Alhambra, formes et valeurs. Madrid 1980, S. 197.

VI. Die Verkündigungspoesie

1. Vgl. Slimane Zeghidour: La Source lumineuse, la poésie arabe moderne entre l'Islam et l'Occident. 1982.

---

[1] Der deutsche Titel lautet: „Der Cherubinische Wandersmann".

2. Ibid.
3. In französischer Übersetzung liegen heute diese Gedichte vor durch Vincent Monteil: Abu-Nuwas, Le Vin, le Vent, la Vie. Paris 1979.
4. Vgl. Omar Khayyam: Les Roubaiates: Übs. E. Fitzgerald: Paris 1965.
5. Firdousi, op. cit.
6. A. de Lamartine: La Chute D'un ange. Paris 1954.
7. Mahmoud Shabestari: La Roseraie des mystères.
8. Übersetzungen zumindest der größten Werke Rumis liegen auf Französisch vor durch Eva de Vitray-Meyerovitch: Odes mystiques. Paris. Ferner: Le Livre du dedans. Paris 1975; sowie in Englisch: The Mathnawi, Übs. Reynold A. Nicholson, Cambridge 1977.
9. Zitiert nach de Vitray-Meyerovitch, Anthologie, S. 245.
10. Rumi, ibid., S. 255.
11. Rumi, Odes, op cit.
12. Jami, ibid., S. 305 f.
13. André Gide: Les Nourritures terrestres. Paris 1921, S. 17.
14. Attar: Le Langage des oiseaux. Übs. Garcin des Tassy, Sainte-Maxime 1975.
15. Rumi, Odes, op cit.
16. Ruzbehan von Shiraz; Les Jasmins des fidèles d'amour, op.cit.
17. op.cit. S. 165.
18. Ibid., S. 185.
19. Ibid., S. 234.
20. Ibid.
21. Ibid.
22. Ibid., S. 249.
23. Saadi: Le Jardin des roses. Paris 1975.
24. Gorgani: Le Roman de Wis et Ramin. Übs H. Massé, Paris 1959.
25. Nizami: Le Roman de Chosroès et Chirin. Übs. h. Massé, Paris 1970.
26. Vgl. das Buch von Pierre Gallais: Tristan et Iseut et son modèle persan. Paris 1974, sowie die Arbeiten Zenkers in Deutschland seit 1911 über: Le Dit de Tristan et l'europe persane de Wis et Ramin.
27. L. Aragon: Le Fou d'Elsa. Paris 1963, S. 420.
28. Ezra Pound: Au coeur du travail poétique. Paris 1980, S. 109.
29. Diese islamische Quelle Dantes hat besonders E. Blochet 1901 betont in Les Sources orientales de „la Divine Comédie"; ferner: Miguel Asin Palacios: L'Eschatologie musulmane dans „la Divine Comédie", Madrid 1919; A. Cabaton: „'La Divine Comédie et l'Islam", in: Revue d'histoire des religions, 1920; René Guénon: L'Esotérisme de Dante. Paris 1957 und

L'Esotérisme chrétien, Paris 1976.
30. Vgl. Louis Massignon, Passion, Band I, S. 398.
31. Dieses Hauptwerk Ibn Hazms wurde 1949 von Léon Bercher in Algier ins Französische übersetzt. Die heute zugänglichste Übersetzung ist die spanische durch Emilio Garcia Gomez (Madrid 1979).
32. Vgl. Slimane Zeghidour, La Source (wir teilen nicht all seine Thesen, werden uns aber auf den folgenden Seiten darauf beziehen).
33. T.S. Elliot, Poésie. Paris 1969, S. 57 f.
34. Sa'id Akl: Cadmos. Beirut 1947.
35. Adonis: Le Livre de Mihyar li Damascène. Paris 1978.
36. Ibn Arabi: Les Conquêtes spirituelles de La Mecque.
37. Slimane Zeghidour, op. cit.
38. Khalil Gibran: Hymne à la terre.
39. Mohammed Iqbal: Le Message de l'Orient. Paris 1956.
40. Ibid., S. 19.
41. Mohammed Iqbal: L'Aile de Gabriel. Paris 1978, S. 84-88.
42. Mohammed Iqbal: Le Livre de l'éternité. Paris 1962, S. 40.
43. Mahmoud Darwich: Poèmes palestiniens. Paris.
44. Slimane Zeghidour, op. cit.

Schlußbetrachtung

1. Ebenso wie in Frankreich ein gewisser archaischer Atheismus unfähig ist zu erfassen, was es an fruchtbarem und zukunftsträchtigem in der christlichen Botschaft gibt, denn in seinem Wiederkäuen eines tausendjährigen Streits verwechselt er das Christentum mit der Kirche, die Kirche mit Konstantin und seinen Nachfolgern, den Kreuzzügen und der Inquisition, der Scholastik und der Lex Falloux, dem Borgia-Papst oder der Heiligen Liga, Pius XII. oder einigen ewig-gestrigen Pfarrern, die aus Angst vor der „Revolution" sich an allen „Reaktionen" gegen die Demokratie festkrallen.
2. Edward Said: L'Orientalisme, l'Orient créé par l'Occident. Paris 1980. Ferner: Maxime Rodinson: La Fascination de l'Islam. Paris 1980.
3. Guibert de Nogent: Gesta Dei per Francos. Buch I, Kapitel 1.
4. Woran Edward Said, op. cit. S. 147 erinnert.
5. Es handelt sich um eine Arbeit im Auftrag des Office of War Information (Büro für Kriegsinformation).
6. Vgl. Edward Said, op. cit. S. 100.
7. Ein Jahr später — im selben Krieg gegen die Engländer — wandte er sich an die Juden. Im „Moniteur" vom 22. Mai 1799 kann man lesen: „Napoeleon Bonaparte hat sich mit einem Appell an alle Juden Asiens,

Afrikas und der Welt gewandt: sie sollen sich unter seinem Banner sammeln, um das antike Jerusalem neu zu gründen."
8. F.R. Chateaubriand: Oeuvres romanesques et Voyages. Paris 1969, Band II, S. 1011-1069.
9. T.E. Lawrence: Les Sept Piliers de la sagesse. Paris 1969.
10. Zur Einstellung Goethes vgl. A. Benachenhou: Goethe et l'Islam[1]. Rabat 1961.
11. Hegel: Leçons sur la philosophie de l'histoire. Paris 1946, S. 327-331.
12. Arthur Upham Pope: Persian Architecture. London 1969, S. 38.
13. Henri Terrasse: Islam d'Espagne. Paris 1958, S.31.
14. Ibid., S. 32.
15. Oswald Spengler: Le Declin de l'Occident. Paris 1948, Band II, S. 240.
16. Ibid., S. 241.
17. Vgl. hierzu Michel Hayek: Le Christ de l'Islam. Paris 1959.
18. Die katholische Kirche hat denselben Rückgang erlebt, als sie sich seit der Renaissance als unfähig erwies, die wissenschaftlichen und sozialen Probleme der neuen Zeit zu assimilieren.
19. Eine weitere Lüge ist die Bezeichnung „Entwicklungsländer", denn ihre Unterentwicklung wächst ständig.
20. Ahmed Ben Bella, Interview in Le Monde, 4.12.1980.
21. Ahmed Ben Bella, Interview in der iranischen Tageszeitung Ettela'at, in Französisch in Auszügen nachgedruckt in Jeune Afrique, Nr. 1014. 11.6.1980.
22. Rudolf Strahm: Pourquoi sont-ils pauvres?
23. Vgl. den Artikel von Daniel Junqua in Le Monde vom 16.5.1981: „Le président Chadli veut renforcer la coopération avec le continent noir".
24. Michel Lelong: J'ai rencontré de l'Islam. Paris 1975, S. 39.
25. Bani Sadr: „La révolte de L'Iran", in: Peuples méditerranéens, Oktober-Dezember 1978, S. 113.
26. Michel Hayek, Le Christ, S. 10 f.
27. Ibid., S. 24.
28. Mohammed Iqbal: Reconstruire la pensée religieuse de l'Islam. Paris 1955, S. 15.

---

1 Siehe auch die Zeitschrift „Al-Islam" - Zeitschrift von Muslimen in Deutschland, Nr. 6/1982, S. 15-19 H. Achmed Schmiede „Goethe und der Islam".

ISBN 3-926575-08-5

1943, Garaudy, le jour de sa libération de Bossuet (dans l'Atlas nord-oranais) après trente-trois mois de détention.

Avec Paul Eluard dans les Pyramides de Tehotihuacan (Mexique), en 1949.

Le 10 avril 1953, Maurice Thorez, à son retour d'Union soviétique, où il a été soigné trois ans, est accueilli par Waldeck Rochet, Roger Garaudy et, au deuxième plan, Jeannette Vermeersch et Roland Leroy.

En vacances à Yalta, en août 1953, chez Khrouchtchev (jouant aux quilles). A droite, Garaudy s'entretient avec Mikoyan. En retrait, le maréchal Joukov.

A Moscou, en 1955, avec sa fille Fanou.

Entretien avec Sartre, à Helsinski, en 1955.

Séance du Bureau politique,
avec Maurice Thorez et Jacques Duclos, en 1960.

Avec Picasso, à Vallauris, en 1961.

A La Havane, en août 1962, entretien avec Fidel Castro sur la réforme de l'enseignement philosophique dans les universités cubaines, dont Garaudy était alors chargé.

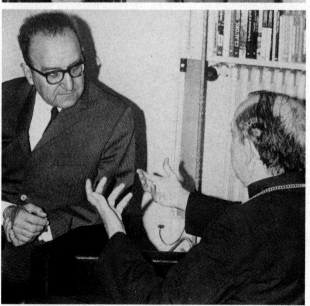

En 1969, à Genève, le début, avec Don Helder Camara, archevêque d'Olinde et de Recife (Brésil), d'une fraternité sans fin.

Au Caire, en 1969, lors des discussions avec Nasser sur « Le socialisme et l'Islam ».

A Jérusalem, en 1969, devant le Mur des Lamentations, avec le ministre israélien Barzilai.

Entretien avec l'impératrice d'Iran, Farah Diba, à Téhéran (octobre 1977), lors de l'inauguration de l'« Institut Iranien pour le Dialogue des Civilisations » né de l'Institut International pour le Dialogue des Civilisations fondé par Garaudy à Neuchâtel en 1974.

Entretien avec le colonel Kadhafi, à Tripoli, en mai 1978.

Invité par l'université du Latran, à Rome, en décembre 1981, Roger Garaudy offre au pape Jean-Paul II ses livres sur le marxisme et sur l'Islam.

Remise à Garaudy du Prix Fayçal par le prince Abdallah, frère du roi Fahd, en 1986.

Les photos de ce cahier relèvent de la collection de l'auteur.